U0065402

心一堂術數古籍珍本叢刊

書名：紫微斗數捷覽（明刊孤本）〔原（彩）色本〕 附 點校本（上）
系列：心一堂術數古籍珍本叢刊 星命類 紫微斗數系列 第二輯 129
作者：馮一、心一堂術數古籍整理編校小組整理
主編、責任編輯：陳劍聰
心一堂術數古籍珍本叢刊編校小組：陳劍聰 素聞 梁松盛 鄒偉才 虛白盧主

出版：心一堂有限公司
通訊地址：香港九龍旺角彌敦道六一〇號荷李活商業中心十八樓〇五—〇六室
深港讀者服務中心：中國深圳市羅湖區立新路六號羅湖商業大廈負一層〇〇八室
電話號碼：(852)67150840
網址：publish.sunyata.cc
電郵：sunyatabook@gmail.com
網店：http://book.sunyata.cc
淘寶店地址：https://shop210782774.taobao.com
微店地址：https://weidian.com/s/1212826297
臉書：https://www.facebook.com/sunyatabook
讀者論壇：http://bbs.sunyata.cc/

版次：二零一六年四月修訂版
平裝：二冊不分售

定價：港幣 九百八十元正
人民幣 九百八十元正
新台幣 四千八百元正

國際書號：ISBN 978-988-8317-12-7

版權所有 翻印必究

香港發行：香港聯合書刊物流有限公司
地址：香港新界大埔汀麗路36號中華商務印刷大廈3樓
電話號碼：(852)2150-2100
傳真號碼：(852)2407-3062
電郵：info@suplogistics.com.hk

台灣發行：秀威資訊科技股份有限公司
地址：台灣台北市內湖區瑞光路七十六巷六十五號一樓
電話號碼：+886-2-2796-3638
傳真號碼：+886-2-2796-1377
網絡書店：www.bodbooks.com.tw
台灣國家書店讀者服務中心：
地址：台灣台北市中山區松江路二〇九號一樓
電話號碼：+886-2-2518-0207
傳真號碼：+886-2-2518-0778
網絡書店：http://www.govbooks.com.tw

中國大陸發行 零售：深圳心一堂文化傳播有限公司
深圳地址：深圳市羅湖區立新路六號羅湖商業大廈負一層〇〇八室
電話號碼：(86)0755-82224934

心一堂微店二維碼

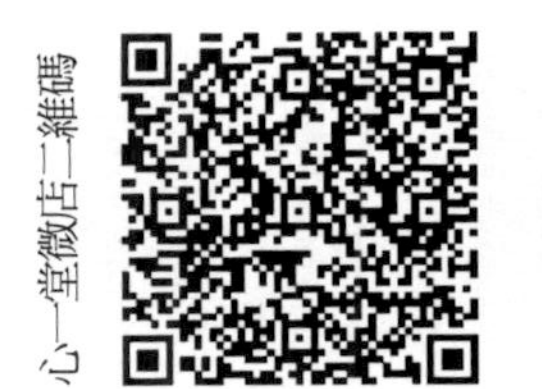

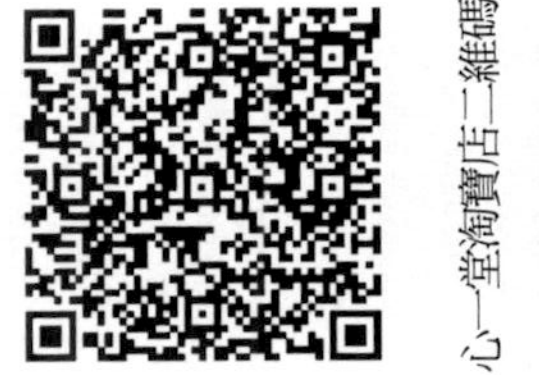

心一堂淘寶店二維碼

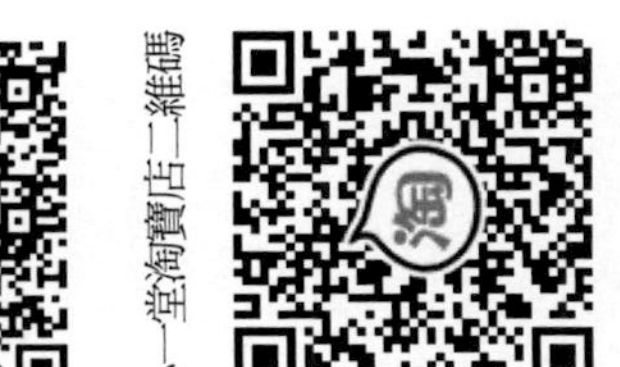

心一堂術數古籍珍本整理叢刊　總序

術數定義

術數，大概可謂以「推算（推演）、預測人（個人、群體、國家等）、事、物、自然現象、時間、空間方位等規律及氣數，並或通過種種『方術』，從而達致趨吉避凶或某種特定目的」之知識體系和方法。

術數類別

我國術數的內容類別，歷代不盡相同，例如《漢書・藝文志》中載，漢代術數有六類：天文、曆譜、五行、蓍龜、雜占、形法。至清代《四庫全書》，術數類則有：數學、占候、相宅相墓、占卜、命書、相書、陰陽五行、雜技術等，其他如《後漢書・方術部》、《藝文類聚・方術部》、《太平御覽・方術部》等，對於術數的分類，皆有差異。古代多把天文、曆譜、及部分數學均歸入術數類，而民間流行亦視傳統醫學作為術數的一環；此外，有些術數與宗教中的方術亦往往難以分開。現代民間則常將各種術數歸納為五大類別：命、卜、相、醫、山，通稱「五術」。

本叢刊在《四庫全書》的分類基礎上，將術數分為九大類別：占筮、星命、相術、堪輿、選擇、三式、讖諱、理數（陰陽五行）、雜術（其他）。而未收天文、曆譜、算術、宗教方術、醫學。

術數思想與發展——從術到學，乃至合道

我國術數是由上古的占星、卜筮、形法等術發展下來的。其中卜筮之術，是歷經夏商周三代而通過「龜卜、蓍筮」得出卜（筮）辭的一種預測（吉凶成敗）術，之後歸納並結集成書，此即現傳之《易經》。經過春秋戰國至秦漢之際，受到當時諸子百家的影響、儒家的推崇，遂有《易傳》等的出現，原本是卜筮術書的《易經》，被提升及解讀成有包涵「天地之道

（理）」之學。因此，《易．繫辭傳》曰：「易與天地準，故能彌綸天地之道。」

漢代以後，易學中的陰陽學說，與五行、九宮、干支、氣運、災變、律曆、卦氣、讖緯、天人感應說等相結合，形成易學中象數系統。而其他原與《易經》本來沒有關係的術數，如占星、形法、選擇，亦漸漸以易理（象數學說）為依歸。《四庫全書．易類小序》云：「術數之興，多在秦漢以後。要其旨，不出乎陰陽五行，生尅制化。實皆《易》之支派，傳以雜說耳。」至此，術數可謂已由「術」發展成「學」。

及至宋代，術數理論與理學中的河圖洛書、太極圖、邵雍先天之學及皇極經世等學說給合，通過術數以演繹理學中「天地中有一太極，萬物中各有一太極」（《朱子語類》）的思想。術數理論不單已發展至十分成熟，而且也從其學理中衍生一些新的方法或理論，如《梅花易數》、《河洛理數》等。

在傳統上，術數功能往往不止於僅僅作為趨吉避凶的方術，及「能彌綸天地之道」的學問，亦有其「修心養性」的功能，「與道合一」（修道）的內涵。《素問．上古天真論》：「上古之人，其知道者，法於陰陽，和於術數。」數之意義，不單是外在的算數、歷數、氣數，而是與理學中同等的「道」、「理」--心性的功能，北宋理氣家邵雍對此多有發揮：「聖人之心，是亦數也」、「萬化萬事生乎心」、「心為太極」。《觀物外篇》：「先天之學，心法也。……蓋天地萬物之理，盡在其中矣，心一而不分，則能應萬物。」反過來說，宋代的術數理論，受到當時理學、佛道及宋易影響，認為心性本質上是等同天地之太極。天地萬物氣數規律，能通過內觀自心而有所感知，即是內心也已具備有術數的推演及預測、感知能力；相傳是邵雍所創之《梅花易數》，便是在這樣的背景下誕生。

《易．文言傳》已有「積善之家，必有餘慶；積不善之家，必有餘殃」之說，至漢代流行的災變說及讖緯說，我國數千年來都認為天災，異常天象（自然現象），皆與一國或一地的施政者失德有關；下至家族、個人之盛衰，也都與一族一人之德行修養有關。因此，我國術數中除了吉凶盛衰理數之外，人心的德行修養，也是趨吉避凶的一個關鍵因素。

術數與宗教、修道

在這種思想之下，我國術數不單只是附屬於巫術或宗教行為的方術，又往往是一種宗教的修煉手段--通過術數，以知陰陽，乃至合陰陽（道）。「其知道者，法於陰陽，和於術數。」例如，「奇門遁甲」術中，即分為「術奇門」與「法奇門」兩大類。「法奇門」中有大量道教中符籙、手印、存想、內煉的內容，是道教內丹外法的一種重要外法修煉體系。甚至在雷法一系的修煉上，亦大量應用了術數內容。此外，相術、堪輿術中也有修煉望氣（氣的形狀、顏色）的方法；堪輿家除了選擇陰陽宅之吉凶外，也有道教中選擇適合修道環境（法、財、侶、地中的地）的方法，以至通過堪輿術觀察天地山川陰陽之氣，亦成為領悟陰陽金丹大道的一途。

易學體系以外的術數與的少數民族的術數

我國術數中，也有不用或不全用易理作為其理論依據的，如揚雄的《太玄》、司馬光的《潛虛》。也有一些占卜法、雜術不屬於《易經》系統，不過對後世影響較少而已。

外來宗教及少數民族中也有不少雖受漢文化影響（如陰陽、五行、二十八宿等學說。）但仍自成系統的術數，如古代的西夏、突厥、吐魯番等占卜及星占術，藏族中有多種藏傳佛教占卜術、苯教占卜術、擇吉術、推命術、相術等；北方少數民族有薩滿教占卜術；不少少數民族如水族、白族、布朗族、佤族、彝族、苗族等，皆有占雞（卦）草卜、雞蛋卜等術，納西族的占星術、占卜術，彝族畢摩的推命術、占卜術……等等，都是屬於《易經》體系以外的術數。相對上，外國傳入的術數以及其理論，對我國術數影響更大。

曆法、推步術與外來術數的影響

我國的術數與曆法的關係非常緊密。早期的術數中，很多是利用星宿或星宿組合的位置（如某星在某州或某宮某度）付予某種吉凶意義，并據之以推演，例如歲星（木星）、月將（某月太陽所躔之宮次）等。不過，由於不同的古代曆法推步的誤差及歲差的問題，若干年後，其術數所用之星辰的位置，已與真實星辰的位置不一樣了；此如歲星（木星），早期的曆法及術數以十二年為一周期（以應地支），與木星真實周期十一點八六年，每幾十年便錯一宮。後來術家又設一「太歲」的假想星體來解決，是歲星運行的相反，週期亦剛好是十二年。而術數中的神煞，很多即是根據太歲的位置而定。又如六壬術中的「月將」，原是立春節氣後太陽躔娵訾之次而稱作「登明亥將」，至宋代，因歲差的關係，要到雨水節氣後太陽才躔娵訾之次，當時沈括提出了修正，但明清時六壬術中「月將」仍然沿用宋代沈括修正的起法沒有再修正。

由於以真實星象周期的推步術是非常繁複，而且古代星象推步術本身亦有不少誤差，大多數術數除依曆書保留了太陽（節氣）、太陰（月相）的簡單宮次計算外，漸漸形成根據干支、日月等的各自起例，以起出其他具有不同含義的眾多假想星象及神煞系統。唐宋以後，我國絕大部分術數都主要沿用這一系統，也出現了不少完全脫離真實星象的術數，如《子平術》、《紫微斗數》、《鐵版神數》等。後來就連一些利用真實星辰位置的術數，如《七政四餘術》及選擇法中的《天星選擇》，也已與假想星象及神煞混合而使用了。

隨着古代外國曆（推步）、術數的傳入，如唐代傳入的印度曆法及術數，元代傳入的回回曆等，其中我國占星術便吸收了印度占星術中羅睺星、計都星等而形成四餘星，又通過阿拉伯占星術而吸收了其中來自希臘、巴比倫占星術的黃道十二宮、四大（四元素）學說（地、水、火、風），並與我國傳統的二十八宿、五行說、神煞系統並存而形成《七政四餘術》。此外，一些術數中的北斗星名，不用我國傳統的星名：天樞、天璇、天璣、天權、玉衡、開陽、搖光，而是使用來自印度梵文所譯的：貪狼、巨門、祿存、文曲，廉貞、武曲、破軍等，此明顯是受到唐代從印度傳入的曆法及占星術所影響。如星命術中的《紫微斗數》及堪輿術中的《撼龍經》等文獻中，其星皆用印度譯名。及至清初《時憲曆》，置閏之法則改用西法「定氣」。清代以後的術數，又作過不少的調整。

此外，我國相術中的面相術、手相術，唐宋之際受印度相術影響頗大，至民國初年，又通過翻譯歐西、日本的相術書籍而大量吸收歐西相術的內容，形成了現代我國坊間流行的新式相術。

陰陽學——術數在古代、官方管理及外國的影響

術數在古代社會中一直扮演着一個非常重要的角色，影響層面不單只是某一階層、某一職業、某一年齡的人，而是上自帝王，下至普通百姓，從出生到死亡，不論是生活上的小事如洗髮、出行等，大事如建房、入伙、出兵等，從個人、家族以至國家，從天文、氣象、地理到人事、軍事，從民俗、學術到宗教，都離不開術數的應用。我國最晚在唐代開始，已把以上術數之學，稱作陰陽（學），行術數者稱陰陽人。（敦煌文書、斯四三二七唐《師師漫語話》：「以下說陰陽人謾語話」，此說法後來傳入日本，今日本人稱行術數者為「陰陽師」）。一直到了清末，欽天監中負責陰陽術數的官員中，以及民間術數之士，仍名陰陽生。

古代政府的中欽天監（司天監），除了負責天文、曆法、輿地之外，亦精通其他如星占、選擇、堪輿等術數，除在皇室人員及朝庭中應用外，也定期頒行日書、修定術數，使民間對於天文、日曆用事吉凶及使用其他術數時，有所依從。

我國古代政府對官方及民間陰陽學及陰陽官員，從其內容、人員的選拔、培訓、認證、考核、律法監管等，都有制度。至明清兩代，其制度更為完善、嚴格。

宋代官學之中，課程中已有陰陽學及其考試的內容。（宋徽宗崇寧三年〔一一零四年〕崇寧算學令：「諸學生習……並曆算、三式、天文書。」「諸試……三式即射覆及預占三日陰陽風雨。天文即預定一月或一季分野災祥，並以依經備草合問為通。」

金代司天臺，從民間「草澤人」（即民間習術數人士）考試選拔：「其試之制，以《宣明曆》試推步，及《婚書》、《地理新書》試合婚、安葬，並《易》筮法，六壬課、三命、五星之術。」（《金史》卷五十一・志第三十二・選舉一）

元代為進一步加強官方陰陽學對民間的影響、管理、控制及培育，除沿襲宋代、金代在司天監掌管陰陽學及中央的官學陰陽學課程之外，更在地方上增設陰陽學課程（《元史・選舉志一》：「世祖至元二十八年夏六月始置諸路陰陽學。」）地方上也設陰陽學教授員，培育及管轄地方陰陽人。

(《元史・選舉志一》：「(元仁宗)延祐初，令陰陽人依儒醫例，於路、府、州設教授員，凡陰陽人皆管轄之，而上屬於太史焉。」)自此，民間的陰陽術士(陰陽人)，被納入官方的管轄之下。

至明清兩代，陰陽學制度更為完善。中央欽天監掌管陰陽學，明代地方縣設陰陽學正術，各州設陰陽學典術，各縣設陰陽學訓術。陰陽人從地方陰陽學肄業或被選拔出來後，再送到欽天監考試。(《大明會典》卷二二三：「凡天下府州縣舉到陰陽人堪任正術等官者，俱從吏部送(欽天監)，考中，送回選用；不中者發回原籍為民，原保官吏治罪。」)清代大致沿用明制，凡陰陽術數之流，悉歸中央欽天監及地方陰陽官員管理、培訓、認證。至今尚有「紹興府陰陽印」、「東光縣陰陽學記」等明代銅印，及某某縣某某之清代陰陽執照等傳世。

清代欽天監漏刻科對官員要求甚為嚴格。《大清會典》「國子監」規定：「凡算學之教，設肄業生。滿洲十有二人，蒙古、漢軍各六人，於各旗官學內考取。漢十有二人，於舉人、貢監生童內考取。附學生二十四人，由欽天監選送。教以天文演算法諸書，五年學業有成，舉人引見以欽天監博士用，貢監生童以天文生補用。」學生在官學肄業、貢監生肄業或考得舉人後，經過了五年對天文、算法、陰陽學的學習，其中精通陰陽術數者，會送往漏刻科。而在欽天監供職的官員，《大清會典則例》「欽天監」規定：「本監官生三年考核一次，術業精通者，保題升用。不及者，停其升轉，再加學習。如能黽勉供職，即予開復。仍不及者，降職一等，再令學習三年，能習熟者，准予開復，仍不能者，黜退。」除定期考核以定其升用降職外，《大清律例》中對陰陽術士不準確的推斷(妄言禍福)是要治罪的。《大清律例・一七八・術七・妄言禍福》：「凡陰陽術士，不許於大小文武官員之家妄言禍福，違者杖一百。其依經推算星命卜課，不在禁限。」大小文武官員延請的陰陽術士，自然是以欽天監漏刻科官員或地方陰陽官員為主。

官方陰陽學制度也影響鄰國如朝鮮、日本、越南等地，一直到了民國時期，鄰國仍然沿用着我國的多種術數。而我國的漢族術數，在古代甚至影響遍及西夏、突厥、吐蕃、阿拉伯、印度、東南亞諸國。

術數研究

術數在我國古代社會雖然影響深遠，「是傳統中國理念中的一門科學，從傳統的陰陽、五行、九宮、八卦、河圖、洛書等觀念作大自然的研究。……傳統中國的天文學、數學、煉丹術等，要到上世紀中葉始受世界學者肯定。可是，術數還未受到應得的注意。術數在傳統中國科技史、思想史，文化史、社會史，甚至軍事史都有一定的影響。……更進一步了解術數，我們將更能了解中國歷史的全貌。」（何丙郁《術數、天文與醫學中國科技史的新視野》，香港城市大學中國文化中心。）

可是術數至今一直不受正統學界所重視，加上術家藏秘自珍，又揚言天機不可洩漏，「（術數）乃吾國科學與哲學融貫而成一種學說，數千年來傳衍嬗變，或隱或現，全賴一二有心人為之繼續維繫，賴以不絕，其中確有學術上研究之價值，非徒癡人說夢，荒誕不經之謂也。其所以至今不能在科學中成立一種地位者，實有數因。蓋古代士大夫階級目醫卜星相為九流之學，多恥道之；而發明諸大師又故為惝恍迷離之辭，以待後人探索；間有一二賢者有所發明，亦秘莫如深，既恐洩天地之秘，復恐譏為旁門左道，始終不肯公開研究，成立一有系統說明之書籍，貽之後世。故居今日而欲研究此種學術，實一極困難之事。」（民國徐樂吾《子平真詮評註》，方重審序）

現存的術數古籍，除極少數是唐、宋、元的版本外，絕大多數是明、清兩代的版本。其內容也主要是明、清兩代流行的術數，唐宋或以前的術數及其書籍，大部分均已失傳，只能從史料記載、出土文獻、敦煌遺書中稍窺一鱗半爪。

術數版本

坊間術數古籍版本，大多是晚清書坊之翻刻本及民國書賈之重排本，其中豕亥魚魯，或任意增删，往往文意全非，以至不能卒讀。現今不論是術數愛好者，還是民俗、史學、社會、文化、版本等學術研究者，要想得一常見術數書籍的善本、原版，已經非常困難，更遑論如稿本、鈔本、孤本等珍稀版本。在文獻不足及缺乏善本的情況下，要想對術數的源流、理法、及其影響，作全面深入的研究，幾不可能。

有見及此，本叢刊編校小組經多年努力及多方協助，在海內外搜羅了二十世紀六十年代以前漢文為主的術數類善本、珍本、鈔本、孤本、稿本、批校本等數百種，精選出其中最佳版本，分別輯入兩個系列：

一、心一堂術數古籍珍本叢刊

二、心一堂術數古籍整理叢刊

前者以最新數碼（數位）技術清理、修復珍本原本的版面，更正明顯的錯訛，部分善本更以原色彩色精印，務求更勝原本。并以每百多種珍本、一百二十冊為一輯，分輯出版，以饗讀者。

後者延請、稿約有關專家、學者，以善本、珍本等作底本，參以其他版本，古籍進行審定、校勘、注釋，務求打造一最善版本，方便現代人閱讀、理解、研究等之用。

限於編校小組的水平，版本選擇及考證、文字修正、提要內容等方面，恐有疏漏及舛誤之處，懇請方家不吝指正。

心一堂術數古籍珍本 整理 叢刊編校小組

二零零九年七月序

二零一四年九月第三次修訂

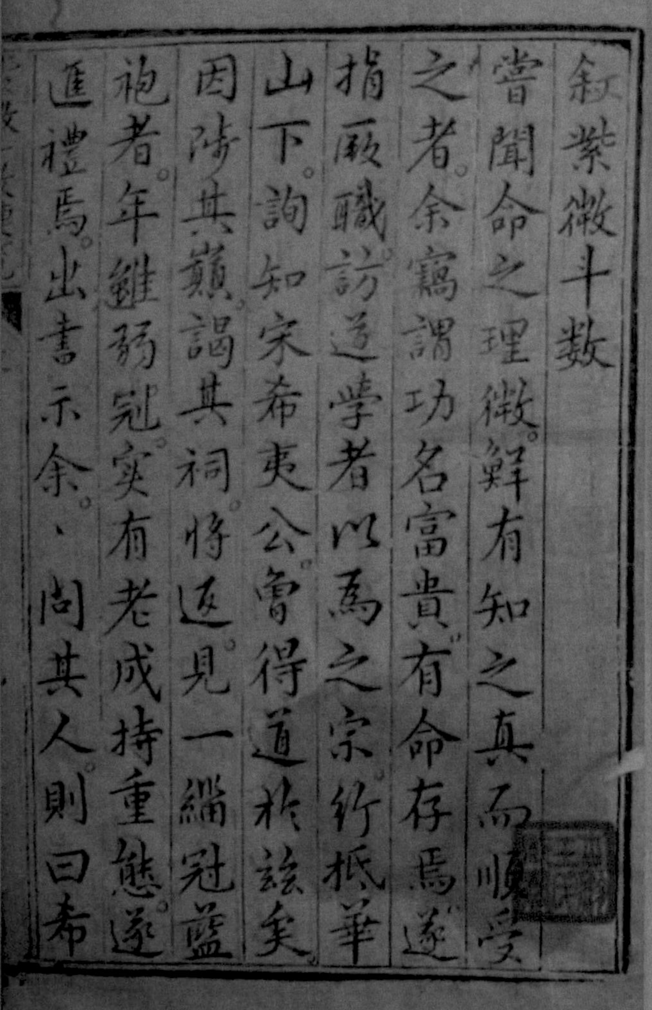

紫微斗數一卷、見千頃堂書目、未著何人輯、此有四卷、係明陳道傳本、羅洪先序甚詳晰、所謂陳希夷著者偽託也、羅序于之、疑不真、書坊藉以為重耳、但此本傳本甚希、萬曆刻本罕見、不得不重寶之

庚午臘月　林平識

敘紫微斗數

嘗聞命之理微、鮮有知之真而順受之者。余竊謂功名富貴有命存焉、遂指廠職訪道學者、以為之宗、行抵華山下、詢知宋希夷公曾得道於茲矣、因陟其巔、謁其祠、將返、見一緇冠藍袍者、年雖弱冠、實有老成持重態、遂進禮焉。出書示余、問其人、則曰希

夷公十八世孫也。向其書則曰希夷公所著紫微斗數集也。始覩其排列星辰。猶不省其所以。既而讀其論。論則有理道。玩其斷、則有神驗。即以賤降試之。果毫髮不爽。於是喟然嘆曰。造化至玄也。而卒闡明之若對鑑焉。非心涵造化者能之乎。星辰至遠也而卒指示之若運掌焉。非胸藏星

斗者能之乎。天位乎上。地位乎下。而人則藐焉於中者。先生則以天合之人、合之天。即星辰之變化。而知人命之休咎。是非學貫天人而一之者。又孰能之乎。猗歟休哉。先生真高人也。神人也。不然。胡為乎而有是高志。又胡為乎而有是神數也耶。子盍持之遍示天下。俾世之人。知有命而順

受之可也。胡洒祖作之。而子秘之。則繼述之道安在哉。請志余言以弁是書之首。時陳子去希夷公一十八代諱道。別號了然。年方二十有六。

旹

嘉靖庚戌年春三月既望之吉

賜進士及第吉水念庵羅洪先撰

序畢

新刻纂集紫微斗數捷覽序

夫紫微斗數肇自希夷隱迹華山之陽。仰觀南北星辰。俯斷人生造化何也。蓋南斗司祿。北斗司壽。而身命主照之星係之。凡富貴貧賤壽夭窮通莫逃乎理。即莫逃乎數矣。是以排列星辰。纂集成帙灼然電布。學者理弗融而要弗領。往往以術數日之。噫。是將長夜萬古矣。豈先生垂世之心哉。余以素志者。嘗病其真傳之未得。追抱道散遊。經蜀道。偶陳子別號了然者。以茲數鳴詩覈其實。則夷裔也。遂善為議及五星經度了平遺集沙源範圍諸數。有應者有不者。蓋其巒淵玄遠未易窺測故也。就若斗數明。顯為最。遂持書以授余。余開卷悉覽其間復有玉蟾先生所增輯云者。於是盡其蘊驗其徃真若炳炳乎日月麗中天。而超五星諸數上矣。術數云乎哉。術數云乎哉。固什諸梓以成了然公之休德。而亦以承希夷公之心傳云。

旹萬曆辛巳冬豫章收春堂人擴泉子譚貢謹序

新刻纂集紫微斗數捷覽目錄

○卷之一

○定大限訣 ○定小限訣
○定小兒童限訣 ○定流年斗君法
○定流年文昌訣 ○定流殺訣
○定竹羅三限訣 ○定流年太歲所值吉星圖
○定流年太歲所值凶星圖 ○定小兒關煞等星訣凡十七
○定小兒生時成形論 ○小兒論斷
○附十二時生人刑沖妨論 ○附十二時生人初生男女論
○論十二生時難定訣 ○限行滑數例
○限行反背例 ○限行吉凶訣
○卷之二
○紫微諸星廟陷歌 ○辨十二宮諸星廟陷訣
○辨諸星十二宮廟陷訣 ○十二宮祿權科忌廟陷訣
○十二宮諸星生尅制化論 ○看命總括
○看命捷法凡十条 ○身命二宮論
○命坐陰陽二宮論 ○命坐墓庫制化論
○命坐空亡論 ○空亡五行制化論
○絕處逢生論 ○絕處逢吉論
○命坐強宮論 ○命坐弱宮論
○男女四正安命論 ○男女四庫安命論
○男亥女寅安命論 ○命坐正擢論

新刻纂集紫微斗數捷覽卷之一

大宋華山　希夷　陳先生　精著
逸士　王蟾　白先生　增補
十八代孫　了然　陳　道　校正
後學　擴泉　謂　貢　編次
金陵書坊　王氏　洛　川　刊行

○紫微斗數總括

希夷仰觀天上星，作為斗數推人命，不依五星要過節，只論年月日時生。先安身命次定局，紫微天府佈諸星，刼空殤使天姚鉞，天馬天祿帶蔗神，羊後陀并四化，紅鸞天喜火鈴刑，二主大限并小限，流年後方安斗君，十二宮分

○天姚星論訣
○紅鸞星論訣
○太歲論訣

○[illegible]入命入限論
○擎羊入命入限論
○[illegible]入命入限論
○[illegible]空入命入限論
○地空入命入限論
○地劫入命入限論
○[illegible]星入命入限論

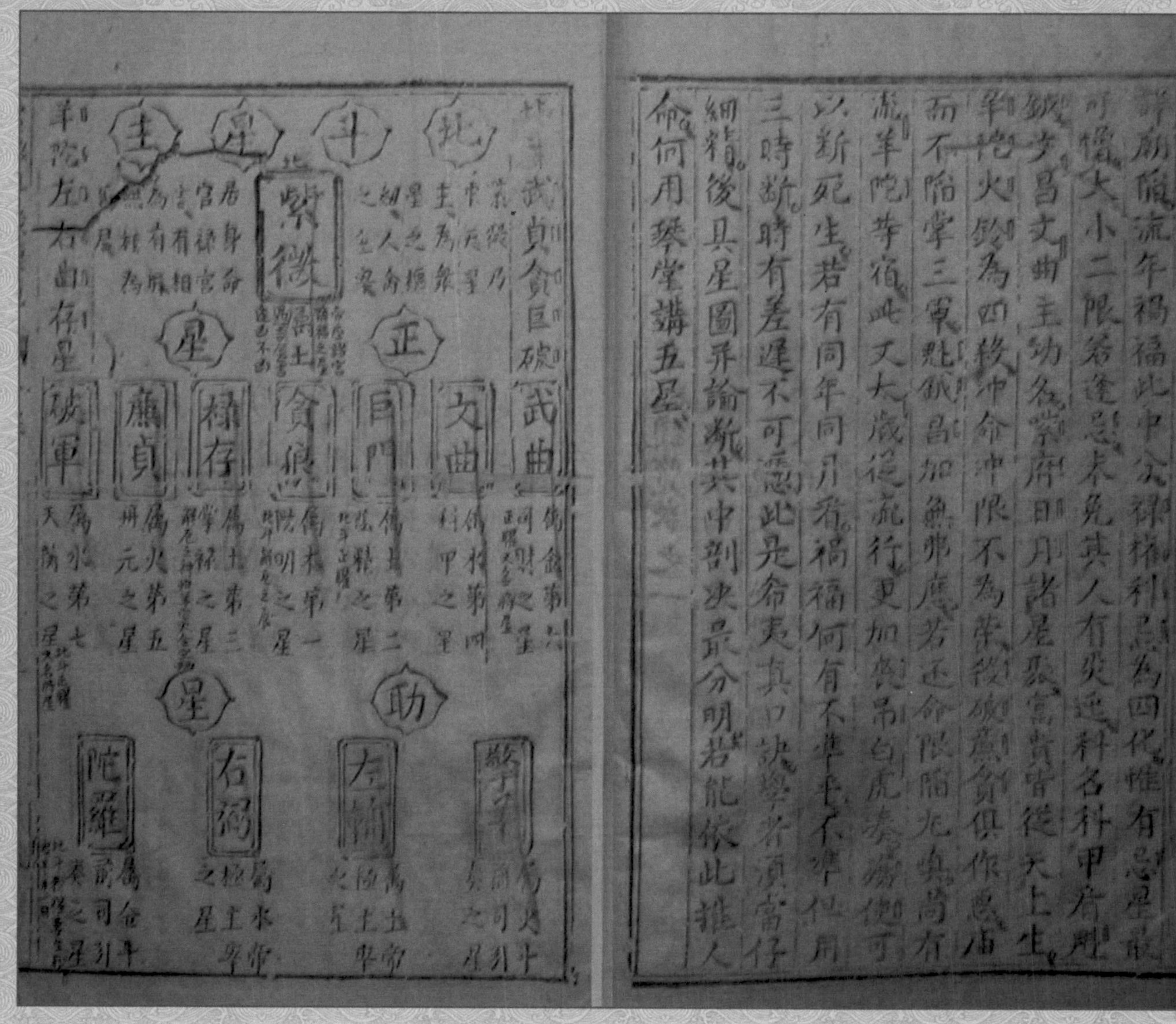

評廟陷流年禍福此中化祿權科忌為四化惟有忌星最
可憎大小二限若逢忌未免其人有災逆科名科甲有理
鉞羊昌文曲主功名紫府日月諸星聚富貴皆從天上生
羊陀火鈴為四殺沖命沖限不為祥殺破廉貪俱作惡廟
而不陷掌三軍魁鉞昌加無弗庶若逢命限陷尤甚尚有
流羊陀等宿此又大歲從流行更加喪弔白虎奏凶御可
以斷死生若有同年同月者禍福何有不準乎不準但用
三時斷時有差遲不可忽此是命家真口訣學者須當仔
細精後具星圖并論斷其中剖決最分明若能依此推人
命何用琴堂講五星

北斗星主

紫微

武貞貪巨破

羊陀左右曲存星

正曜

武曲　為第六之星

文曲　為第四之星

巨門　為第二之星

貪狼　為第一之星

祿存　為第三之星

廉貞　為第五之星

破軍　為第七之星

助星

擎羊　為火斗司引星

左輔　為土帝之星

右弼　為水帝之星

陀羅　為金斗司引之星

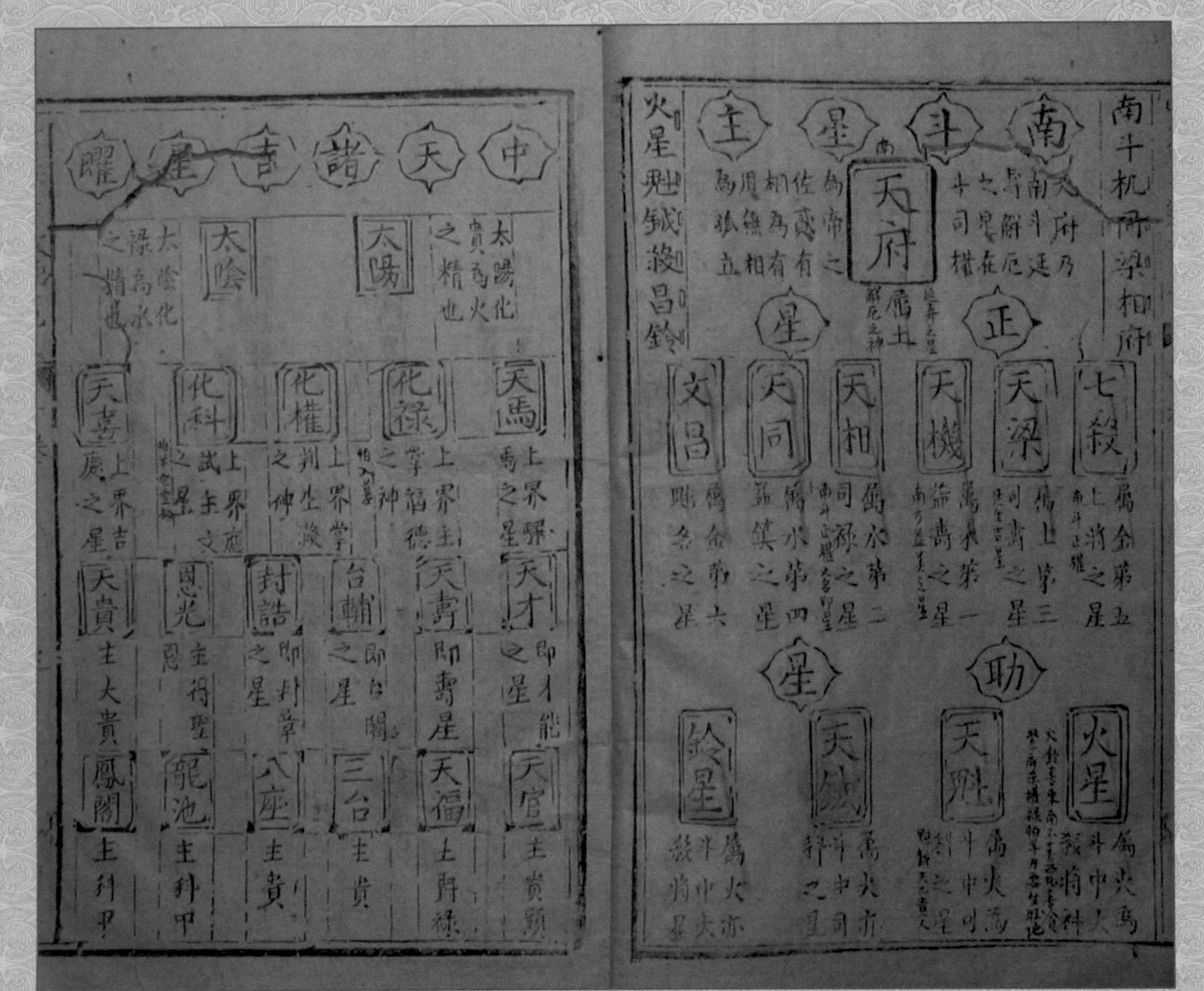

南斗主星
南斗机府梁相府
火星魁鉞殺昌鈴
天府 為帝之佐 威有為相 有為 周旋 弥相 五
南斗延乃 府 斗解厄 之司 十 主權
七殺 為金第五 上將之星
天梁 為土第三 司壽之星
天機 為木第一 益壽之星
天相 為水第二 司祿之星
天同 為水第四 益算之星
文昌 為金第六 魁名之星
助星
火星 為火為 斗中大 殺將
天魁 為火為 斗中司 科之星
天鉞 為火亦 斗中司 科之星
鈴星 為火亦 斗中大 殺將星
中天諸吉曜
太陽 太陽化 貴為火 之精也
太陰 太陰化 祿為水 之精也
天馬 上界驛 馬之星
化祿 上界主 掌福德 之神
化權 上界掌 判生殺 之神
化科 上界應 試主文 之星
天喜 上界吉 慶之星
天才 即才能 之星
天壽 即壽星
台輔 即台閣 之星
封誥 即封章 之星
恩光 主得聖 恩
天貴 主大貴
天官 主貴顯
天福 主爵祿
三台 主貴
八座 主貴
龍池 主科甲
鳳閣 主科甲

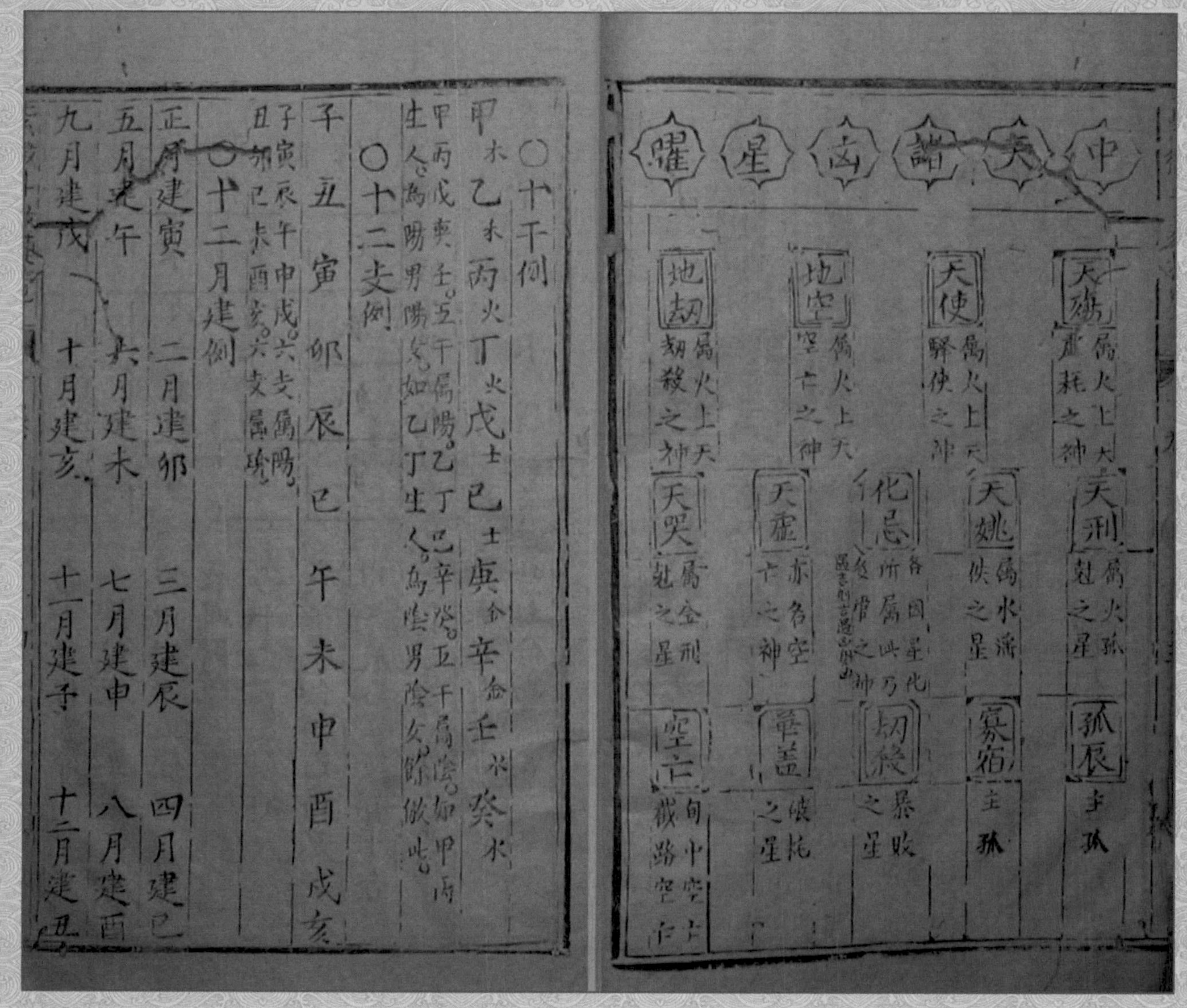

○十干例

甲木 乙木 丙火 丁火 戊土 己土 庚金 辛金 壬水 癸水

甲丙戊庚壬五干屬陽。乙丁己辛癸五干屬陰。如甲丙生人為陽男陽女，如乙丁生人為陰男陰女，餘倣此。

○十二支例

子 丑 寅 卯 辰 巳 午 未 申 酉 戌 亥

子寅辰午申戌六支屬陽。丑卯巳未酉亥六支屬陰。

○十二月建例

正月建寅 二月建卯 三月建辰 四月建巳

五月建午 六月建未 七月建申 八月建酉

九月建戌 十月建亥 十一月建子 十二月建丑

中天諸凶星曜

天傷 屬火七大虛耗之神

天使 屬火上天驛使之神

地空 屬火上天空亡之神

地劫 屬火上天劫殺之神

天刑 屬火孤剋之星

天姚 屬水淫泆之星

化忌 各因星化所屬此乃作忌之神

天虛 亦名空亡之神

天哭 屬金刑剋之星

孤辰 主孤

寡宿 主孤

劫殺 暴敗之星

華蓋 破耗之星

空亡 旬中空亡截路空亡

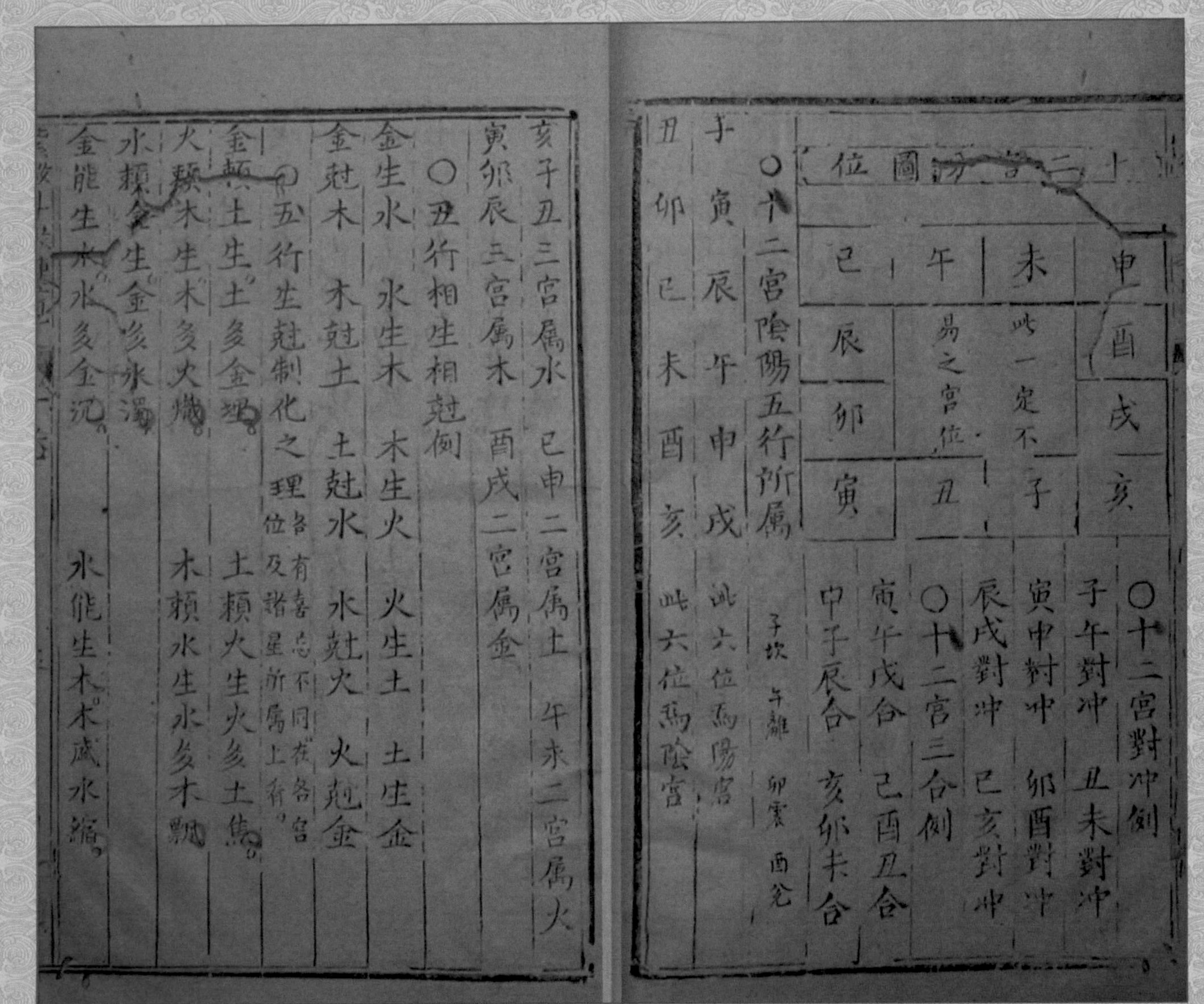

十二宮方圖位

巳	午	未	申
辰	此一定不易之宮位		酉
卯			戌
寅	丑	子	亥

○十二宮陰陽五行所屬

子寅辰午申戌 此六位為陽宮

丑卯巳未酉亥 此六位為陰宮

子坎 午離 卯震 酉兌

○十二宮對沖例

子午對沖 丑未對沖

寅申對沖 卯酉對沖

辰戌對沖 巳亥對沖

○十二宮三合例

寅午戌合 巳酉丑合

申子辰合 亥卯未合

亥子丑三宮屬水 巳申二宮屬土 午未二宮屬火

寅卯辰三宮屬木 酉戌二宮屬金

○丑行相生相尅例

金生水 水生木 木生火 火生土 土生金

金尅木 木尅土 土尅水 水尅火 火尅金

○五行生尅制化之理 各有喜忌不同在各宮位及諸星所屬上看。

金賴土生土多金埋。 土賴火生火多土焦。

火賴木生木多火熾。 木賴水生水多木飄。

水賴金生金多水濁。

金能生水水多金沉。 水能生木木盛水縮。

木能生火，火焰木焚。　火能生土，土多火晦。
土能生金，金多土變。
金能尅木，木堅金缺。　木能尅土，土重木折。
土能尅水，水多土流。　水能尅火，火多水熱。
火能尅金，金多火熄。
金衰遇火，必見銷鎔。　火弱逢水，必為熄滅。
水弱逢土，必為淤塞。　土衰逢木，必遭傾陷。
木弱逢金，必為砍折。
強金得水，方挫其鋒。　弱水得木，方泄其氣。
強木得火，方化其頑。　強火得土，方止其焰。
強土得金，方制其害。

○陰陽生死之理

甲木生在亥死在午　乙木生在午死在亥
丙戊火生在寅死在酉　丁己生在酉死在寅
庚金生在巳死在子　辛金生在子死在巳
壬水生在申死在卯　癸水生在卯死在申

男順數，女逆數。此言人物之生，無非陰陽造化之所為。要知十干十二支宮分，而有陰陽生死之理如此也。

六十花甲納音例

甲子乙丑海中金　丙寅丁卯炉中火　戊辰己巳大林木
庚午辛未路傍土　壬申癸酉劍鋒金　甲戌乙亥山頭火

丙子丁丑澗下水　戊寅己卯城頭土　庚辰辛巳白蠟金
壬午癸未楊柳木　甲申乙酉泉中水　丙戌丁亥屋上土
戊子己丑霹靂火　庚寅辛卯松栢木　壬辰癸巳長流水
甲午乙未沙中金　丙申丁酉山下火　戊戌己亥平地木
庚子辛丑壁上土　壬寅癸卯金箔金　甲辰乙巳覆燈火
丙午丁未天河水　戊申己酉大驛土　庚戌辛亥釵釧金
壬子癸丑桑柘木　甲寅乙卯大溪水　丙辰丁巳沙中土
戊午己未天上火　庚申辛酉石榴木　壬戌癸亥大海水

此乃甲子納音用之以定五行局也。

○五行局圖

金四局

巳	午	未	申
初六 十六 十九 廿五	初十 二十 廿三 廿九	十四 廿四 廿七	十八 廿八
辰	紫微金宮四歲行 初一尋猪二歲能 順進二步逆退一		酉
初二 十二 十五 廿一	先陰後陽是其宮 雖有初二辰上起 進三退四逆行蹤		廿二
卯			戌
初八 十一 十七			廿六
寅	丑	子	亥
初四 初七 十三	初三 初九	初五	初一 三十

金局因納音論知
甲子乙丑海中金
甲午乙未沙中金
壬申癸酉劍鋒金
壬寅癸卯金箔金
庚辰辛巳白蠟金
庚戌辛亥釵釧金
自寅宮納音數至
命宮遇此六金即
爲金局後載明白

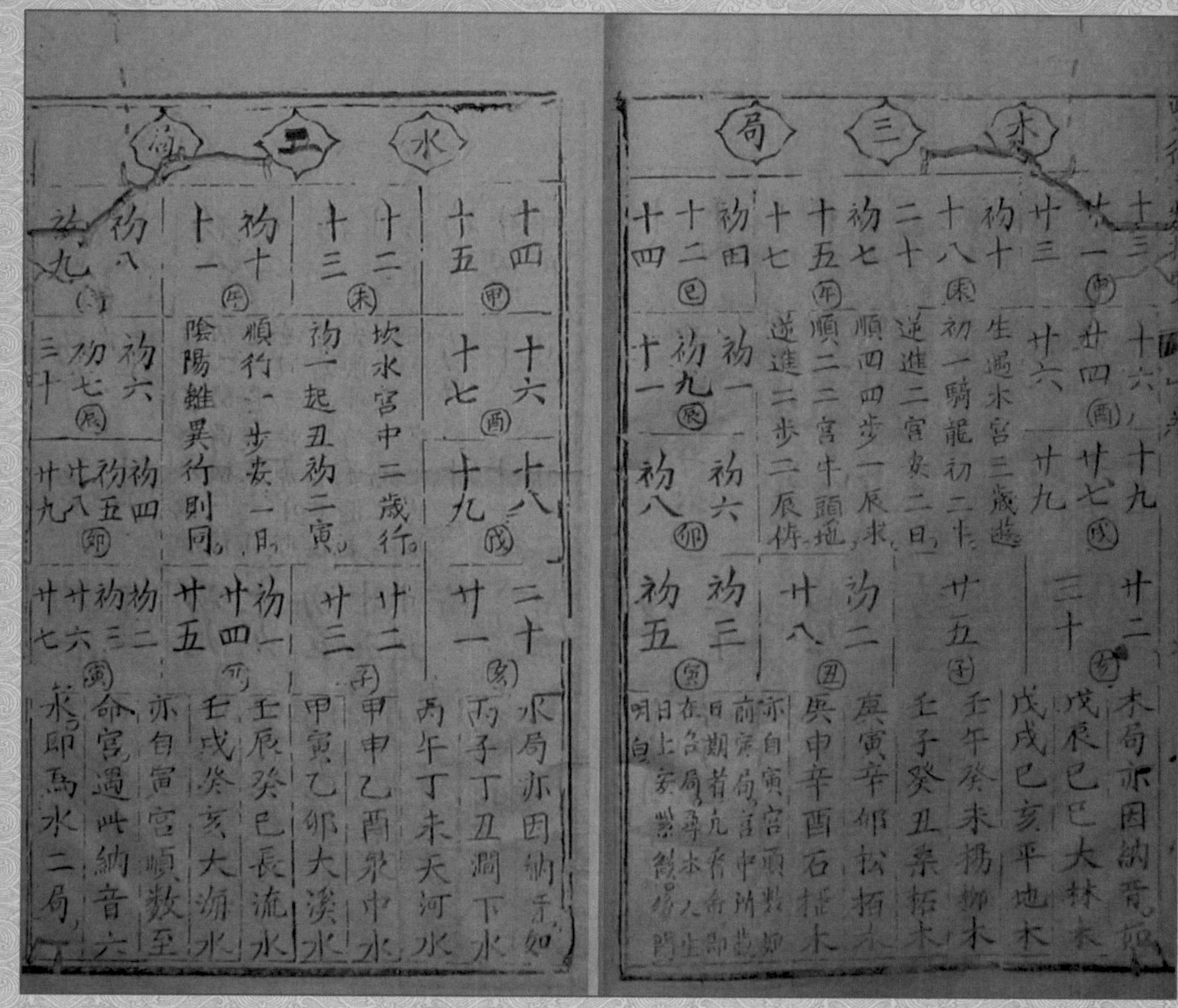

木三局

木局亦因納音，如
戊辰己巳大林木
戊戌己亥平地木
壬午癸未楊柳木
壬子癸丑桑柘木
庚寅辛卯松柏木
庚申辛酉石榴木

水二局

水局亦因納音，如
丙子丁丑澗下水
丙午丁未天河水
甲申乙酉泉中水
甲寅乙卯大溪水
壬辰癸巳長流水
壬戌癸亥大海水
亦自寅宮順數至
命宮，遇此納音六
在卯為水二局。

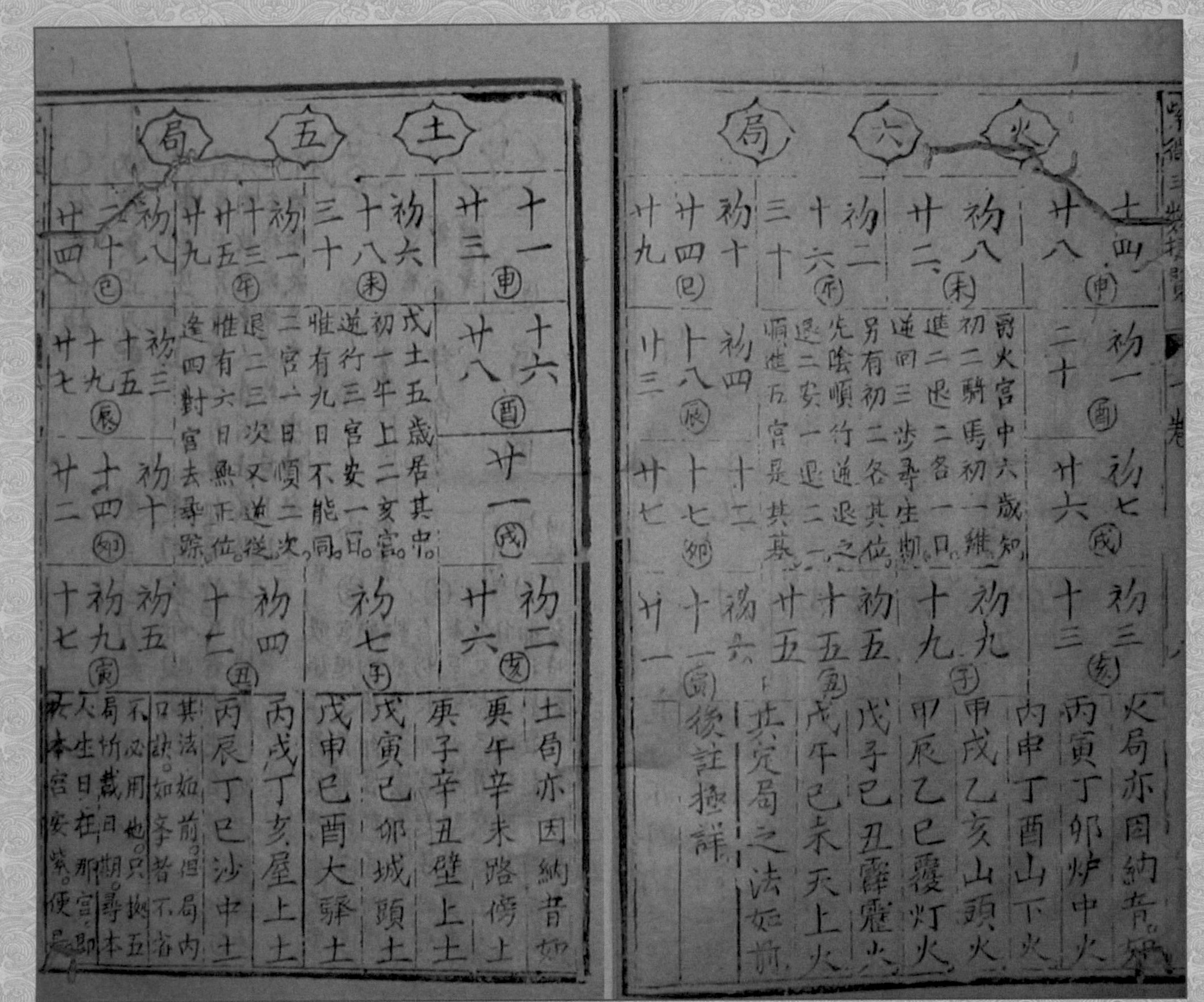

火六局

十四 廿八（申）

初八 廿二（未）

初二 十六 三十（午）

初十 廿四 廿九（巳）

初一 二十（酉）

爵火宮中六歲知，初二騎馬初一維。進二退二各一日，逆回三涉尋生地。另有初二各其位，先陰順行逆退之。退二安一退二一，順進五宮是其基。

初四 十八 廿三（辰）

初七 廿六（戌）

十二 十七 廿七（卯）

初三 十三（亥）

初九 十九（子）

初五 十五 廿五（丑）

初六 十一 廿一（寅）

火局亦因納音，如丙寅丁卯炉中火，丙申丁酉山下火，甲戌乙亥山頭火，甲辰乙巳覆灯火，戊子己丑霹靂火，戊午己未天上火。其完局之法如前，後註捻詳。

土五局

十一 廿三（申）

初六 十八 三十（未）

初一 十三 廿五 廿九（午）

初八 二十 廿四（巳）

十六 廿八（酉）

戊土五歲居其中，初一午上二亥宮。逆行三宮安一日，雖有九日不能同。三宮一日順二次，退二三次又逆從。惟有六日無正位，逢四對宮去尋踪。

初三 十五 十九 廿七（辰）

廿一（戌）

初十 十四 廿二（卯）

初二 廿六（亥）

初七（子）

初四 十二（丑）

初五 初九 十七（寅）

土局亦因納音，如庚午辛未路傍土，庚子辛丑壁上土，戊寅己卯城頭土，戊申己酉大驛土，丙戌丁亥屋上土，丙辰丁巳沙中土。其法如前，但局內口訣，如斈者不必用他，只捻五局，折截日期，尋本人生日在那宮，即於本宮安紫，便是。

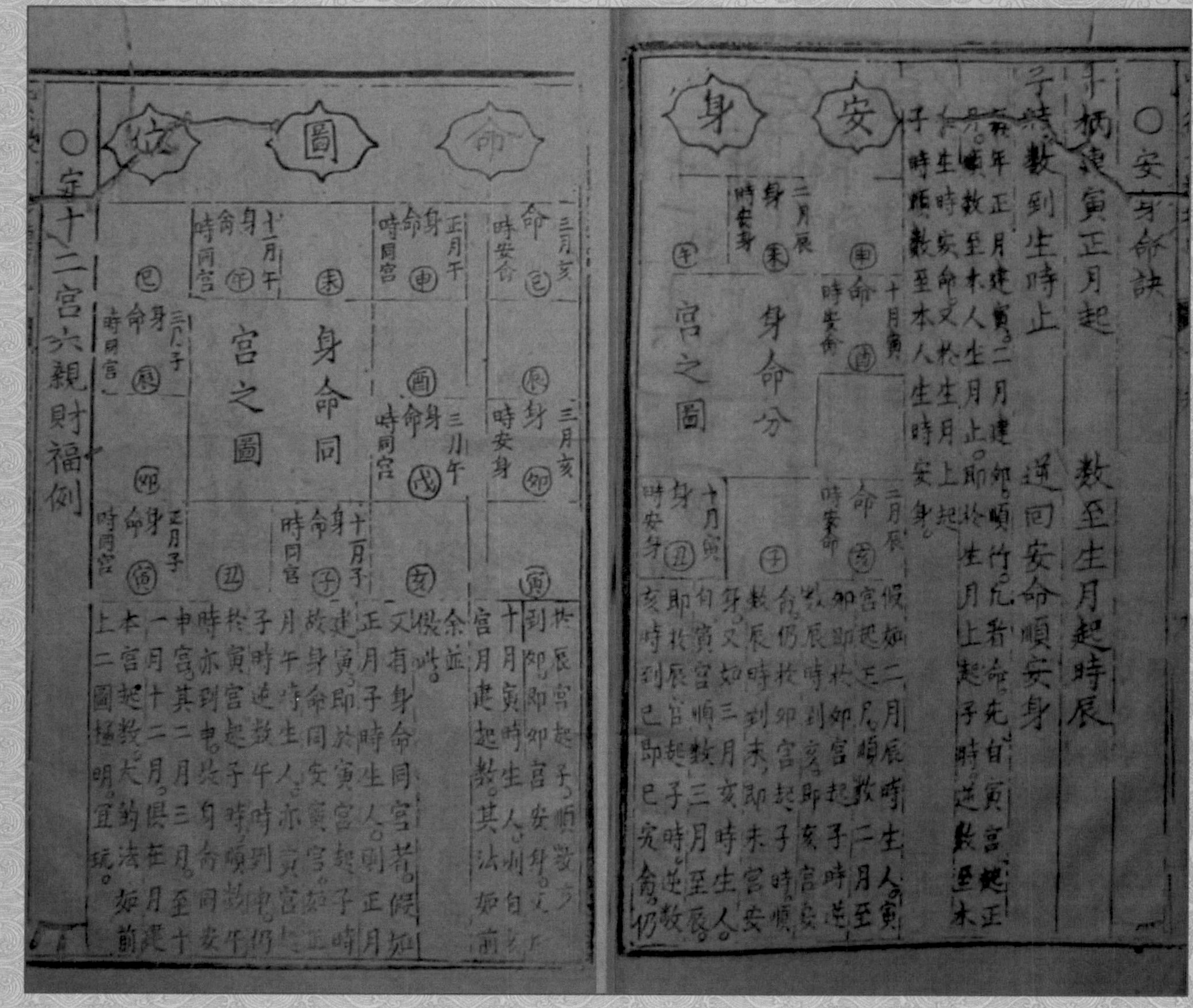

○安身命訣

丙建寅正月起　數至生月起時辰
子時數到生時上　逆回安命順安身

從年正月建寅。二月建卯。順行。凡看命。先自寅宮起正月。順數至本人生月上。即於生月上起子時。逆數至本人生時安命。又於生月上起子時。順數至本人生時安身。

安　身

身命分宮之圖

假如二月辰時生人。寅宮起正月。順數二月至卯。即於卯宮起子時。逆數至辰時。即於卯宮起子時。順數仍辰時到亥。即亥宮安命。又如三月亥時生人。身自寅宮順數三月至辰。即於辰宮起子時。逆到未。即未宮安身。亥時於辰宮順到巳。即巳宮安命。逆數仍……

○安十二宮六親財福例

命　圖　位

身命同宮之圖

假如正月子時生人。又有身命同宮者。假如正月建寅。即於寅宮起子時。故身命同安寅宮。如子時午時生人。亦安寅宮。如午時逆數到申。於寅宮起子時順到申。身命同安午宮。其二月十二月。俱在月建上本宮起數。大約法如前圖極明。宜玩。

於辰宮起子。順數身。又到卯。即卯宮安身。其法如前。十月寅時生人。則自寅宮月建起數。

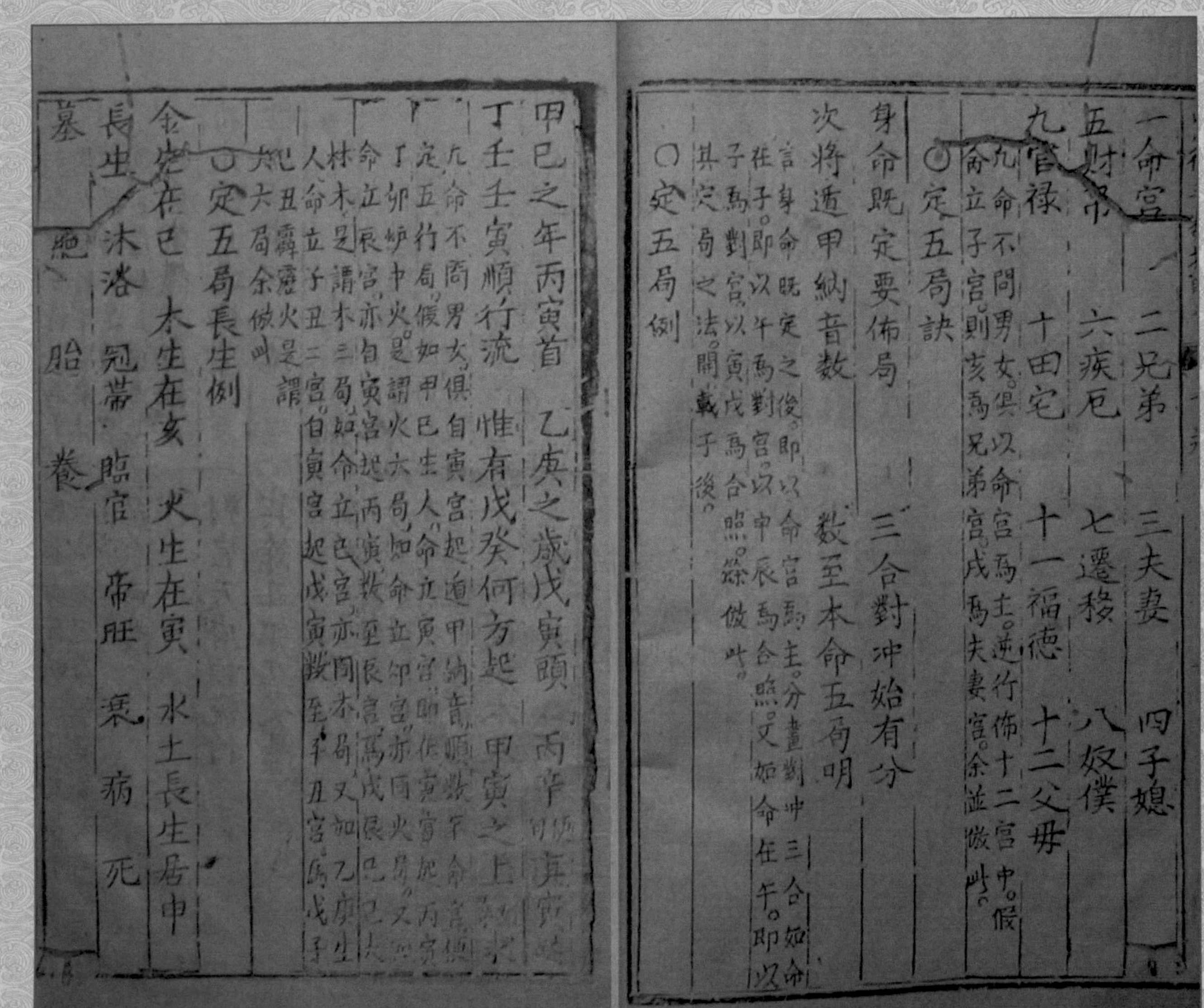

一命宮　二兄弟　三夫妻　四子媳
五財帛　六疾厄　七遷移　八奴僕
九官祿　十田宅　十一福德　十二父母

凡命不問男女。俱以命宮為主。逆行佈十二宮中。假令立子宮。則亥為兄弟宮。戌為夫妻宮。余並倣此。

○定五局訣

身命既定要佈局　三合對冲始有分
次將遁甲納音數　數至本命五局明

言身命既定之後。即以命宮為主。分畫對冲三合。如命在子。即以午為對宮。以申辰為合照。又如命在午。即以子為對宮。以寅戌為合照。餘倣此。其定局之法。開載于後。

○定五局例

甲己之年丙寅首　乙庚之歲戊寅頭　丙辛[illegible]庚寅[illegible]
丁壬壬寅順行流　惟有戊癸何方起　甲寅之上[illegible]

凡命不問男女。俱自寅宮起遁甲納音。順數至命宮[illegible]定五行局。假如甲巳生人。命立寅宮。即作寅宮起丙寅丁卯爐中火。是謂火六局。如命立卯宮。亦同火局。又如命立辰宮。亦自寅宮起丙寅。數至辰宮。為戊辰己巳大林木。是謂木三局。如命立巳宮。亦同木局。又如乙庚生人命立子丑二宮。自寅宮起戊寅。數至子丑宮。為戊子己丑霹靂火。是謂火六局。余倣此。

○定五局長生例

金生在巳　木生在亥　火生在寅　水土長生居申

長生　沐浴　冠帶　臨官　帝旺　衰　病　死
墓　絕　胎　養

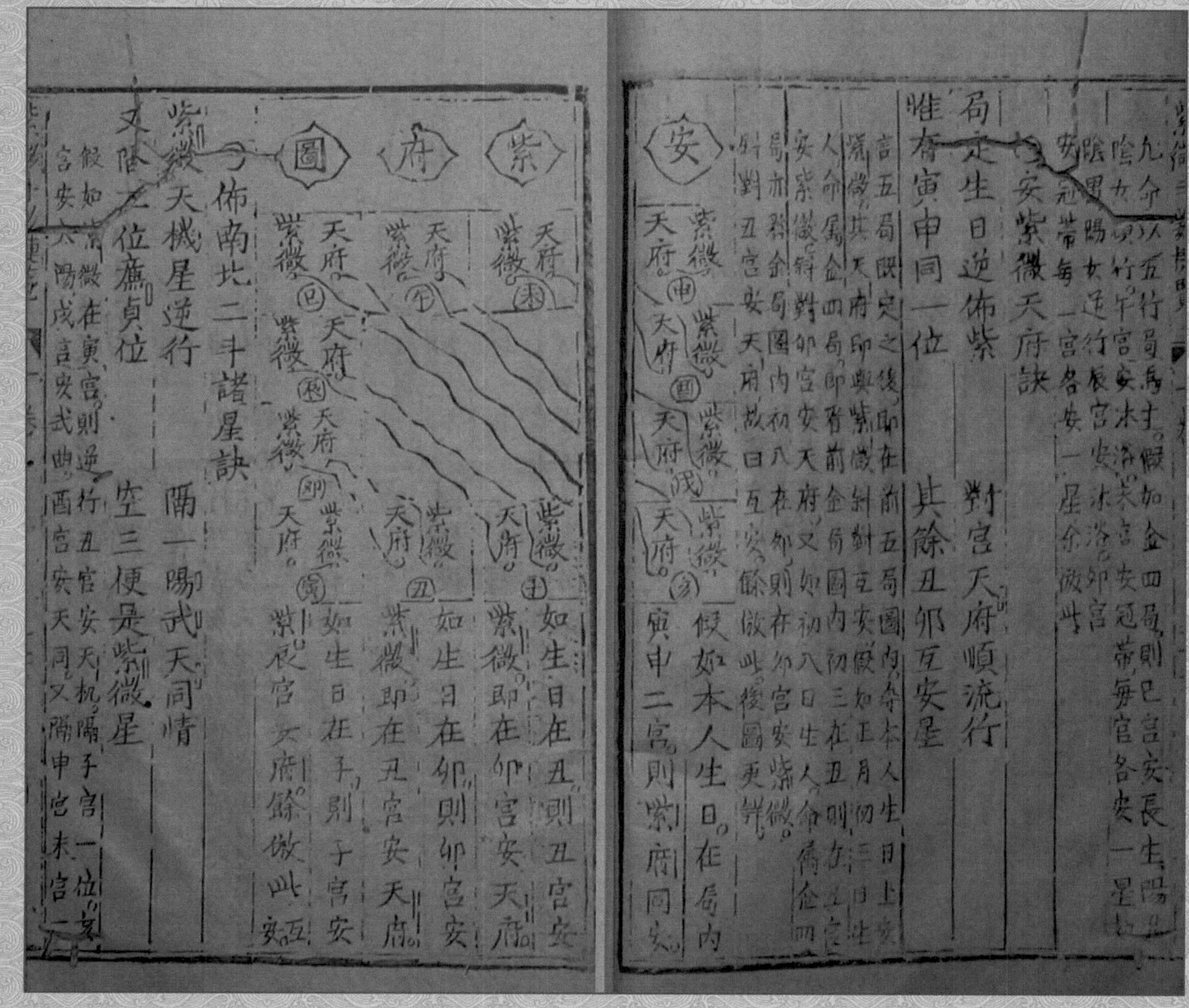

九命以五行局爲主。假如金四局，則巳宮安長生，陽男陰女順行，午宮安沐浴，未宮安冠帶，每宮各安一星。陰男陽女逆行，辰宮安沐浴，卯宮安冠帶，每一宮各安一星。餘做此。

安紫微天府訣

局定生日逆佈紫　對宮天府順流行

惟有寅申同一位　其餘丑卯互安星

言五局既定之後，即在前五局圖內，命本人生日上安紫微，其天府即與紫微斜對互安。假如正月初三日生人，命屬金四局，即看前金局圖內初三在丑，則丑宮安紫微，斜對卯宮安天府。又如初八日生人，命屬金四局，加於金局圖內初八在卯，則在卯宮安紫微，斜對丑宮安天府，故曰互安。餘做此，後圖更詳。

安紫府圖

宮	星
申	紫微　天府
酉	紫微　天府
戌	紫微　天府
亥	紫微　天府
未	天府　紫微
午	天府　紫微
巳	天府　紫微
辰	天府　紫微
卯	天府　紫微
寅	紫微　天府
丑	紫微　天府
子	紫微　天府

假如本人生日在局內寅申二宮，則紫府同宮。

如生日在丑，則丑宮安紫微，即在卯宮安天府。

如生日在卯，則卯宮安紫微，即在丑宮安天府。

如生日在子，則子宮安紫微，辰宮安天府。餘做此互安。

佈南北二斗諸星訣

紫微天機星逆行　隔一陽武天同情

又隔二位廉貞位　空三便是紫微星

假如紫微在寅宮，則逆行丑宮安天機，隔子宮一位，亥宮安太陽，戌宮安武曲，酉宮安天同，又隔申宮未宮一……

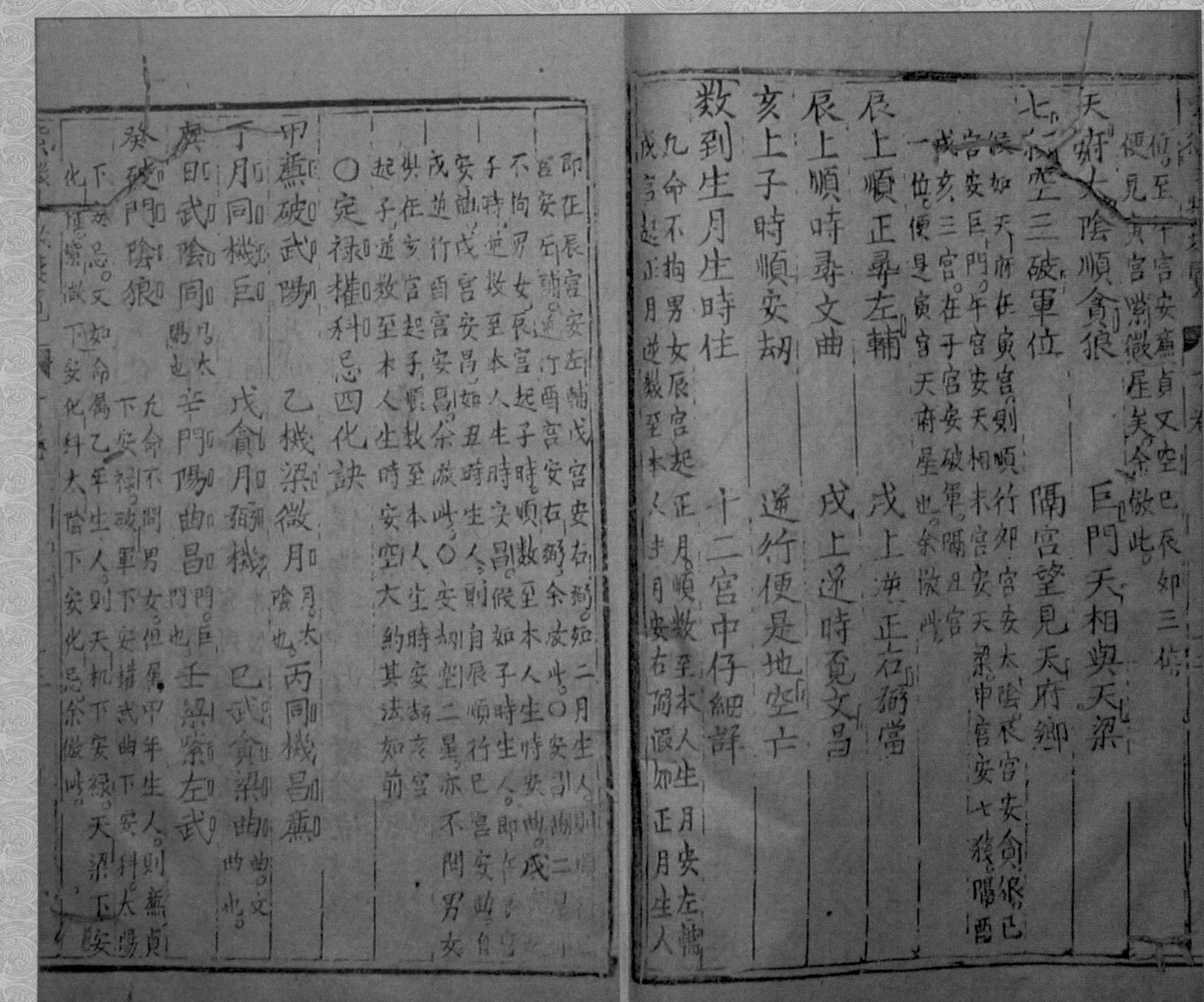

天府太陰順貪狼　巨門天相與天梁
七殺空三破軍位　隔宮望見天府鄉

辰上順正尋左輔　戌上逆正右弼當
辰上順時尋文曲　戌上逆時覓文昌
亥上子時順安劫　逆行便是地空亡
數到生月生時住　十二宮中仔細詳

○定祿權科忌四化訣

甲廉破武陽　乙機梁微月　丙同機昌廉
丁月同機巨　戊貪月弼機　己武貪梁曲
庚日武陰同　辛巨陽曲昌　壬梁紫左武
癸破巨陰貪

○定天殤天使訣

命後六位爲天使　命前六位爲天殤

大限相逢逢小限　此星乃是活閻王

此以命宮爲主。假如命立寅宮，則後六位在酉，即酉宮安天使；前六位在未，即未宮安天殤。余倣此。

○定天魁天鉞訣

甲戊庚牛羊（丑未二宮）　乙己鼠猴鄉（子申二宮）　丙丁猪雞位（亥酉二宮）

壬癸兎蛇藏（卯巳二宮）　六辛逢馬虎（午寅二宮）　此是貴人鄉

凡命不拘男女。俱以生年十干爲主。假如甲戊庚年生人。則丑宮安天魁。未宮安天鉞。又如乙己二年生人。則子宮安天魁。申宮安天鉞。余倣此。

○定祿存羊陀訣

甲祿到寅宮　乙祿居卯府　丙戊祿在巳　丁己祿居午

庚祿定居申　辛祿酉上補　壬祿亥中藏　癸祿居子位

祿前一位羊刃當　祿後一位陀羅苦

凡命俱以生年十干爲主。假如甲年生人。則寅宮安祿存。乙年生人。則卯宮安祿存。余倣此。○羊陀二星。則以祿存爲主。假如祿存在寅。則前一位卯宮安羊刃。後一位丑宮安陀羅。又如祿存在卯。則前一位辰宮安羊刃。後一位寅宮安陀羅。余倣此。

○安火鈴星訣

申子辰人寅火戌鈴　寅午戌人丑火卯鈴

亥卯未人酉火戌鈴　巳酉丑人戌火卯鈴

凡命俱以生年十二支爲主。假如申年辰年子年生人。則自寅宮起子時。順數至本人生時安火星。自戌宮

起子時順數至本人生時安鈴星假如甲申年
丑時生人則卯宮安火亥宮安鈴余倣此

○安天馬訣

申子辰人馬居寅　寅午戌人馬居申
亥卯未人馬居巳　巳酉丑人馬居亥

凡命俱以生年十二支為主假如命屬申
子辰年生人則寅宮安天馬星余並倣此

○安紅鸞天喜訣

紅鸞卯上子年起　逆行數至生年止
對宮即是天喜星　運限命逢偏有喜

凡命不問男女俱自卯宮起子年逆數至本人生年安
紅鸞對宮安天喜假如甲子年生人即在卯宮安紅鸞
酉宮安天喜如乙丑年生人則逆行
寅宮安紅鸞申宮安天喜余倣此

○安天姚天刑訣

天姚丑上順正月　天刑酉上正月輪
數到生月皆住脚　便安刑姚二星辰

假如正月生人即在丑宮安天姚酉宮安天刑如二月
生人自丑數至寅宮安姚自酉數至戌宮安刑余倣此

○定命主訣 即本命上主星是也

子屬貪狼丑亥門（巨門也）　寅戌生人屬祿存
卯酉屬文（文曲也）巳未武（武曲也）　辰申廉貞午破軍

凡命俱以生年十二支為主假如命屬子年生則貪狼為
命主如亥年生則以巨門為命主星余倣此

○定身主訣 即本身主星是也

子午生人鈴火宿　丑未天相寅申梁

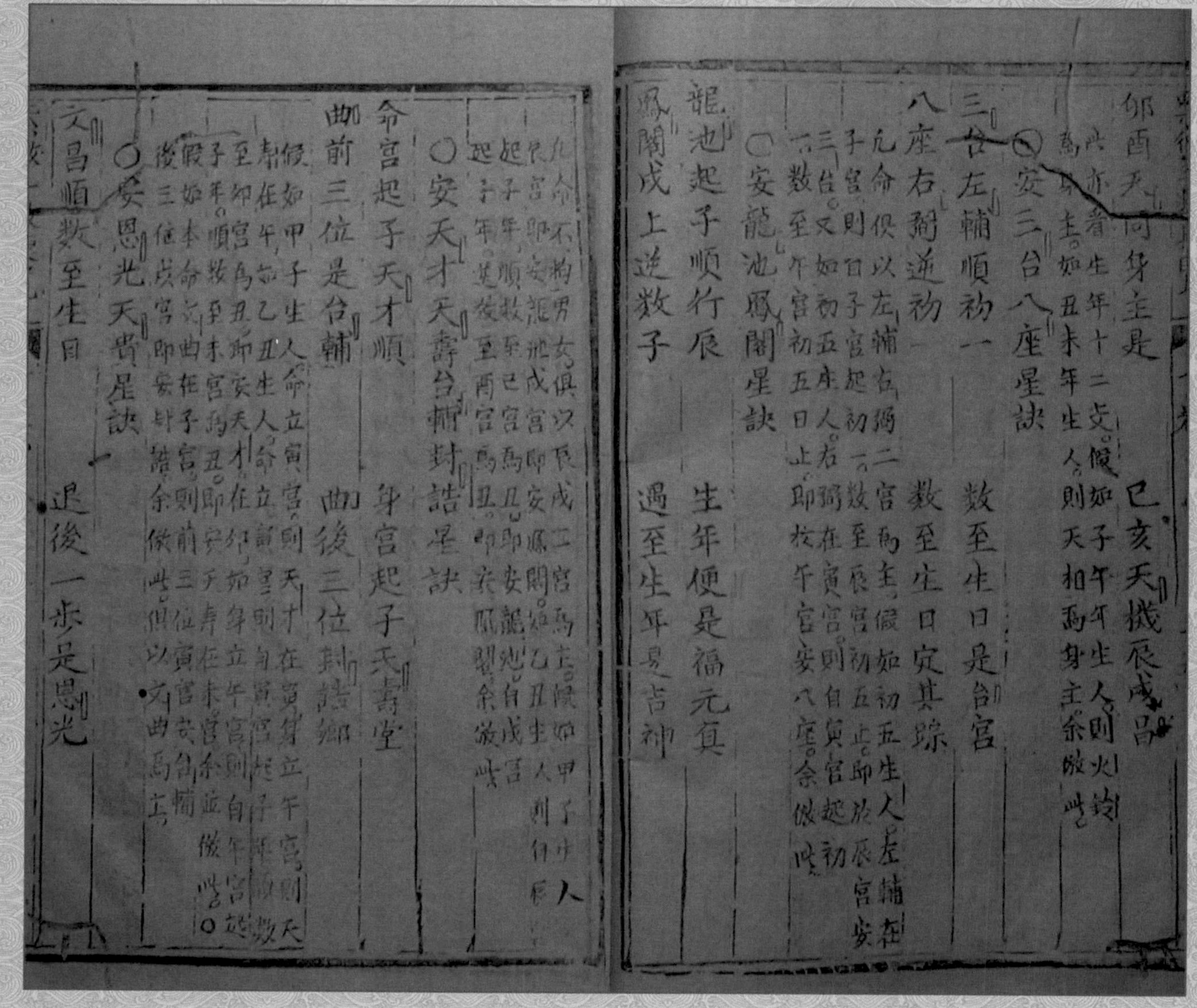

卯酉天同身主是　巳亥天機辰戌昌

此亦看生年十二支。假如子午年生人，則火鈴爲身主。如丑未年生人，則天相爲身主。余倣此。

○安三台八座星訣

三台左輔順初一　数至生日是台宮

八座右弼逆初一　数至生日定其踪

凡命俱以左輔右弼二宮爲主。假如初五生人，左輔在子宮，則自子宮起初一，数至辰宮初五止，即於辰宮安三台。又如初五生人，右弼在寅宮，則自寅宮起初一，数至午宮初五日止，即於午宮安八座。余倣此。

○安龍池鳳閣星訣

龍池起子順行辰　生年便是福元真

鳳閣戌上逆数子　過至生年是吉神

凡命不拘男女，俱以辰戌二宮爲主。假如甲子生人，則辰宮即安龍池，戌宮即安鳳閣。如乙丑生人，則自辰宮起子年，順數至巳宮爲丑，即安龍池；自戌宮起子年，逆數至酉宮爲丑，即於酉安鳳閣。余倣此。

○安天才天壽台輔封誥星訣

命宮起子天才順　身宮起子天壽堂

卹前三位是台輔　卹後三位封誥鄉

假如甲子生人，命立寅宮，則天才在寅；身立午宮，則天壽在午。如乙丑生人，命立寅宮，則自寅宮起子，順數至卯宮爲丑，即安天才在卯；如身立午宮，則自午宮起子，順數至未宮爲丑，即安天壽在未宮。余倣此。○假如本命文曲在子宮，則前三位寅宮安台輔，後三位戌宮即安封誥。余倣此。但以文曲爲主。

○安恩光天貴星訣

文昌順數至生日　退後一步是恩光

文曲順數至生日　退後一步天貴場

假如初五日生人，木命，文曲在子宮，則自子宮起初一，順數至辰宮爲初五，退後一步，卯宮即安，是此知文曲在午宮，則自午宮起初一，順數至戌宮爲初五，退後一步，酉宮即安天貴，余倣此。

○安天官貴人星訣

甲未乙龍壬犬宜　丙蛇丁虎己辛雞
戊兔庚猪安癸馬　其人貴顯可先知

凡命俱以本命生年十干爲主。假如甲生人，則未宮安天官；乙生人，則辰宮安天官，余倣此。

○安天福貴人星訣

甲愛金雞乙愛猴　丁猪丙鼠己寅頭
戊尋玉兔庚壬馬　辛癸逢蛇福祿優

此亦以生年十干爲主。假如甲生人，則酉宮爲天福；乙生人，則申宮安天福，余倣此。

○安天空訣

駕前一位爲天空　身命原來不可逢
三主祿存若值此　閻王不怕你英雄

駕前謂太歲前也。假如子年生人，則子宮安太歲，前一位丑宮即安天空，余倣此。三主，即命主、身主、星也。

○定旬中空亡訣

甲子旬中空戌亥　甲戌旬中空申酉　甲申旬中空午未
甲午旬中空辰巳　甲辰旬中空寅卯　甲寅旬中空子丑

假如人命生年，自甲子至癸酉十年內生人，俱係甲子旬中，則戌亥二宮落空，余倣此。

○定截路空亡訣

甲己之歲空申酉　乙庚之歲午未求　丙辛命空辰巳

丁壬寅卯最堪憂　戊癸生人空子丑　命犯空亡事業休

假如甲己生人則申酉二宮落空。又有正空傍空之說
如甲生人申為正空。酉為傍空。如己生人酉為正空申
為傍空。余皆做此。

○定天哭天虛星訣

天哭天虛起午宮　午宮起子兩分蹤

哭逆巳行虛順未　生年尋到便居中

凡命俱以生年十二支為主。假如辰年生人。則自午宮
起子年。逆行巳宮至寅宮為辰。便安天哭。自午宮起子
年順行未宮至戌宮為辰。便安天虛。余
做此。如子年生人。即在午宮安二星。

○安孤辰寡宿星訣

寅卯辰人安巳丑　巳午未人怕申辰

申酉戌人居亥未　亥子丑人寅戌嗔

俱以生年十二支為主。假如寅卯辰年生人
俱在巳宮安孤辰。丑宮安寡宿。余做此。

○安劫煞星訣

申子辰兮蛇開口　亥卯未兮猴速走

寅午戌兮猪面黑　巳酉丑兮虎哮吼

亦以生年看。假如申子辰年
生人巳宮安劫煞。余做此。

○安華蓋星訣

申子辰人辰上是　巳酉丑人丑上藏

亥卯未人未上是　寅午戌人戌上當

亦以生年爲主，假如申子辰年生人，俱在辰宮安華蓋，餘倣此。

○安桃花殺訣

寅午戌 兔從茅裡出 申子辰 雞叫亂人倫

亥卯未 鼠子當頭忌 巳酉丑 躍馬南方走

亦以生年爲主，假如寅午戌年生人，卯宮安桃花殺，餘倣此。

○安大耗殺訣

鼠忌羊頭上 牛嗔馬不耕 虎嫌雞嘴短 兔嫌猴不聲

龍憎豬面黑 蛇驚犬臥門 有人犯此殺 財食散伶仃

亦以生年爲主，假如子年生人，未宮安大耗，餘倣此。

○安破碎殺訣

子午卯酉巳 寅申巳亥雞

辰戌丑未丑 犯之財不宜

亦以生年爲主，假如子午卯酉四年生人，巳宮安破碎，餘倣此。

○安生年太歲十二神訣

太歲太陽喪門起 太陰官符死符比

歲破龍德白虎神 福德弔客病符止

◎安生年博士十二神訣

以生年爲主，假如甲子生人，不問男女，俱在子宮安太歲，順行每宮安一神，餘倣此。

博士力士青龍小耗小耗也 將軍奏書飛廉杳

喜神病符大耗星 伏兵到處官符了

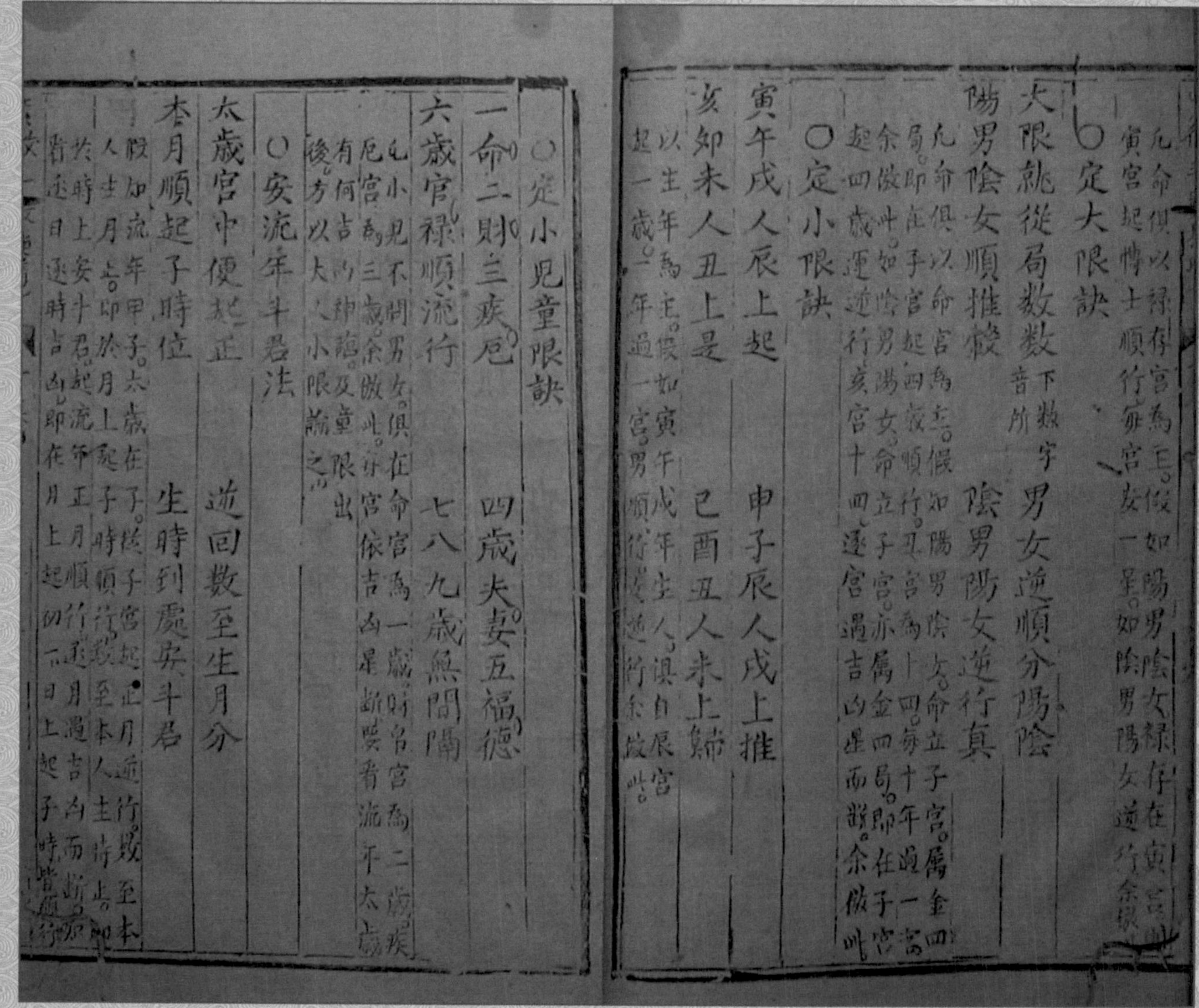

凡命俱以祿存宮為主。假如陽男陰女祿存在寅宮，寅宮起博士順行，亥宮安一星。如陰男陽女逆行，余做此。

○定大限訣

大限就從局數數（下數字音所）　男女逆順分陽陰

陽男陰女順推殺　陰男陽女逆行真

凡命俱以命宮為主。假如陽男陰女，命立子宮，屬金四局，即在子宮起四歲順行，丑宮為十四，每十年過一宮。余做此。如陰男陽女，命立子宮，亦屬金四局，即在子宮起四歲運，逆行亥宮十四，逐宮遇吉凶星而斷。余做此。

○定小限訣

寅午戌人辰上起　申子辰人戌上推

亥卯未人丑上是　巳酉丑人未上歸

以生年為主。假如寅午戌年生人，俱自辰宮起一歲，一年過一宮，男順行，女逆行，余做此。

○定小兒童限訣

一命二財三疾厄　四歲夫妻五福德

六歲官祿順流行　七八九歲無間隔

凡小兒不問男女，俱在命宮為一歲，財帛宮為二歲，疾厄宮為三歲。余做此。於宮依吉凶星斷，要看流年太歲有何吉凶神諸及童限出後，方以大小限論之。

○安流年斗君法

太歲宮中便起正　逆回數至生月分

本月順起子時位　生時到處安斗君

假如流年甲子，太歲在子，就子宮起正月，逆行數至本人生月，即於月上起子時，順行數至本人生時止。即於時上安斗君，起流年正月，順行逐月過吉凶而斷。皆逐日逐時吉凶，即在月上起初一日，日上起子時，皆順行。

○定流年文昌星訣

甲蛇乙馬報君知　丙戊申宮丁己雞

庚猪辛鼠壬逢虎　癸人見兎步雲梯

以流年十干為主。假如甲子流年。則文昌星在巳宮。乙丑流年。則文昌在午。餘倣此。

○定流殺訣

寅午戌殺在北方亥子丑　亥卯未殺在西方申酉戌

申子辰殺在南方巳午未　巳酉丑殺在東方寅卯辰。

以流年十二支為主。假如流年屬寅午戌。則亥子丑三宮安殺。餘倣此。

○定竹羅三限訣

只論三方殺破狼　竹羅三限此中詳

若加巨暗凶星會　大小限遇入泉鄉

凡大小二限。三方四正。遇七殺破軍貪狼三星。亦同暗及流年太歲諸凶星躔交會。其年必凶。

○定流年太歲所值吉星圖

○	子	丑	寅	卯	辰	巳	午	未	申	酉	戌	亥	流年換看
天德	酉	戌	亥	子	丑	寅	卯	辰	巳	午	未	申	
月德	巳	午	未	申	酉	戌	亥	子	丑	寅	卯	辰	
月建	巳	午	未	申	酉	戌	亥	子	丑	寅	卯	辰	
龍德	未	申	酉	戌	亥	子	丑	寅	卯	辰	巳	午	
福德	酉	戌	亥	子	丑	寅	卯	辰	巳	午	未	申	
辭神	戌	酉	申	未	午	巳	辰	卯	寅	丑	子	亥	

假如甲子流年。則酉宮安天德。巳宮安月德。如乙丑流年。則戌宮安天德。午宮安月德。依此[illegible]。此流年[illegible]。其法[illegible]。如安天德。宮為主[illegible]。年順行數至流[illegible]止。即安天德。餘倣[illegible]。

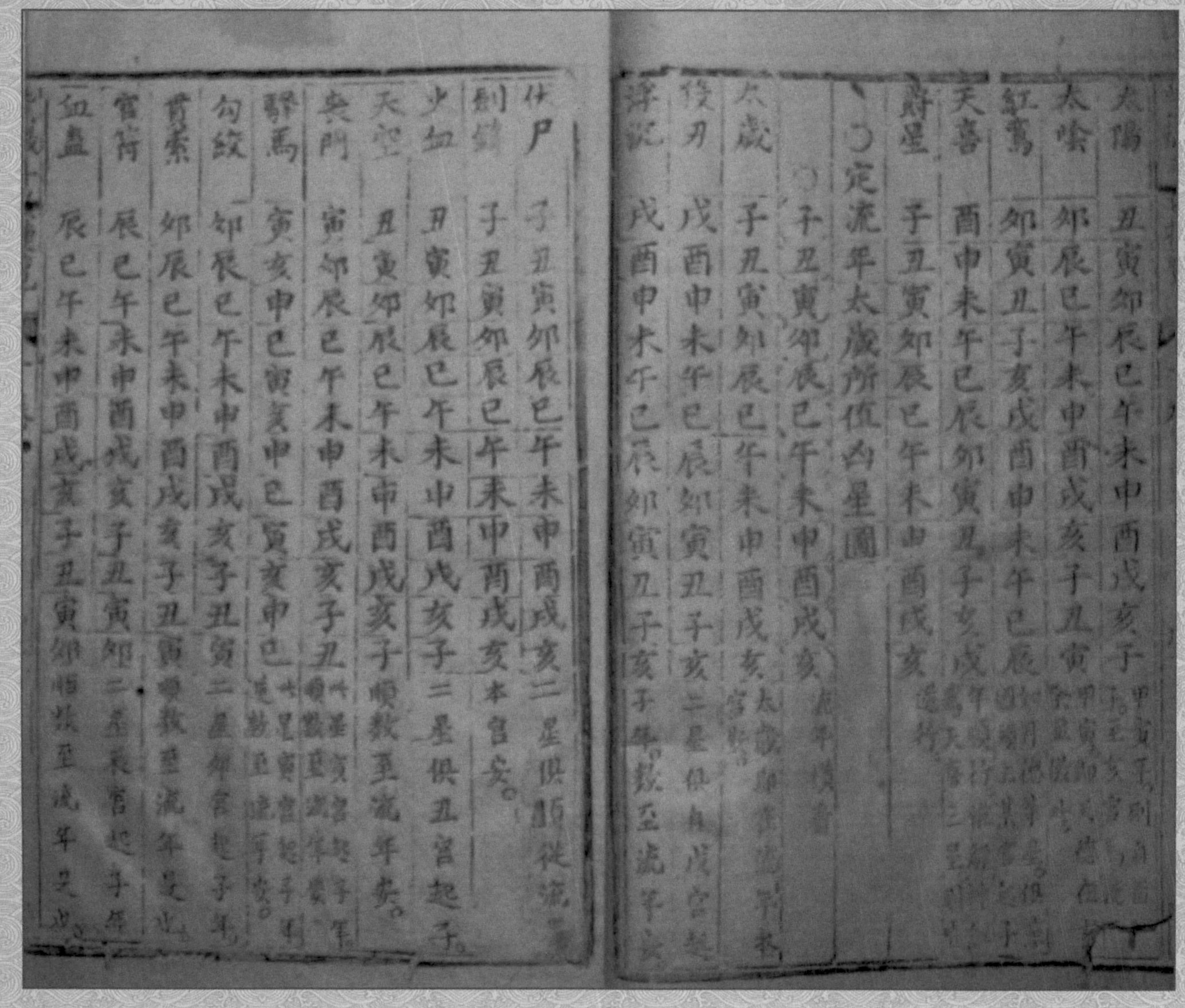

太陽　丑寅卯辰巳午未申酉戌亥子　[illegible]

太陰　卯辰巳午未申酉戌亥子丑寅　[illegible]

紅鸞　卯寅丑子亥戌酉申未午巳辰　[illegible]

天喜　酉申未午巳辰卯寅丑子亥戌　[illegible]

爵星　子丑寅卯辰巳午未申酉戌亥　[illegible]

定流年太歲所值凶星圖

子丑寅卯辰巳午未申酉戌亥　流年值宮

太歲　子丑寅卯辰巳午未申酉戌亥　[illegible]

伏刃　戌酉申未午巳辰卯寅丑子亥　二星[illegible]

浮沉　戌酉申未午巳辰卯寅丑子亥　[illegible]子年數至流年安

什尸　子丑寅卯辰巳午未申酉戌亥　二星俱順從流[illegible]

劍鋒　子丑寅卯辰巳午未申酉戌亥　本宮安。

少血　丑寅卯辰巳午未申酉戌亥子　二星俱丑宮起子

天空　丑寅卯辰巳午未申酉戌亥子　順數至流年安。

喪門　寅卯辰巳午未申酉戌亥子丑　此二星寅宮起子年

驛馬　寅亥申巳寅亥申巳寅亥申巳　順數至流年安。

勾絞　卯辰巳午未申酉戌亥子丑寅　二星卯宮起子年

貫索　卯辰巳午未申酉戌亥子丑寅　順數至流年是也

官符　辰巳午未申酉戌亥子丑寅卯　二星辰宮起子年

血蠱　辰巳午未申酉戌亥子丑寅卯　順數至流年是也。

五鬼	辰巳午未申酉戌亥子丑寅卯	二星辰宮起子年
飛符	辰巳午未申酉戌亥子丑寅卯	順數至流年是也
死符	巳午未申酉戌亥子丑寅卯辰	二星巳宮起子年
小耗	巳午未申酉戌亥子丑寅卯辰	順數至流年是也
大耗	午未申酉戌亥子丑寅卯辰巳	
歲破	午未申酉戌亥子丑寅卯辰巳	四星俱午宮起子
欄杆	午未申酉戌亥子丑寅卯辰巳	順數至流年是也
月空	午未申酉戌亥子丑寅卯辰巳	
暴敗	未申酉戌亥子丑寅卯辰巳午	三星俱未宮起子
天厄	未申酉戌亥子丑寅卯辰巳午	順數至流年是也

陰煞	未申酉戌亥子丑寅卯辰巳午	
白虎	申酉戌亥子丑寅卯辰巳午未	此星申宮起子順數至流年是也
飛廉	寅卯辰巳午未申酉戌亥子丑	此星寅宮起子順
卷舌	酉戌亥子丑寅卯辰巳午未申	此星酉宮起子順
吊客	戌亥子丑寅卯辰巳午未申酉	
天狗	戌亥子丑寅卯辰巳午未申酉	此三星俱戌宮起子順行是也
血刃	戌亥子丑寅卯辰巳午未申酉	
病符	亥子丑寅卯辰巳午未申酉戌	此星亥宮起子順
披頭	辰卯寅丑子亥戌酉申未午巳	此星辰宮起子逆行至流年是也
天哭	午巳辰卯寅丑子亥戌酉申未	此午宮起子逆

天虛　午未申酉戌亥子丑寅卯辰巳　此午宮起子逆行

飛財　午子辰丑戌未亥申酉寅卯巳　此星只起本圖流年横看以安各宮

孤辰　寅寅巳巳巳申申申亥亥亥寅、二星亦起本圖流

寡宿　戌戌丑丑丑辰辰辰未未未戌　年横看以安各宮

大害　卯子酉午卯子酉午卯子酉午　此後十星亦各起

華盖　辰丑戌未辰丑戌未辰丑戌未　本圖流年横看照

劫殺　巳寅亥申巳寅亥申巳寅亥申　宮安佈是也。

天殺　午卯子酉午卯子酉午卯子酉　大抵此前四十七

地殺　未辰丑戌未辰丑戌未辰丑戌　位凶星加流年

年殺　申巳寅亥申巳寅亥申巳寅亥　忌三方四正

月殺　酉午卯子酉午卯子酉午卯子　二限冲合并身命

亡神　戌未辰丑戌未辰丑戌未辰丑　遇之，縱吉，而官災

将星　亥申巳寅亥申巳寅亥申巳寅　刑恭破悔死亡。亦

扳鞍　子酉午卯子酉午卯子酉午卯　不能免。加主星得地，亦活看。

〇定小兒関煞等星訣

百日関

寅申巳亥月，忌辰戌丑未時。

辰戌丑未月，忌子午卯酉時。

子午卯酉月，忌寅申巳亥時。

乃生人遇月建寅申巳亥四个月，而犯辰戌丑未四個時辰是也。犯此関者，过週年无害。

短命関

寅午戌龍當，巳酉丑虎鄉，申子辰蛇上，亥卯未尋羊。

以生年為主，假如寅午戌年生人，遇辰時是也。即安辰宮，余做此。

鬼門關

子生怕酉午嫌丑　寅未申卯不相安
亥怕辰宮戌怕巳　定然啼泣鬼門關

以生年為主假如子年生人遇酉時是也亦要酉余做此

撞命關

子兔寅蛇丑戌獅　辰龍卯鼠巳猴兒　且忌方別余言
未牛申午同嫌馬　亥怕猪兮酉怕雞

亦以生年為主假如子年生人遇卯時寅年生人遇巳時丑戌生人遇未時是也未為白獅尚曰獅

四柱關

正七休生巳亥時　二八辰戌不堪推
三九卯酉生人惡　四十寅申主哭悲
五十一月丑未死　六十二月子午宜
小兒若犯此關煞　父母不久主分離

假如正月生人逢巳時七月生人逢亥時是也亦安巳亥宮余做此

[illegible]關

子丑辰巳皆嫌犬　寅卯嫌蛇午未羊
申酉生人偏怕鼠　戌亥之年猪上當

假如子丑辰巳皆生人逢戌時是也亦要戌宮余做此

閻王關

春忌牛羊為短命　夏逢辰戌見閻羅
秋生子午人難保　冬遇卯酉唱哀歌

假如春三月生人逢丑未時是也亦要丑未宮余做此

四季關

春關牛與蛇　夏月龍猴嗟
秋怕猪羊位　冬犬虎交加

假如春三月生人逢巳丑二時是也亦安巳丑二宮余做此

鐵蛇關

寅午戌人龍自當　巳酉丑人犬虎鄉
申子辰人蛇位上　亥卯未人羊上當

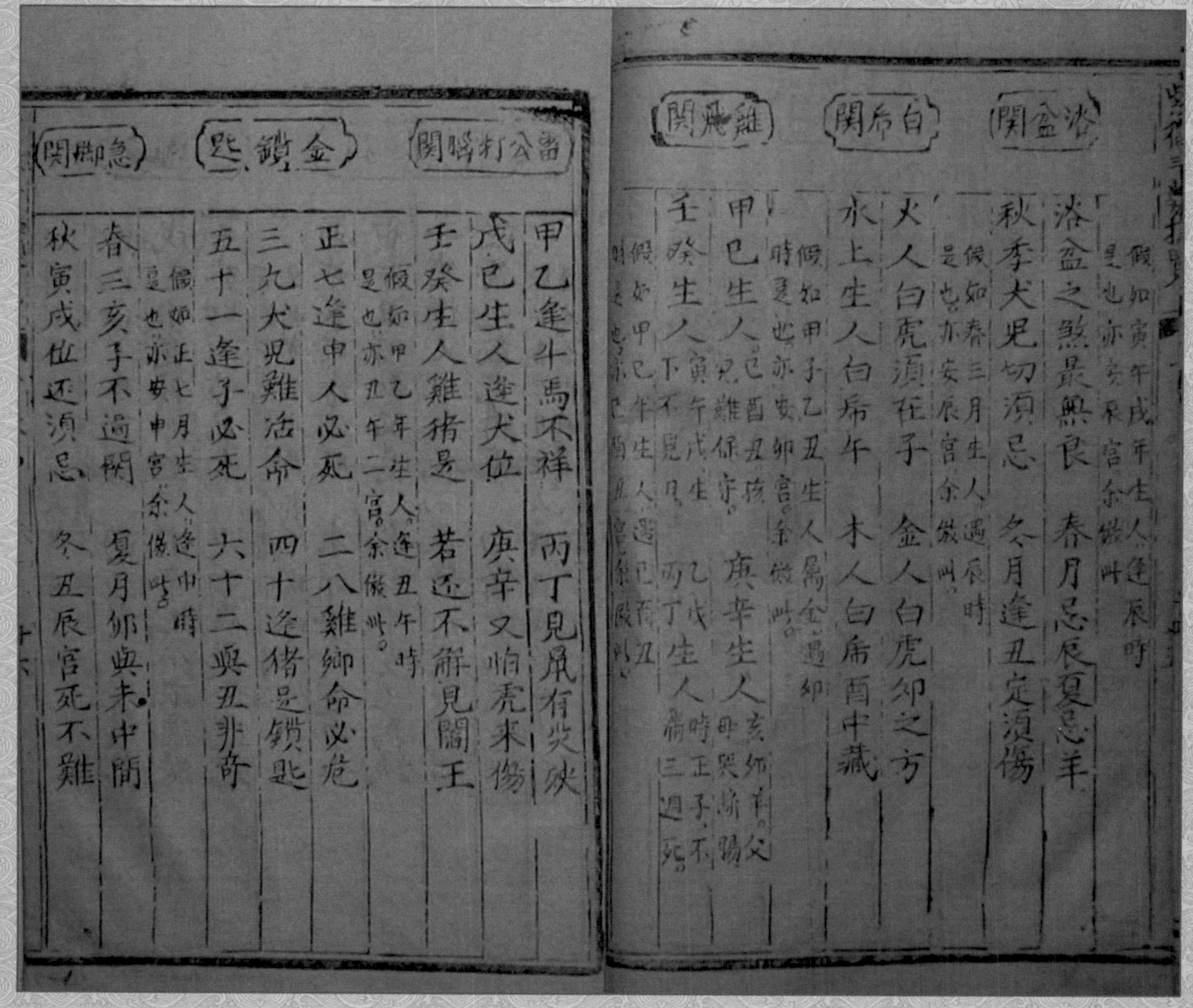

洛盆關

洛盆之煞最無良　春月忌辰夏忌羊

假如寅午戌年生人逢辰時是也亦要辰宮余做此

秋季犬兒切須忌　冬月逢丑定須傷

假如春三月生人遇辰時是也亦安辰宮余做此

白虎關

火人白虎須在子　金人白虎卯之方

水上生人白虎午　木人白虎酉中藏

假如甲子乙丑生人屬金遇卯時是也亦安卯宮余做此

雞飛關

甲巳生人巳酉丑亥兒雞保守　庚辛生人亥卯未父母哭啼號

壬癸生人寅午戌生下不見日　乙戊丙丁生人時正子不属三週死

假如甲巳年生人遇巳酉丑時是也亦巳酉丑宮余做此

當公打腦關

甲乙逢牛馬不祥　丙丁見鼠有災殃

戊巳生人逢犬位　庚辛又怕虎來傷

壬癸生人雞豬是　若还不觧見閻王

假如甲乙年生人逢丑午時是也亦丑午二宮余做此

金鎖匙

正七逢申人必死　二八雞卿命必危

三九犬兒雞活命　四十逢豬是鎖匙

五十一逢子必死　六十二與丑非奇

假如正七月生人逢申時是也亦安申宮余做此

急腳關

春三亥子不過關　夏月卯與未中間

秋寅戌位还須忌　冬丑辰宮死不難

急脚煞

甲乙命人申酉是　丙丁亥子實堪悲

假如春三月生人遇亥子時是也亦坐亥子宮亦依此。

戊己怕逢寅卯上　庚辛巳午不須疑

壬癸切須防丑未　更加辰戌命遭危

假如甲乙年生人遇申酉時是也亦坐申酉宮亦依此。

將軍箭

酉戌辰時春不旺　未卯子時夏中亡

寅午丑時秋必忌　冬防申亥巳為殃

一箭傷人三歲死　二箭須教六歲亡

三箭九歲見將死　四箭十二便身亡

假如春三月生人遇酉戌辰時是也餘做此

埋兒煞

寅申巳亥年生人忌申酉時

子午卯酉年生人忌丑時

犯此者命主刑剋

辰戌丑未年生人忌卯時

流霞煞

甲雞乙犬丙加羊　丁是猴鄉戊是蛇

己馬庚龍辛逐虎　壬猪癸兎共流霞

假如甲年生人逢酉時是也亦坐酉宮亦餘做此有犯之者男主他鄉死女主產後亡

水清死煞

正蛇二鼠三牛走　四猴五兎六月狗

七猪八馬九羊當　十月龍蛇出白守

十一金雞梁上叫　十二虎坐當路口

假如正月生人遇巳時是也亦坐巳宮餘做此。此主破敗。

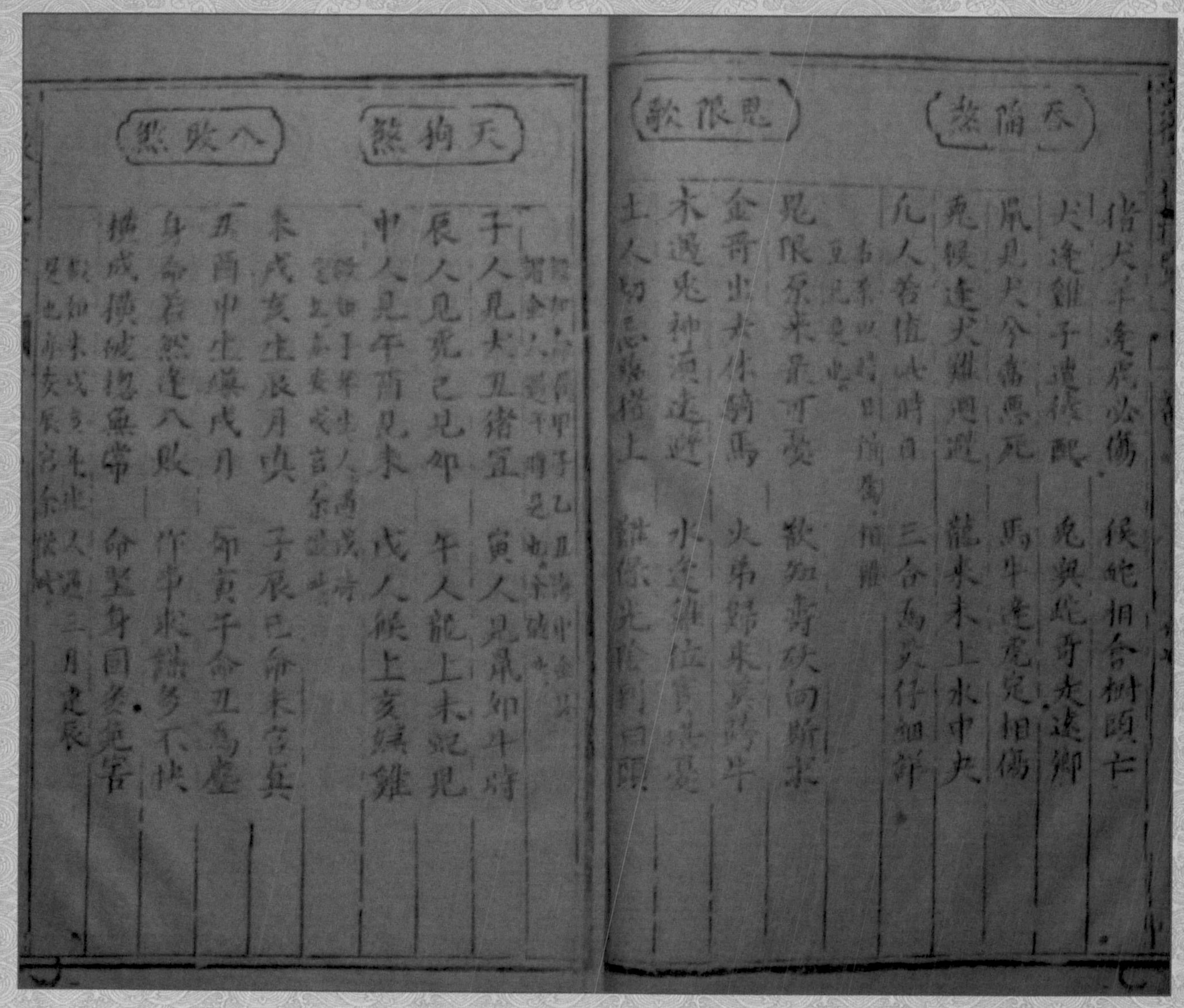

【[illegible]隔煞】

猪犬羊逢虎必傷　猴蛇相合樹頭亡

犬逢雞子遭猴配　兔與蛇奇走遠鄉

鼠見犬兮[illegible]死　馬牛逢虎定相傷

兔猴逢犬雞迴避　龍水木上水中夭

凡人若值此時日　三合為真仔細詳

【鬼限歌】

鬼限原來最可憂　欲知奇訣向斷求

金哥出水休騎馬　火弟歸來莫跨牛

木遇兔神須走避　水逢雞位實堪憂

土人切忌[illegible]搭上　[illegible]

【天狗煞】

子人見犬丑猪宜　寅人見鼠卯牛時

辰人見兔巳見卯　午人龍上未蛇兒

申人見午酉見未　戌人猴上亥[illegible]雞

【八敗煞】

未戌亥生辰月凶　子辰巳命未宮真

丑酉申生寅戌月　卯寅午命丑為虛

身命若然逢八敗　作事求謀多不快

換成換破總無常　命坐身同各見害

指背煞

申子辰人生月日時有申　亥卯未人生月日時有亥
寅午戌人生月日時有寅　巳酉丑人生月日時有巳
假如申子辰年生人遇申月申日申時是也亦安申宮。余倣此。

魁嗣煞

金人戌亥子寅時　木人辰巳午申俱
水土丑寅燕卯巳　火人申未并雞猪
假如木命屬金忌戌亥子寅回時是也亦安卜宮坐命無子忌從生子不旨也

紅艷煞

甲馬丁羊还丙虎　六庚怕戌六辛雞
戊巳辰時壬怕子　原來乙癸共申時
更逢天祿天馬會　定作他鄉一路妓
任是富豪官宦女　花前月下會偷期

○定小兒生時戌形論

假如甲年生人。逢午時是也。亦安午宮。更逢祿馬同臨。兒為孫斷。余倣此。

子午卯酉項正　寅申巳亥亦正　辰戌丑未頂偏
文昌文曲有痣　寅卯辰時痣青　巳午未時痣紅
申酉戌時痣白　亥子丑時痣黑

博士力士。斷其上長下短。青龍將軍。決完頭圓腮小。小耗大耗。而唇鼻偏邪。病符將軍。而声高性雄。官符奏書。逢凶雕落地無氣。白虎太歲遇囚。後便溺刑傷。須憑生尅制化之垣。更覓帝祿盛衰之地。如斯精究。何患無知。溺尿也

○小兒論斷

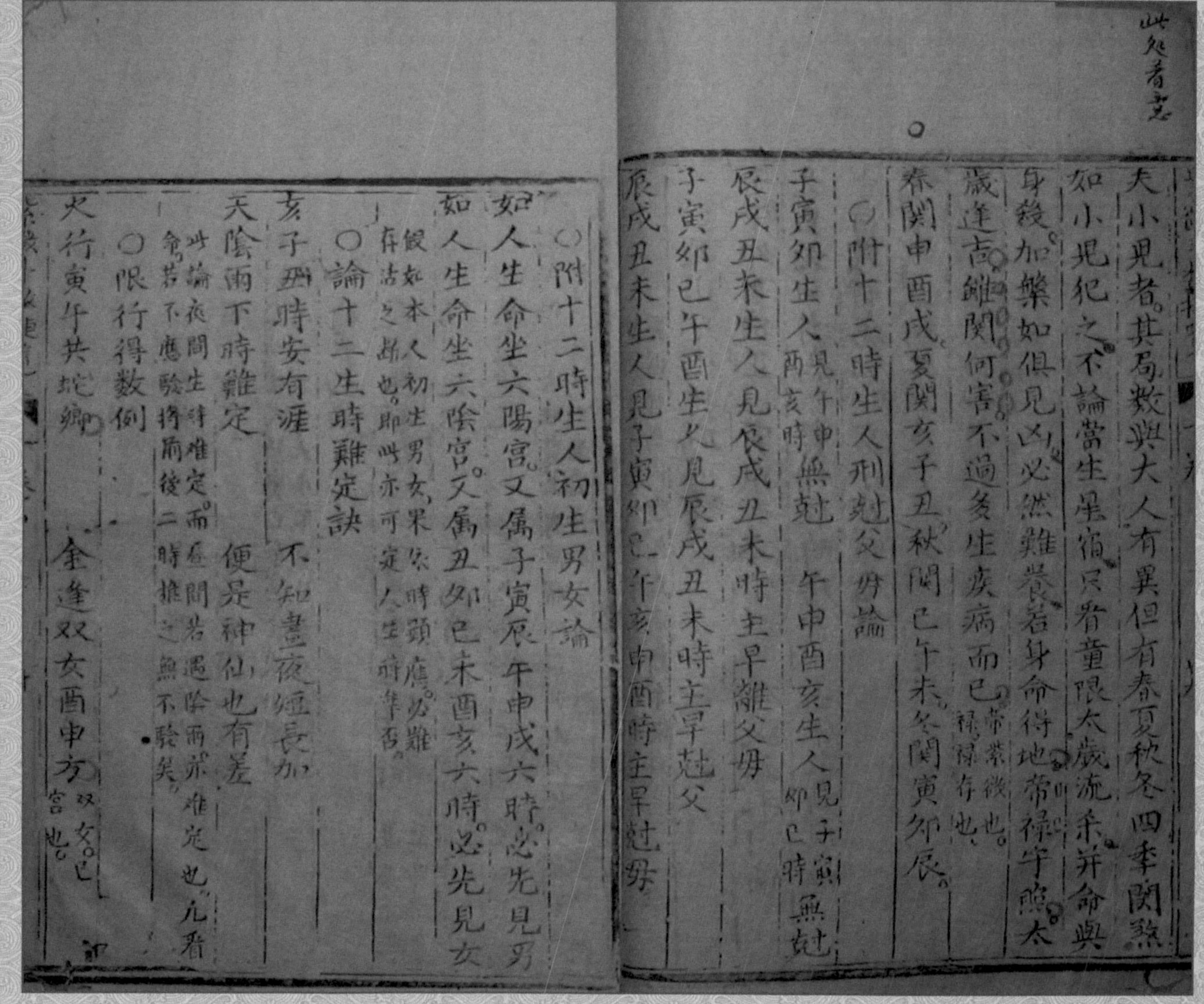

此処看完

夫小兒者。其局數與大人有異。但有春夏秋冬四季關煞。如小兒犯之。不論當生星宿。只看童限太歲流年并命與身殺。加桀如但見凶。必然難養。若身命得地帝祿守照太歲逢吉。雖關何害。不過多生疾病而已。帝紫微也。祿祿存也。

春關申酉戌。夏關亥子丑。秋關巳午未。冬關寅卯辰。

○附十二時生人刑尅父母論

子寅卯生人見午申酉亥時無尅　午申酉亥生人見子寅卯巳時無尅

辰戌丑未生人見辰戌丑未時主早離父母

子寅卯巳午酉生人見辰戌丑未時主早尅父

辰戌丑未生人見子寅卯巳午亥申酉時主早尅母

○附十二時生人初生男女論

如人生命坐六陽宮。又屬子寅辰午申戌六時。必先見男

如人生命坐六陰宮。又屬丑卯巳未酉亥六時。必先見女

假如本人初生男女。果依時頭應。必難存活之斷也。即此亦可定人生時準否。

○論十二生時難定訣

亥子丑時安有涯　不知晝夜短長加

天陰雨下時難定　便是神仙也有差

此論夜間生時難定。而在晝間若遇陰雨亦難定也。凡看命若不應驗。將前後二時推之無不驗矣。

○限行得數例

火行寅午共蛇鄉　金逢双女酉申方双女巳宮也。

不到亥宮寅卯位　水土申亥子為良

○限行反背例

大行戌亥便為殃　水土龍蛇忌有衰
金遇丑寅須有害　木行申酉不相安

假如火局生人，行寅巳午三宮，大小限俱吉。如行戌亥二宮，大小限見殺忌殃。

○限行吉凶訣

亨通顯達逢生旺　病患迍邅遇併衝
四是交傷生死訣　吉凶消息在其中
生旺發來墓絕死　墓絕發來生旺終

生，長生也。旺，帝旺也。併衝，惡星沖併也。墓，墓也。絕，絕也。

大九限行生旺宮，必吉。惡曜沖併，必凶。又如[illegible]則墓絕宮必[illegible]

紫微斗數精詳集卷之二

○紫微諸星廟陷訣

紫微天機子午宮　太陽巨門寅申中　天府七殺辰戌利
巳亥之中忌天同　廉貞最好未申廟　貪武天梁辰戌同
子午寅申陰化吉　若還遇惡有何常　巳酉丑中昌曲貴
寅午戌上不豐隆　破軍子午真得利　左右更喜紫微宮
祿存切忌火空劫　辰戌丑未擎羊雄　寅申巳亥陀羅廟
二星八位互雷同　科權祿陷嫌加殺　若然遇火限亨通
更有鈴星東南美　寅午戌中是廟宮

○辨十二宮諸星廟陷訣

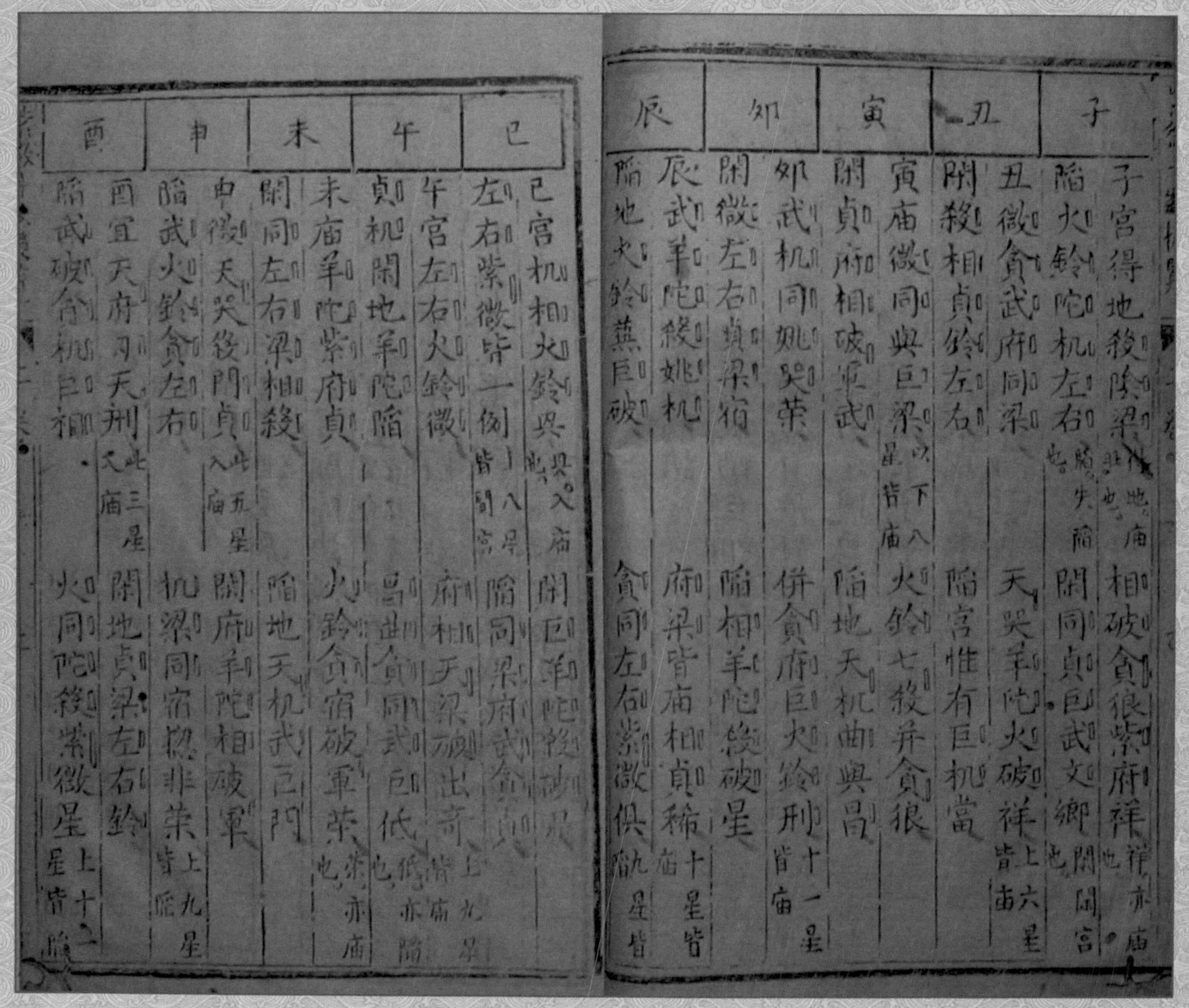

子
子宮得地殺陷梁丑也地廟　相破貪狼紫府祥祥亦廟
陷火鈴陀机左右也陷失陷　閑同貞巨武文鄉也閑閑宮

丑
丑微貪武府同梁　天哭羊陀火破祥皆上六星廟
陷殺相貞鈴左右　陷宮惟有巨机當

寅
寅廟微同與巨梁以下八星皆廟　火鈴七殺并貪狼
閑貞府相破軍武　陷地天机曲與昌

卯
卯武机同姚哭榮　併貪府巨火鈴刑皆十一星廟
閑微左右魁梁宿　陷相羊陀殺破星

辰
辰武羊陀殺姚机　府梁皆廟相貞稀十星皆廟
陷地火鈴蕪巨破　貪同左右紫微俱九星皆陷

巳
巳宮机相火鈴與哭入廟　閑巨羊陀殺破此
左右紫微皆一例八星皆閑宮　陷同梁府武貪貞

午
午宮左右火鈴微　府相天梁破出奇上九星皆廟
貞机閑地羊陀陷　昌曲貪同武巨低也低亦陷

未
未廟羊陀紫府貞　火鈴貪宿破軍榮也榮亦廟
閑同左右梁相殺　陷地天机武巨門

申
申微天哭殺門貞此五星入廟　閑府羊陀相破軍
陷武火鈴貪左右　机梁同宿總非榮上九星皆陷

酉
酉宜天府刃天刑此三星入廟　閑地貞梁左右鈴
陷武破貪机巨相　火同陀殺紫微星上十二星皆陷

戌	亥
戌府机梁武殺鈴	亥府机鈴姚相門
隨宮只有廉貞相	閑宮武破殺微星
羊陀左右皆閑類	陷府同梁貪廉貞
羊陀左右姚貪刑 上十星俱…	陷破同昌曲紫門

以上十二宮各同星辰吉凶論宜熟記之

○辨諸星十二宮廟陷訣 此前訣參看

紫微
紫微屬土化貴星 宜命宮官祿宮。
卯酉巳亥旺宮臨 旺即廟也
丑午未廟寅申利 利亦旺也
辰戌陷地子午平 平即閑

天機
天机屬木化善星 宜兄弟宮
卯辰戌亥入廟庭 此星好吉
子午二宮皆得地 得地亦旺宮也
寅申丑未酉陷真

亦命謂閑星在八卦為福德

太陽
太陽屬火化貴星 主貴宜官祿宮。
自寅至未入廟庭
戌亥子宮皆陷地
丑申酉上只下七分也

武曲
武曲屬金化權星 主富宜財帛宮。
辰戌丑未入廟旺
卯酉巳亥皆得地
子與午陷寅申平

天同
天同屬水化福星 主祿宜福德宮。
子寅卯酉最為榮
丑未申宮皆得地
辰戌午酉巳亥與 與陷謂居陷地也

亦命謂陷星在卦為五鬼

廉貞
廉貞屬火化囚星 主囚獄宜官祿。
子午卯酉旺宮臨 遇吉主貴
未申入廟巳亥陷
丑寅辰戌地為真也 地得地

天府
天府屬土化富星 主富宜財帛宮。
巳亥二位陷宮臨
辰戌丑未卯酉廟
寅申子午地為真

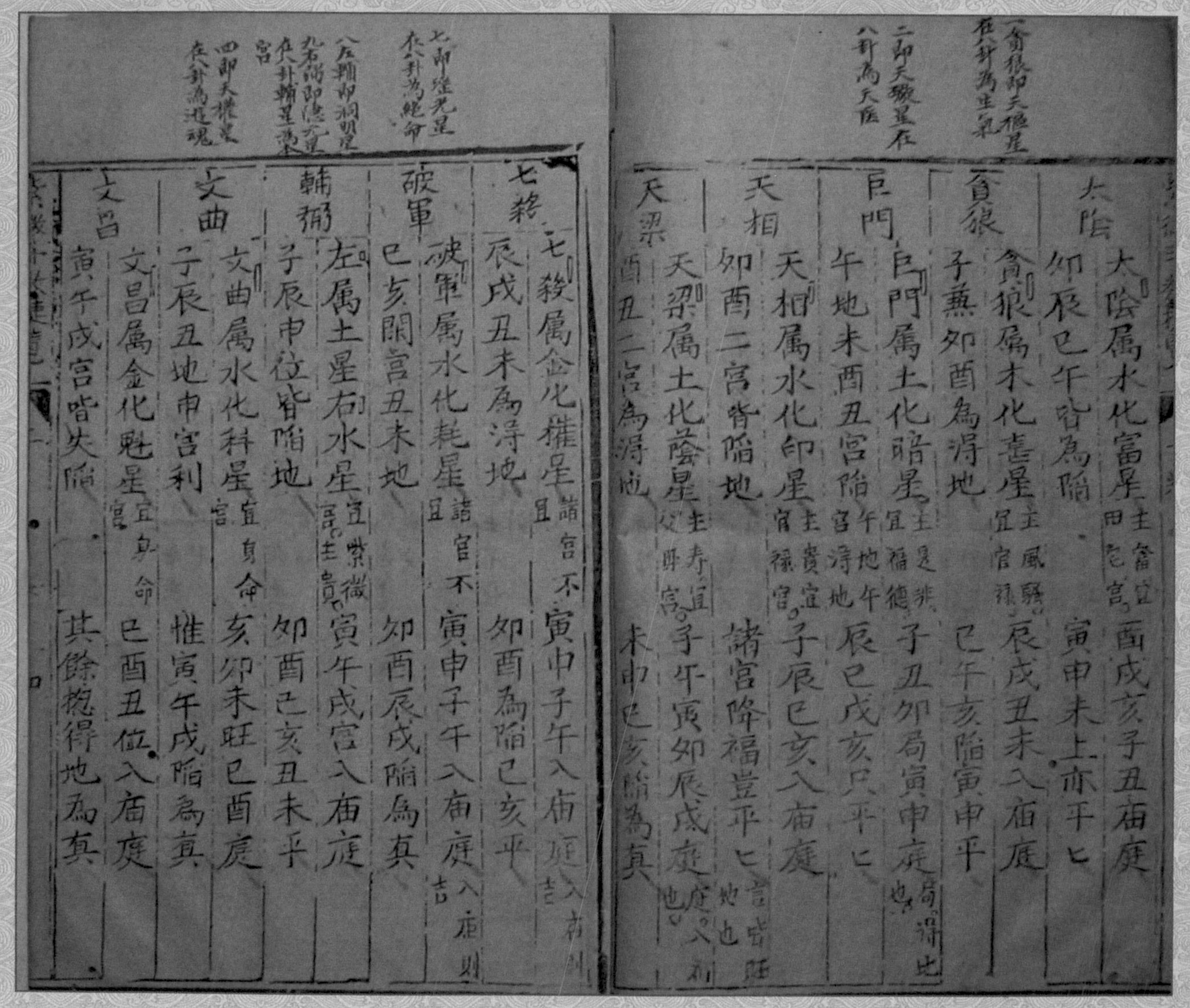

一貪狼即天樞星在八卦為生氣
二即天璣星在八卦為天醫

太陰
太陰屬水化富星主倉宜田宅宮　酉戌亥子丑廟庭
卯辰巳午皆為陷　寅申未上亦平乚

貪狼
貪狼屬木化壽星主風騷宜官祿　辰戌丑未入廟庭
子蕪卯酉為滑地　巳午亥陷寅申平

巨門
巨門屬土化暗星主是非宜福德　子丑卯爲寅申庭也奇得也
午地未酉丑宮陷午宮滑地午　辰巳戌亥只平乚

天相
天相屬水化印星主貴宜祿宮　子辰巳亥入廟庭
卯酉二宮皆陷地　諸宮降福豈平乚宮皆旺地也

天梁
天梁屬土化蔭星主壽宜父母宮　子午寅卯辰戌庭庭入廟也
酉丑二宮為滑地　未申巳亥陷為真

七即瑤光星在八卦為絕命
八左輔即洞明星
九右弼即隱光星
在八卦輔星為本宮
四即天權星在八卦為遊魂

七殺
七殺屬金化權星宜諸宮不　寅申子午入廟庭入廟則吉
辰戌丑未為滑地　卯酉為陷巳亥平

破軍
破軍屬水化耗星宜諸宮不　寅申子午入廟庭入廟則吉
巳亥閑宮丑未地　卯酉辰戌陷為真

輔弼
左屬土星右水星宜紫微宮主貴　寅午戌宮入廟庭
子辰申位皆陷地　卯酉巳亥丑未平

文曲
文曲屬水化科星宜身命宮　亥卯未旺巳酉庭
子辰丑地申宮利　惟寅午戌陷為真

文昌
文昌屬金化魁星宜身命宮　巳酉丑位入廟庭
寅午戌宮皆失陷　其餘總得地為真

三命天喜星在 秘斗為絶休

祿存 祿存屬土富貴星（守命官祿宮主富貴） 子午卯酉入廟庭
辰戌丑未餘皆旺 火鈴空劫陷為真

擎羊 羊刃屬金化刑星（入命主刑忌） 辰戌丑未入廟庭
寅申巳亥皆閑地 子午卯酉陷為真

陀羅 陀羅屬火化忌星（入命主災悔） 辰戌丑未入廟庭
寅申巳亥皆閑地 子午卯酉陷為真

火鈴 火鈴屬火化暴星（入命主刑夭） 寅卯午戌入廟庭
辰巳未申宮得地 子丑酉亥陷為真

劫空 劫空屬火耗敗星（主不住財） 辰戌丑未入廟庭
其餘諸宮皆不利 若會凶星亦不情

〇十二宮祿權科忌廟陷論

宮	屬	祿權科		忌
子	屬寶瓶	權得地	祿科不得地	忌不佳
丑	屬磨蝎	祿權科得地	福減不怕發	忌不宜福薄
寅	屬人馬	祿權科中平	福慢有發則破	忌不宜
卯	屬天蝎	祿權科並吉	亦怕發湊合	忌得地
辰	屬天秤	祿權科最佳	發破不為害	忌無力
巳	屬双女	祿權科中平	福慢	忌凶
午	屬獅子	科得地	祿權不得地	忌凶
未	屬巨獅	祿權科中平	福慢發沖反為害	忌無力
申	屬陰陽	科權得地	祿不得地	忌吉

酉	屬金牛	祿權科與不得地　忌得地
戌	屬白羊	祿權科得地福厚且貴　忌凶
亥	屬双魚	祿科得地　權不得地　忌不佳

○十二宮諸星生尅制化論

寅卯辰屬木。巳申屬土。午和屬火。酉戌屬金。亥子丑屬水。各宮分各有所屬。武曲屬金。貪狼屬木。廉貞屬火。巨門屬土。破軍屬水。然星性各有分野。凡看數者。先取生旺墓庫。次看星辰落在何宮。假如金入火鄉。木入金鄉。水入土鄉。火入水鄉。土入木鄉。是為受制。受制則為有化。其福與禍亦不可此一例而推。如文昌金曜在午。乃入火鄉。入廟。謂之星臨廟位。必見克戰之机。但不可逢。若得天机同位。天机乃木。曜木能生火。逢土謂之有用。餘倣此。又如文曲水曜在午。逢文昌金曜同垣。其文昌文曲氣味相投。謂之水火既濟。亦有發福者。若與破軍水曜同宮。只為受制。是謂水多金沉。鈆入而無風。餘倣此。假如金入土鄉。木入水鄉。水入金鄉。火入木鄉。土入火鄉。是為得地。雖陷有用。又如廉貞火曜在寅卯木之鄉。為木能生火。得垣。若武曲金曜與廉貞同度。則武曲為財。亦無用矣。餘倣此。又如廉貞化忌在亥子丑水鄉。則水能尅火。雖忌無害。餘倣此。此五行生尅制化之理。在學者詳之。

○看命總括

人有合照之星有正照之星有拱照夾照之星然正不如
拱合不如夾正照偏照之為禍福福難合照夾照之為禍福
坊何謂正對宮是也何謂合三合是也何謂拱而正夾也
何謂夾前後是也然夾宮雖惡而本宮見吉星正坐則亦
可以福言夾星雖善而本宮見惡曜暗臨則亦可以凶論
凡身宮宜清貴之宿命宮宜福壽之星陽星主文文在陽
宮則為文藻清華之士陰星主武武在布旺又在陰宮則為
武勇剛猛之人凡星陽居陽陰居陰各從其類是謂得地
相反者陰陽錯亂也一日之間自卯至未六時為陽自酉
至寅六時為陰然亦有陰陽交界亦參宮貴者但看拱
何如故田數中議論最精微斷法在人活變可

○看命捷法九十條

一看命不通明生尅制化時數為緊最喜坐長生帝旺之
鄉○防宜看紫微天府貴人祿馬之位怕落空亡是帝星
不宜獨立方為有佐之君殺曜不可辟居乃是凶徒作
黨紫府日月左右夾命定為貴斷廉貞破軍耗囚入命
定作破論衆善同居其福必集諸凶交聚百禍非輕大
限主十年之禍福小限推一歲之災祥大限既美小限
何傷大限未佳小限何妨此流年諸殺守投命殺流年

病符死符白虎太歲火鈴官符喪吊之類見之雖或帝
災若限數堅牢其災稍免術者詳之

一看命先看本命納音屬何星如甲子乙丑海中金即以
金星為主乃看武曲屬金在何宮亦以辨禍福餘倣此
若在生旺之鄉或在貴人之位與官祿同宮便為吉論
若與七殺刑忌同纏乃為下等之論

一看命要看數法淺深先以命主為緊身主為次然後可
以宮主參論便知富貴貧賤定矣假如土生人巨門是
土星其星化暗却不可作暗曜而論若得地不陷更有
吉會則為吉而不可言偏矣

一看命要識大要於安命安身之後先看身命坐生旺墓
庫之鄉不落空亡祿馬不落空亡須以正藏地空為照
次看紫微帝相得地如何若帝星失纏則看令星武曲
得地何如方可論富貴其貴者先看太陽得度其富者
又看太陰不陷其貪者更看身命宮吉曜皆陷俱逆惡
殺則便以貧賤論之

一看命要審男女富貴之說如身命皆吉更遇好限並無
破敗自然發旺終身福厚如松栢之茂雨露之滋然後
好看

一看命要審男女平穩之說如身命根源堅固便有運限

不㸔亦主家虛安然縱有殺湊破敗之事凶中有救
命不妨害也
一看命要富男女貪窮之說如身命無吉更使惡殺來湊
出身寒微衣祿艱辛知能平地發福只是十年遇好運
限十年後依亡而過財散家破官衰之事必有之矣富
因命無吉曜不能堅固謂之作富是也
一看命要辨男女生死之診先看小限次看大限大限記
則十年因為小限順則一歲榮華或一年之後其禍從
作凡論死生非謂身命無主只看大小二限太歲遇殺
郎看帝御對中三合本宮見否若所為敗而不免矣

身殺命殺流年諸殺交會大小二限之鄉帝祿俱陷
制空亡之地則決死無疑如能逃過本命其官孝災疾
破財必不能免此論亦要與倒限之法參看
一看女命夫婦女看限與男子不同星與男子各別以官
祿遷移入殺為陷以財帛田宅入殺為次弱如居生旺
亦佳以身命夫子福德為正強若居空亡之地照將身
命者加殺為孤獨之格所最緊者怕桃花入於身命刑
殺會於坤命斯為淫賤下斷又若同梁巳亥机月寅申
破軍卯酉俱作淫論縱真正亦主刑尅下賤若財田夫
子俱得吉曜允為吉斷

○身命二宮論

如身命對宮名曰八座來臨。財宮妻福六位化吉。或在廟旺之地。無不富貴。六位俱在陷宮。又化忌星。終不美也。如身命同宮。雖無八座。亦看本宮吉凶。以論輕重。如身命各居散宮。身宮亦不可不推。要看廟旺之地。又兼化吉。大小二限逢之必然通達。縱限步不到。亦為吉矣。

○命坐陰陽二宮論

如子生人為陽。丑生人為陰。陰陽宮位亦如之。俱見前悉。如是陽人安命在陽宮。身亦在陽宮。終身為美。如落於陰宮。雖美蹭蹬。進退而已。陰生人反是。

○命坐墓庫制化論

如水土生人。安命在辰。武曲天府同垣。謂之財庫。主富。如紫微太陽同垣。謂之官庫。主貴。祿存同垣。謂之祿庫。主富。耗暗刑殺囚忌同垣。謂之劫庫。主窮。日月同垣。謂之天全庫。主富。空亡同垣。謂之破庫。主窮。餘倣此。

○命坐空亡論

如甲生人。申為正空。酉為傍空。己生人。酉為正空。申為傍空。已見前篇。身命值此。惟僧道宜之。俗人不利。惟有截路空亡為紫祿馬最忌臨之。如命身值者。亦有苟數五行喜忌不同。即如金空則響之類是也。見下節。

○空亡五行制化論

金空則響。火空則焰。土空則陷。木空則折。水空則傾瀉下流。此拟生命五行納音看。或依五局看亦通。蓋天地陰陽之氣。本立道生。根培木茂。其理如此。宜細推之。入廟旺多志聰明。遇吉星衣祿充盛。

○絕處逢生論

如水土絕在巳。却得武曲金星在巳。蓋金能生水。水有不絕之理。又若土居敗地。却得廉貞入廟。則火能生土。土有旺氣。是以危而不敗。餘倣此。亦拟五局所屬論。大小二限亦依此

○絕處逢吉論

如命坐敗絕之地。得紫府祿主武曲同垣。或遇巨門衙火命。謂之為中獲吉。不貴即富。若會貪狼同居。子垣照遇吉湊。男女皆主淫蕩。

○命坐強宮論

如命身星辰得地。干干祿元來朝。又兼化祿科權化為貴斷。作妻財子祿全美之論。如限步巡逢著到何宮。遇吉者發財發福。逢凶不為大害。此皆命旺身強之說也。

○命坐弱宮論

如命身星辰落陷。雖化祿科權。若與忌同垣。或火羅殺湊即發不住。財祿主陷於凶鄉是也。縱限步巡逢遇吉。亦不

過財來財去而已。此皆命衰身弱之說也。

○男女四正安命論

如命坐寅申巳亥四正之內。吉星化吉者。富貴不小。如加殺化忌。不為美論。　訣云　命逢四正最為奇。化曜科權祿最宜。加殺化忌為僧道。女命娼妓寡可知。或云子午卯酉為四正

○男女四庫安命論

如命坐辰戌丑未四庫之中。則寅申巳亥四墓。為夫妻之宮。吉星化吉者。男女富貴。如加殺化忌。不為美論。

訣云　人生安命四墓逢。夫妻卑亡主哭隆。更加化吉來相照。男子為官女受封。

○男亥女寅安命論

如男命在亥。女命在寅。紫微守命。壬甲生人合格。主富貴之論。　訣云　男子居要地。女人任優游。富貴皆雙美。香閨守白頭。

○命坐正曜論

本命坐南北二斗正曜吉星。三方四拱又得吉照。如逢吉多。又化權祿富貴之論。如逢吉少。又化忌者。平常之論。若羊火加殺來湊。亦以中斷。

○命坐從曜論

如命坐南北二斗從曜吉星。得祿權科坐拱。更有天貴

如昌曲助命主聰明近貴始終順意之斷若會凶星平常

○命坐孤星論

如一星守命遇吉而旺終身福厚倘逢陷地或大小二限過紫微日月左右相會而地限内稱意如遇命中二星陷南北二斗上五年以北斗推之下五年以南斗推之

○命無正曜論

如命宮無南北二十正助星曜主少年災多財福不旺一世迍邅或過房元養二姓延生方免本身大難不然亦主自小入贅或隨母保命寄名之類其人若遇好限亦主財祿權也若臨惡限更不可測

○命坐惡曜論

如命坐羊陀忌宿太歲諸殺并二限廵逢宮中吉多尚宜加慎若命星有忌加羊火凶限臨之更遇太歲喪門吊客官符飛廉等殺必見財破人亡

○合局化吉論

如合局化祿權科吉本星得地此以富貴全美論若失陷雖有化無用亦有合局無化但福德田宅官祿父母宮化吉者若身命無破亦主富貴

○合局化凶論

如合局化凶不逢化吉此以平常論若本星吉多雖無吉

化。終身福厚。若吉少亦以平常論。

○上等格局論

夫上格者。內有貴星。入廟不入廟。加吉。主極品富貴。如羊陀等殺化忌。雖為不美。亦作財官論。限逢惡曜。不過破財口舌之撓。不為大害。

○中等格局論

夫中格者。吉星化忌。不犯羊陀等殺。作平常之論。限逢吉曜。一年平穩。如遇惡殺。破財口舌官非必有。不輕放過

○下等格局論

夫下局者。星辰失陷。化忌。又犯羊陀等殺。方以下賤論之。

限逢吉曜。平常。限逢惡殺。家破人亡。口舌官非。方免自危大難。若見身亡。別禍可免。

○男女淫邪論

如貪貞巳亥。破軍卯酉。更加殺忌劫宿。雖遇吉。必上男奸女淫。亦且殀年。不過三十歲。或過三十歲。後亦能發達。亨通。但久後不得善終也。訣云。貪貞巳亥宮。遇吉福全豈。行過三十歲。隄防不善終。

○男女傷殘論

如命宮星辰廟旺。主少年發達。而中途有犯疾者。必羊陀火星空劫沖守。再看疾厄宮有貪貞破武。加殺化忌文遇

急限加臨必見殘傷面目肢體損傷殘疾延壽者惟巳
亥守命者尤甚其餘宮或遇化吉可解如疾厄宮在酉戌
亥見太陽如辰巳見太陰必主血氣疾亡

○先貧後富論

此以大小二限取斷凡身命有正吉曜但出門運限不如
或逢陷地或逢殺曜及至中年限好則發福亨通蓋以身
命星強故也　訣云　初年平七福　如蓋有盧名　中年發財昌　家道常富昌

○先成後敗論

亦以大小二限取斷凡身命無正吉星縱有或非旺地但
出門便行好限或遇吉星化吉內有發達成家功名遂

者及至限衰則命蓋見其弱便保守不住蓋以身命衰
不能悠久之說也　訣云　少年財祿足　又因運不生　中年退官祿　財耗并身促

○身命十二宮吉凶星訣便覽

一命宮

紫府日月為上貴
天機左右祿相梁
羊陀殺破火鈴中
若是命宮居陷地

又

廉貞武巨同曲犯
命裡相逢多富貴
天使天殤地劫空
夭折主貧窮

紫微　形貌敦厚面帶紫色又廟富貴双全不入廟者平常之論加殺僧道宜之

太陽　廟富貴三方吉拱科甲陷平常夭折為人聰明

天機　廟旺主人性急[illegible]作事有力學見[illegible]如化吉富貴陷地多奸詐平常論

武曲　廟志器多能功名有分加殺僧道風流

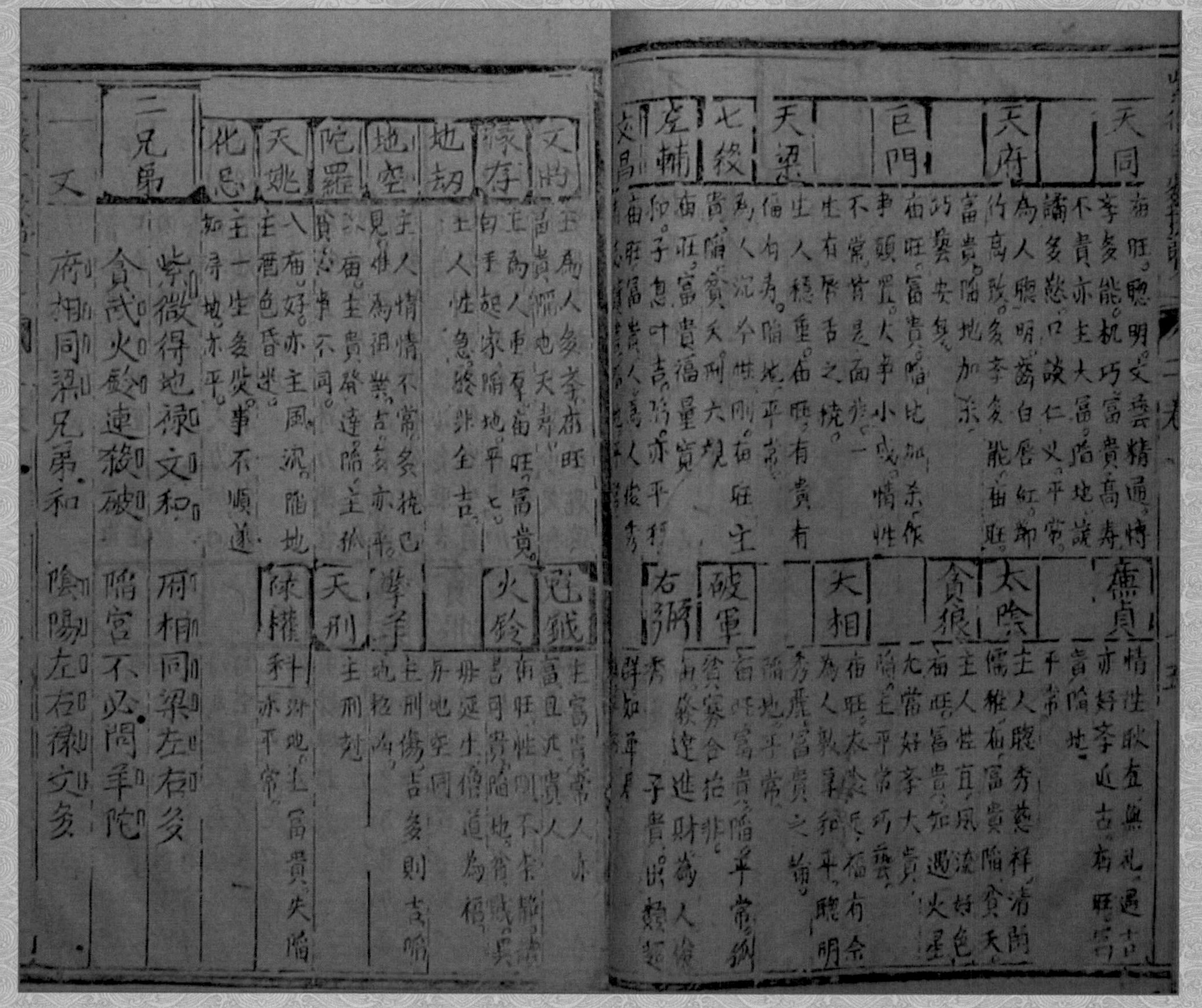

天同　廟旺。聰明。文藝精通。情孝多能。机巧富貴高壽。不貴亦主大富。陷地減譾多慾。口談仁义。平常。

天府　為人聰明。齒白唇紅。節行高致。多孝多能。廟旺富貴。陷地加殺。巧藝安身。

巨門　廟旺富貴。陷地加殺。作事頭低。大事小成。情性不常。皆是面前一生有口舌之撓。

天梁　生人穩重。廟旺有貴有偏有壽。陷地平常。

七殺　為人沉吟性剛。廟旺主貴。陷貧夭刑六親。

左輔　廟旺富貴福量寬和。子息叶吉。行亦平穩。

文昌　廟旺福貴人高人俊秀。

廉貞　情性耿直。無礼。遇吉亦好孝。近吉。廟旺富貴。陷地平常。

太陰　主人聰秀慈祥。清閑。儒雅。廟富貴。陷貧夭。

貪狼　主人性直。風流好色。廟旺富貴。如遇火星尤當好孝大貴。陷主平常巧藝。

天相　廟旺。太陰福有余。為人敦厚和平。聰明秀麗。富貴之前。陷地平常。

破軍　廟旺富貴。陷平常。貧寡合招非。廟發迹進財。為人倔強。

右弼　秀。群如年。子貴興顯。

文曲　主為人多孝。亦旺。廟貴。陷地夭壽。

祿存　主為人重厚。廟旺富貴。白手起家。陷地平七。

地劫　主人性急。終非全吉。

地空　主人情不常。多执己。見雖為祖業。吉亥亦平。

陀羅　亦廟。主貴。背達。陷主孤貧。苦爭不同。

天姚　入廟好。亦主風流。陷地主酒色昏迷。

化忌　主一生多災。事不順遂。如得地。亦平。

天鉞　主富貴常人亦富且尤貴人。

火鈴　廟旺性剛不常。吉可貴。陷地貧賤夭。

擎羊　丹延生德道為福。身地空同。主刑傷。吉多則吉。地極凶。

天刑　主刑剋。

權科　得地主富貴。失陷亦平常。

二兄弟

一　文

紫微得地祿文和

貪武火鈴速祿破

府相同梁兄弟和

府相同梁左右多

陷宮不必問羊陀

陰陽左右祿文多

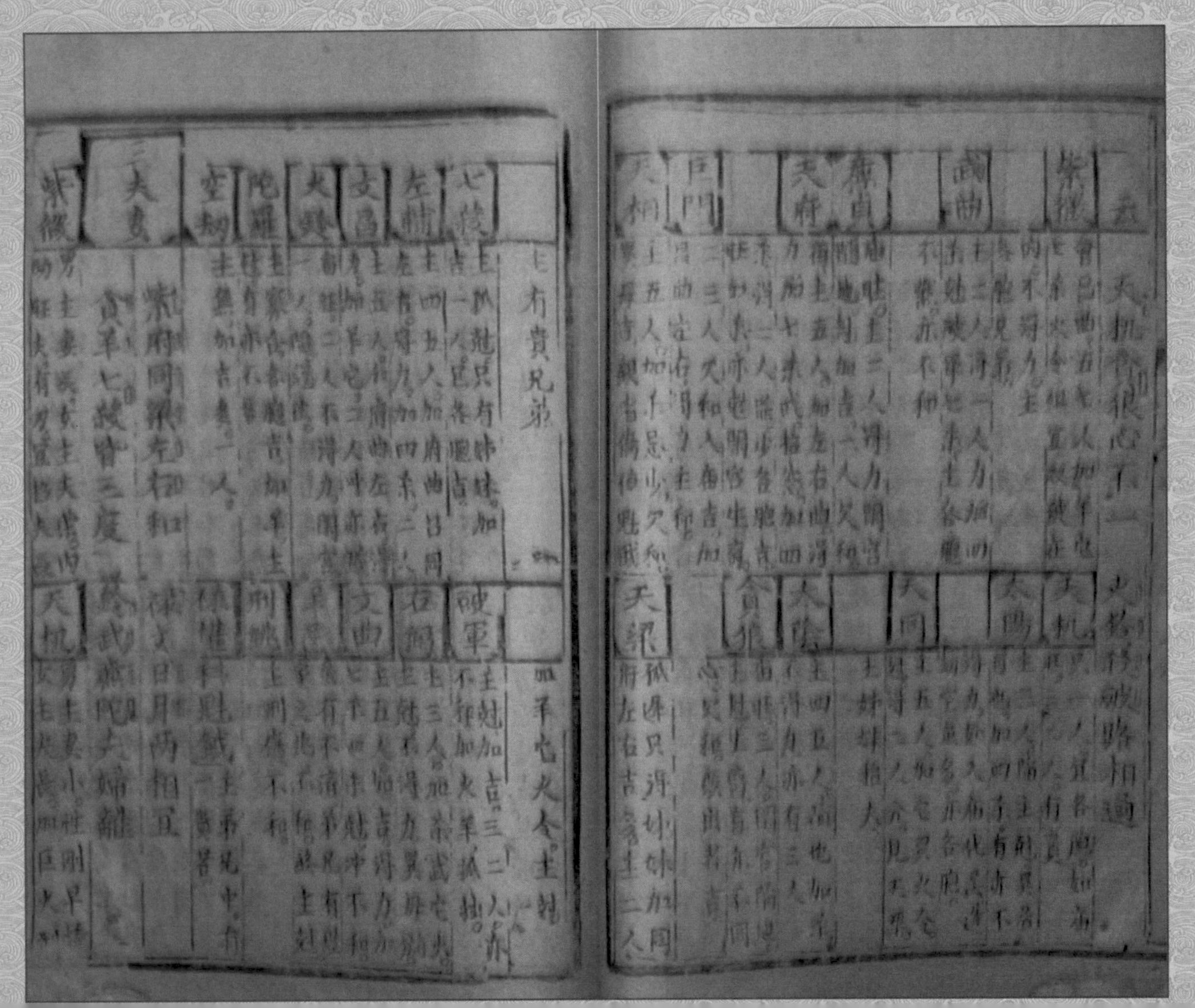

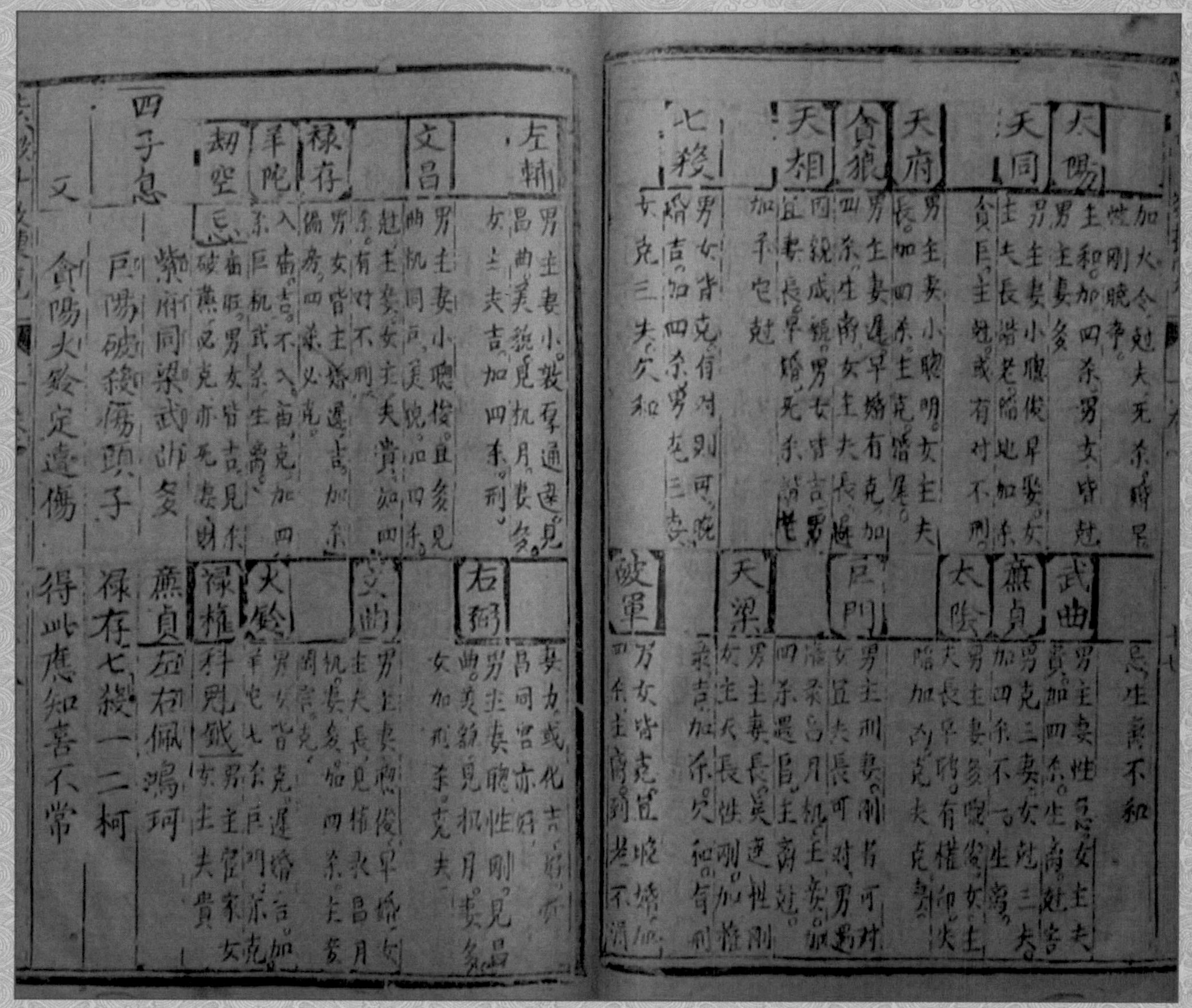
加火令，剋夫，死殺，晚見
性剛曉事。
太陽
主和。加四殺，男女皆剋
男主妻多
天同
男主妻小聰俊，早娶。女
主夫長，皆老。陷地加殺
貪巨，主剋，或有対不刑。
天府
男主妻小聰明。女主夫
長。加四殺，主剋，陷居。
貪狼
男生妻遲，早婚有剋。加
四殺，生離，女主大長遠
天相
同親成親。男女皆吉。男
宜妻長。早婚。死殺陷地
加羊陀剋
七殺
男女皆剋，有対則可，晚
婚吉。加四殺，男剋三妻
女剋三夫，欠和

忌生離不和
武曲
男主妻性急，女主夫
貪加四殺，生離，剋害
廉貞
男剋三妻，女剋三夫
加四殺，不一生離。
太陰
男主妻多聰俊，女主
夫長早聘，有權柄火
陷加殺，剋夫剋妻。
巨門
男主刑妻，若可財
女宜夫長，可対，男遇
陷殺昌曲，机主妻，加
四殺，遇昌主離剋。
天梁
男主妻長，吳逆，性剛
女主夫長，性剛，加殺
殺吉，加殺，欠和，旬刑
破軍
男女皆剋，宜晚婚，加
四殺，主離剋，甚不滿

左輔
男主妻小，賢孝通達，見
昌曲美貌，見机月，妻多。
女主夫吉。加四殺，刑。
文昌
男主妻小聰俊，宜多見
曲机同巨，美貌，加四殺，
赴主妻。女主夫貴，加四
殺有対不刑。
祿存
男女皆主婚遲，吉。加殺
偏房。四殺必剋。
羊陀
入廟吉，不入廟剋，加四
殺，巨机武殺，生離。
刼空
忌
廟旺，男女皆吉，見殺
破廉，必剋，亦死妻財

四子息
紫府同梁武曲多
巨陽破殺傷頭子
貪陽火鈴定遭傷
文

右弼
妻女或化吉，好，亦
昌同宮亦好。
男主妻聰，性剛，見昌
曲，美貌，見机月，妻多。
女加殺，剋夫。
文曲
男主妻聰俊，早婚，女
主夫長，見梁昌月
机妻多，陷四殺，夫貴
同宮，剋。
火鈴
男女皆剋，遲婚，吉。加
羊陀七殺巨門，殺剋。
祿權
科見鉞
男主官貴，女
女主夫貴
廉貞巨相佩鴻珂
祿存七殺一二柯
得此應知喜不常

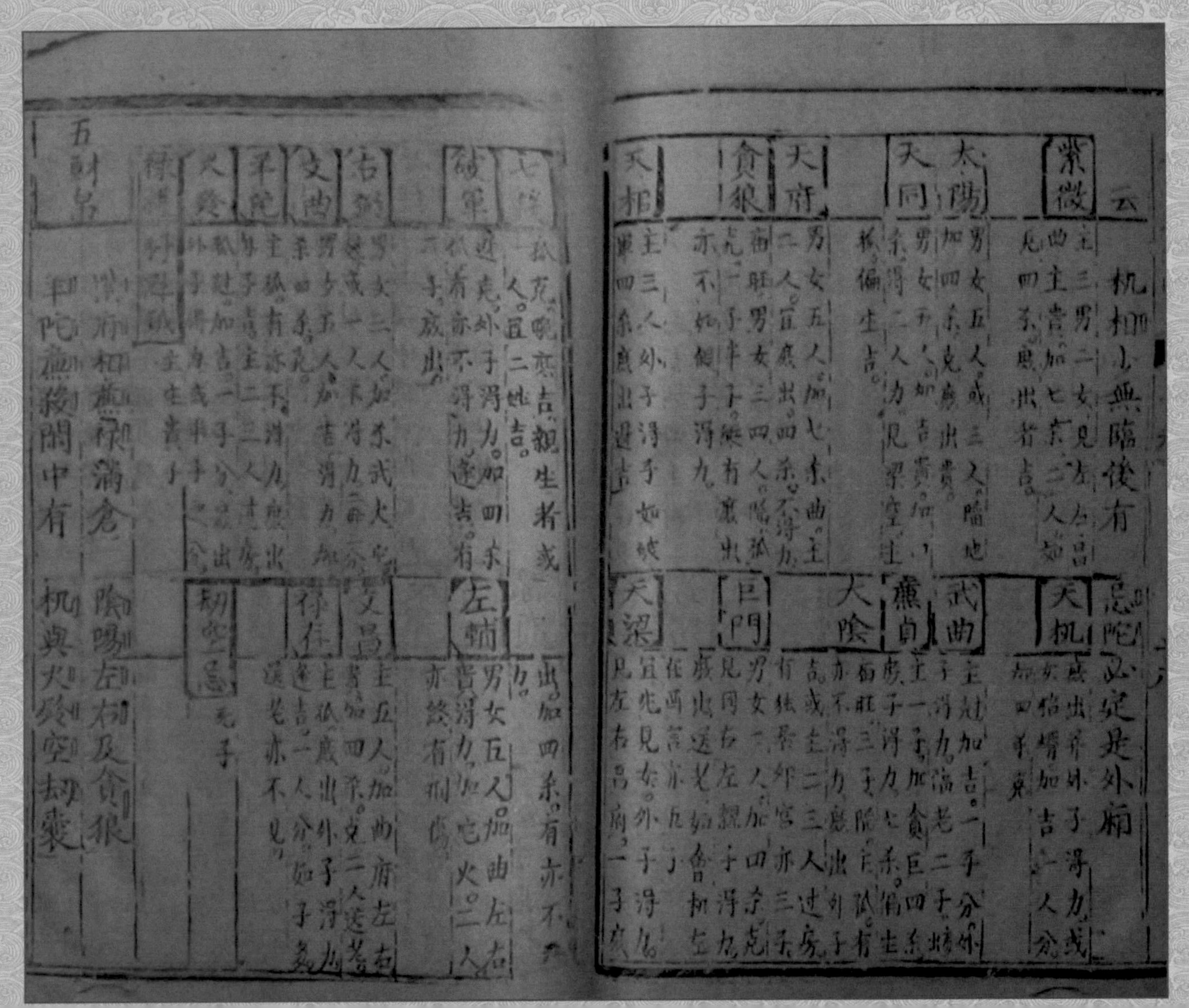

云

機相凶無臨後有
忌陀必定是外廂

紫微　太陽　天同　天府　貪狼　天相

天機　武曲　廉貞　太陰　巨門　天梁

七殺　破軍　右弼　文曲　擎羊　火鈴

左輔　文昌　祿存　劫空忌

五財呂

羊陀無殺閑中有
機與火鈴空劫聚
陰陽左右及貪狼

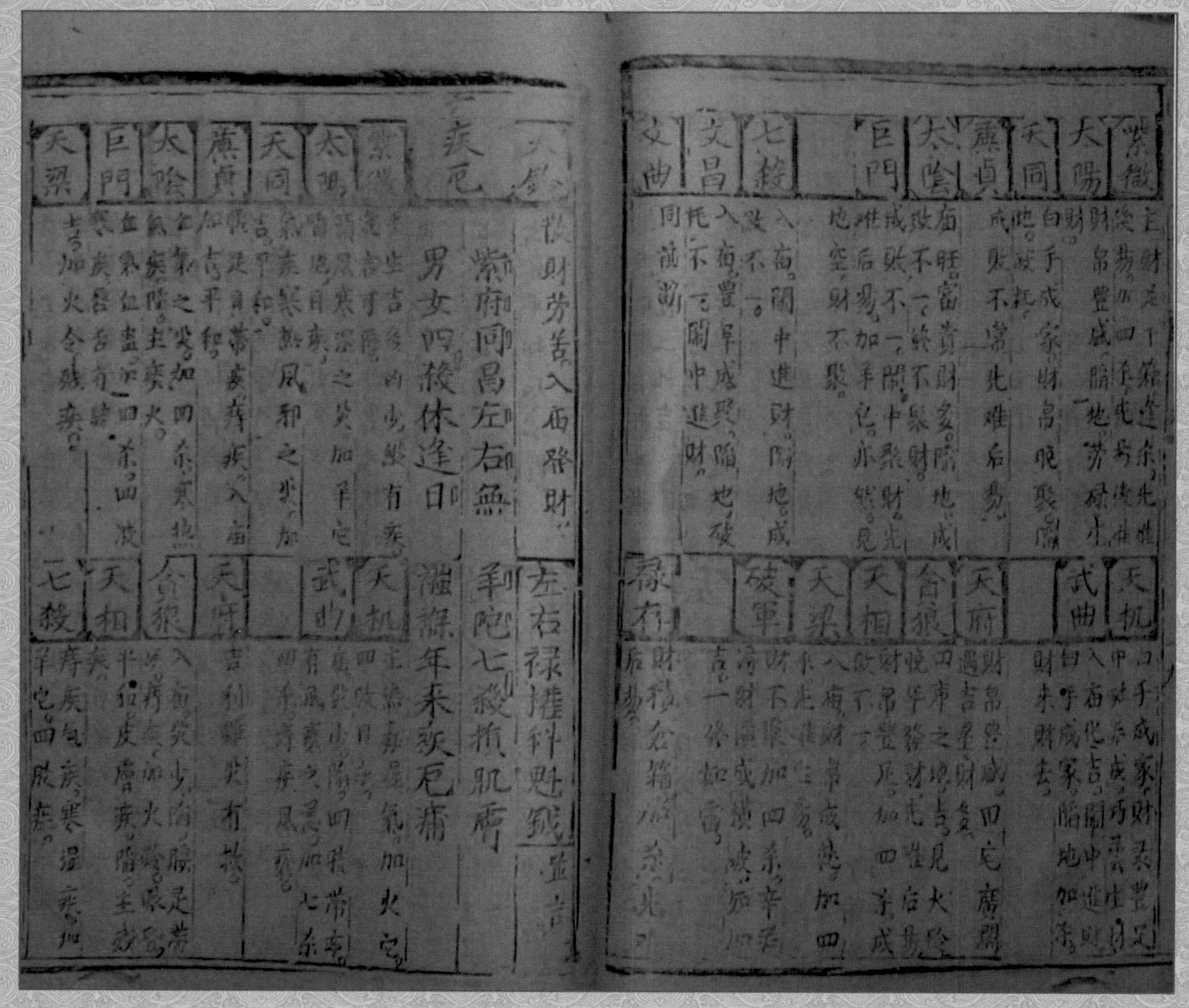

紫微　太陽　天同　廉貞　太陰　巨門　七殺　文昌　文曲

天機　武曲　天府　貪狼　天相　天梁　破軍　祿存

疾厄

紫微　太陽　天同　廉貞　太陰　巨門　天梁

微財勞苦入西發財

紫府同昌左右無

男女四殺休逢日

左右祿權科魁鉞

天機　武曲　天府　貪狼　天相　七殺

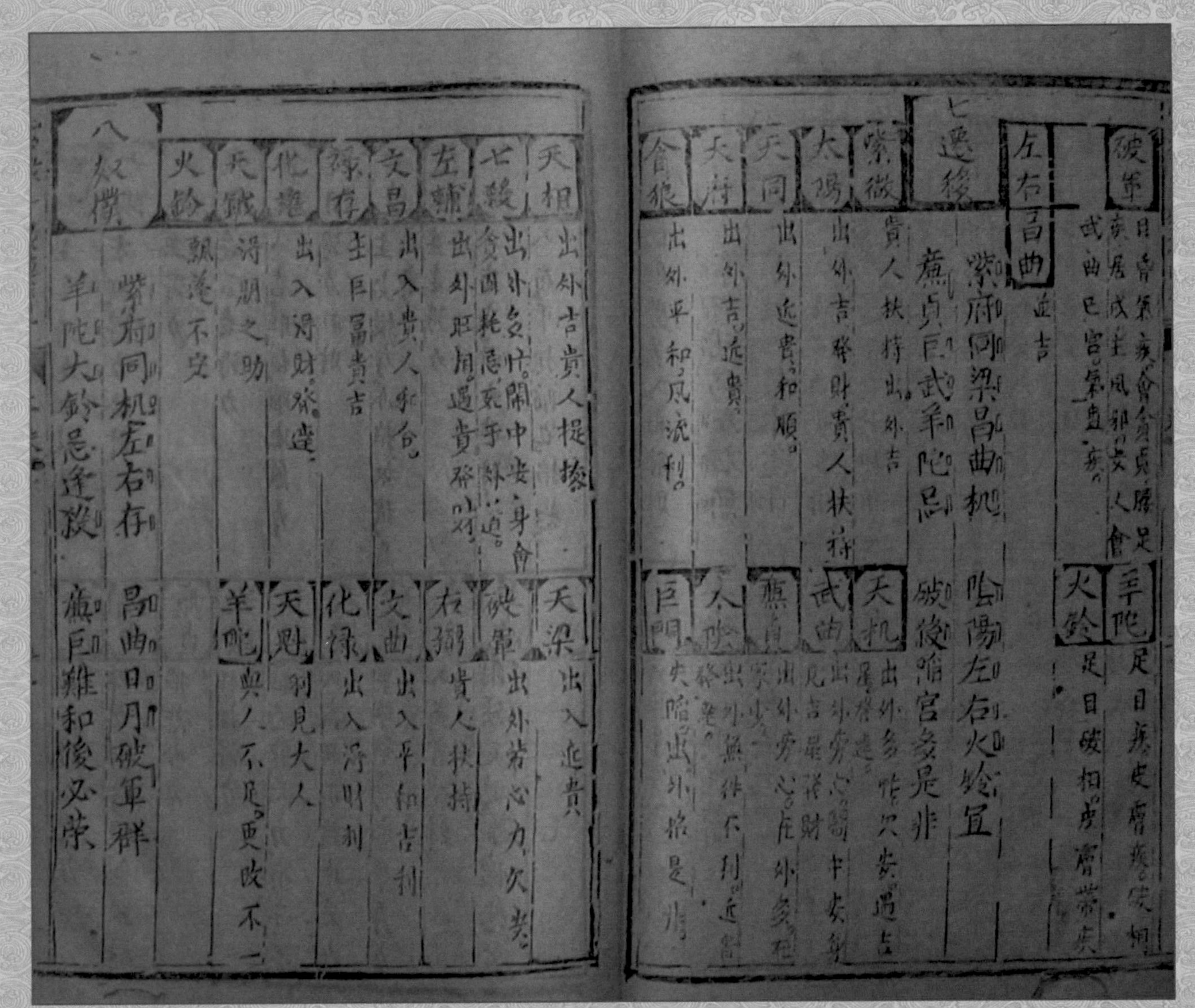

破軍：日旨染疾，會貪貞，居足疾，居戌主風和妄人會，武曲巳宮帶血疾。

左右昌曲：並吉

七遷移

紫府同梁昌曲机
廉貞巨武羊陀忌
陰陽左右火鈴宜
破後陷宮多是非

紫微：貴人扶持，出外吉。

太陽：出外吉，發財，貴人扶持。

天同：出外近貴，和順。

天府：出外吉，近貴。

貪狼：出外平和，風流刑。

羊陀：足目疾，受瘡疾。

火鈴：足目破相，瘡帶疾。

天机：出外多[illegible]，只要遇吉星。

武曲：出外勞心，[illegible]。

廉貞：出外勞心，[illegible]。

太陰：出外[illegible]。

巨門：夫陷，出外招是非。

八奴僕

紫府同机左右存
羊陀大耗忌逢殺
昌曲日月破軍群
廉巨雖和後必榮

天相：出外吉，貴人提携。

七殺：出外多忙，閑中安，身命會[illegible]。

左輔：出外旺用，遇貴發財。

文昌：出入貴人和合。

祿存：主巨富貴吉。

化權：出入得財，發達。

天鉞：得朋之助。

火鈴：飄蓬不安。

天梁：出入近貴。

破軍：出外若心力欠美。

右弼：貴人扶持。

文曲：出入平和吉利。

化祿：出入得財利。

天魁：則見大人。

羊陀：與人不足，更改不一。

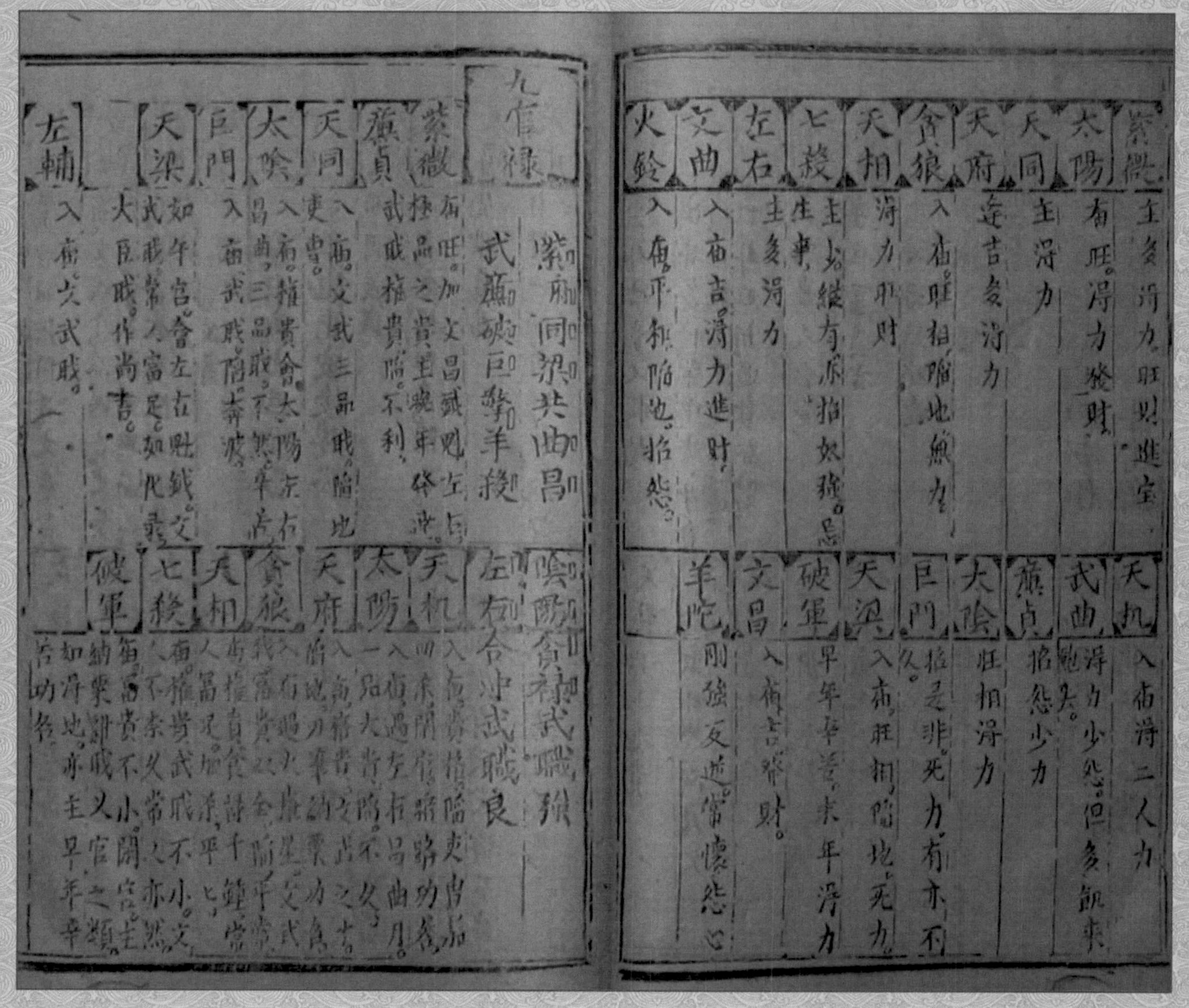

紫微 主多滑力，旺則進宝。
太陽 有旺，滑力發財。
天同 主滑力
天府 近吉多滑力
貪狼 入廟旺相，陷地無力。
天相 滑力平財
七殺 主妨繼有原指奴殺。忌生中，
左右 主多滑力
文曲 入廟吉，滑力進財。
火鈴 入廟平和，陷地，招怨。

天机 入廟滑二人力
武曲 滑力少，怨，但多飢來。勉久。
廉貞 招怨少力
太陰 旺相滑力
巨門 招是非，无力，有亦不久。
天梁 入廟旺相，陷地无力。
破軍 早年辛苦，末年滑力
文昌 入廟吉，聚財。
羊陀 剛強支逆，常懷怨心

九宮祿

紫府同梁共曲昌
武廉破巨擊羊殺

紫微 廟旺，加文昌武曲左右，極品之貴，主晚年發達。
廉貞 武職權貴，陷不利。
天同 入廟，文武三品職，陷地吏典。
太陰 入廟權貴，會太陽左右昌曲，三品職，不然平常。
巨門 入廟武職，陷奔波。
天梁 如午宮，會左右魁鉞，文武職，常人富足。如化祿，大臣職。作尚書。
左輔 入廟，文武職。

廉貪祿加武職殺
左右加合冲武職良

天机 入廟貴指，陷吏官府。[illegible]閑官將路功名。
太陽 入廟，過左右昌曲月。一品大貴，陷不久。
天府 入廟權貴之吉，[illegible]
貪狼 [illegible]
天相 [illegible]
七殺 入廟權貴，武職不久常，[illegible]
破軍 [illegible]富貴不小，閑宮主[illegible]，如滑地，亦主早年辛苦功名。

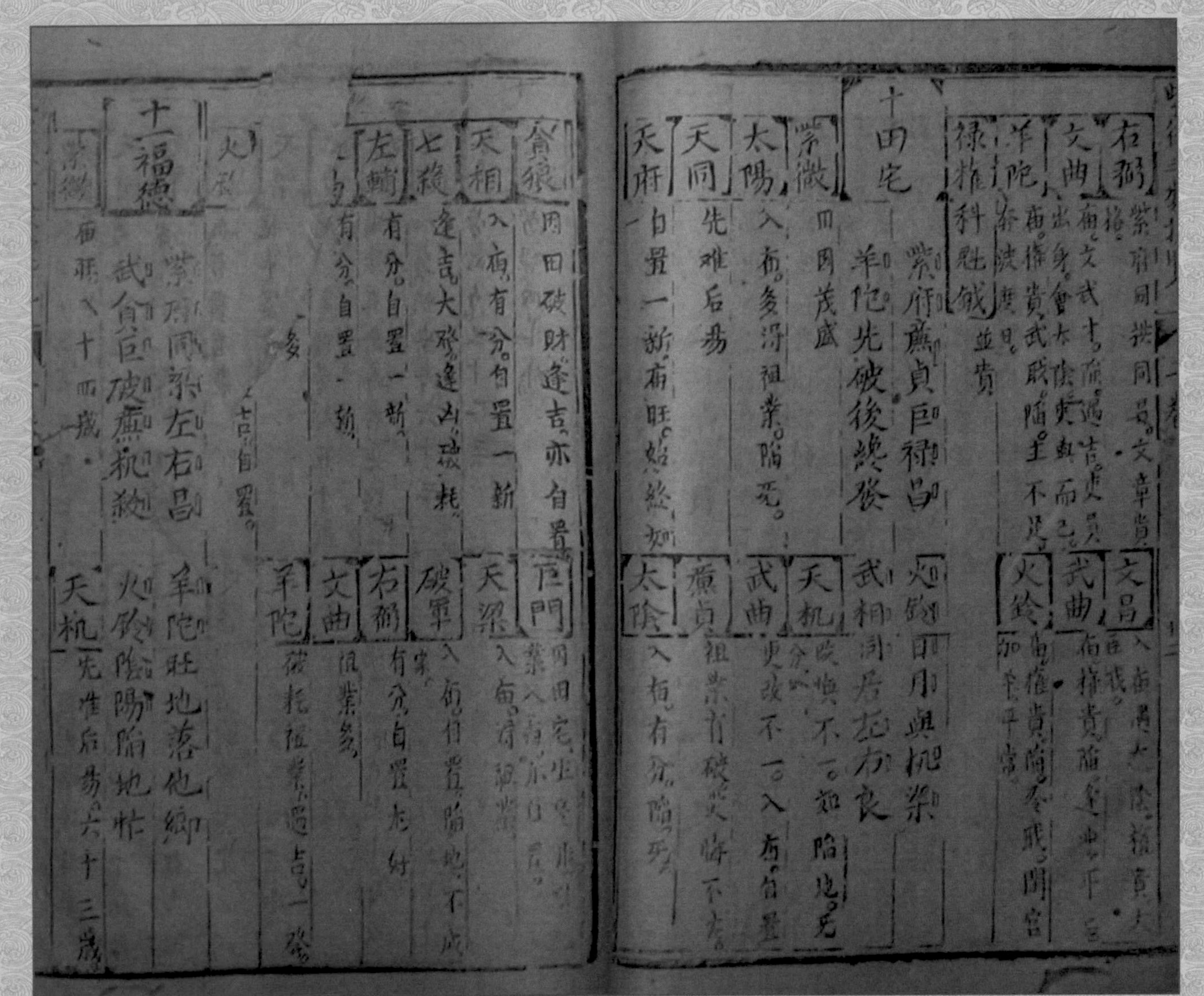

十田宅

右弼　紫府同拱同昌。文章貴。

文曲　入命。文武十。遇吉。吏員出身。會太陰。失地而已。

羊陀　入命。權貴。武職。陷主不足。

祿權科魁鉞　並貴。

紫府廉貞巨祿昌

羊陀先破後總發

紫微　田園茂盛

太陽　入廟。多得祖業。陷死。

天同　先難后易

天府　一白置一新。廟旺。始終如。

文昌　入廟。權貴。

武曲　入廟。權貴。

火鈴　加吉干宮。

火鈴四用與相榮

武相同居在亦良

天機　入廟。不一。如陷地死。

武曲　更改不一。入廟自置。

廉貞　祖業有破。

太陰　入廟。有分。陷死。

十一福德

貪狼　田園破財。逢吉。亦自置。

天相　入廟。有分。自置一新。

七殺　逢吉大發。逢凶破耗。

左輔　有分。自置一新。

右弼　有分。自置。

火鈴　多吉。自置。

紫府同祿左右昌

武曲巨破廉殺紀

紫微　廟旺八十四歲。

巨門　田宅。

天梁　入廟。有祖業。

破軍　入廟。有置。陷地不成。

右弼　有分。自置老好。

文曲　同紫多。

羊陀　破耗。陷紫遇吉一發。

羊陀旺地落他鄉

火鈴陰陽陷地忙

天機　先難后易。六十三歲。

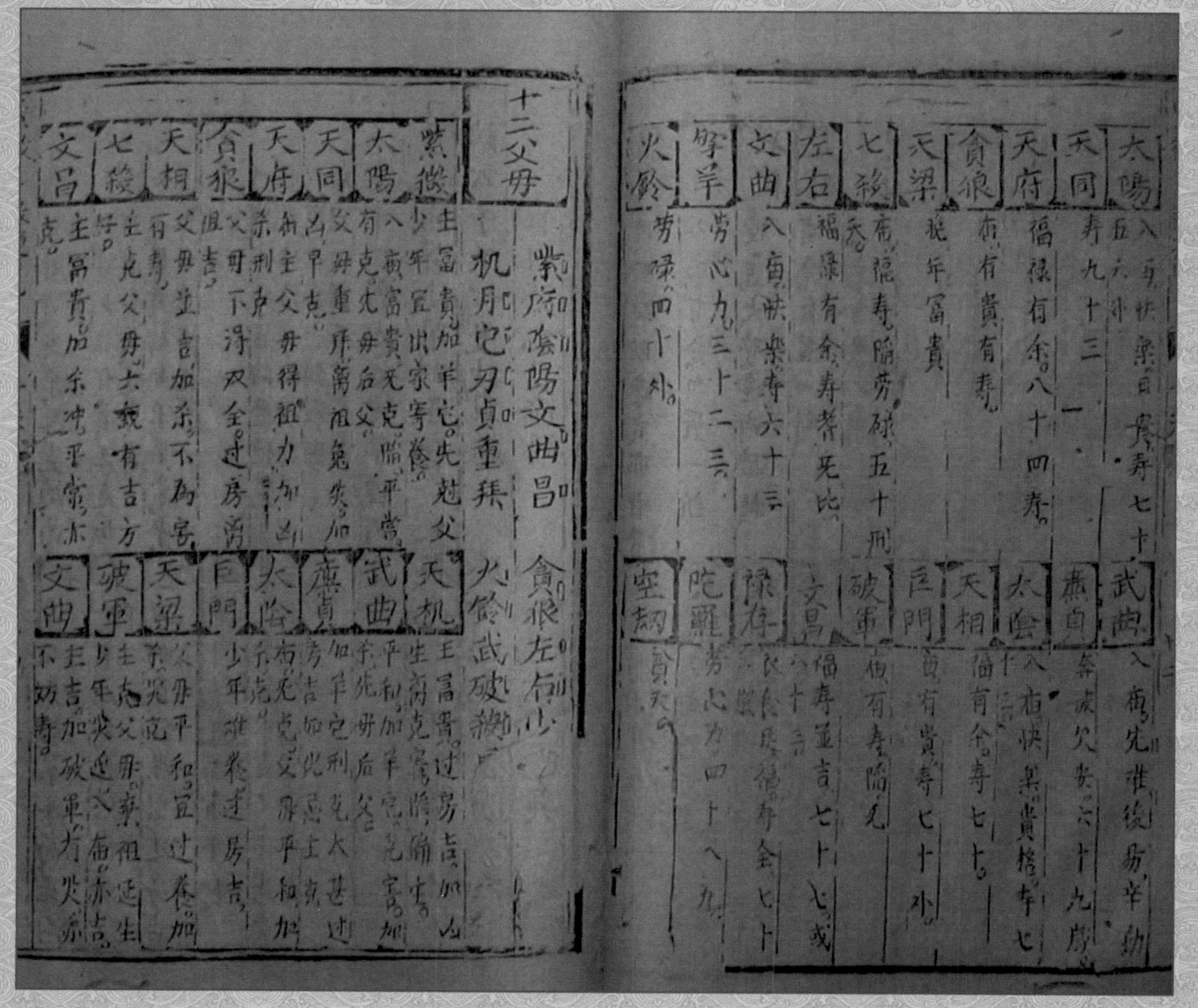
太陽 入垣，快樂百歲，壽七十五六外。
天同 壽九十三。
天府 福祿有餘，八十四壽。
貪狼 亦有貴有壽。
天梁 從年富貴。
七殺 亦隨壽，臨旁破，五十刑夭。
左右 福祿有餘，壽齊死比。
文曲 入垣，快樂，壽六十三。
擎羊 勞心，九三十二三。
火鈴 勞祿，四十外。
武曲 入廟，先難後易，辛勤。
廉貞 奔波欠安，六十九歲。
太陰 入廟，快樂貴格，壽七十二。
天相 福有餘，壽七十七。
巨門 亦有貴，壽七十外。
破軍 亦有壽，臨危。
文昌 福壽並吉，七十七或八十。
祿存 衣食足，福壽全，七十。
陀羅 勞心力，四十八九。
空劫 貧夭。

十二父母
紫府陰陽文曲昌
机月它刃貞重耗
貪狼左右少
火鈴武破耗
紫微 主富貴，加羊陀，先尅父；少年宜出家寄養。
太陽 入廟富貴，無克，臨平常；有克，尤母后父。
天同 父母重拜，離祖免災，加凶早克。
天府 亦主父母得祖力，加凶亦刑克。
貪狼 父母不得雙全，過房離祖吉。
天相 父母並吉，加殺不為害，有壽。
七殺 主克父母，六親有吉方好。
文昌 主富貴，加殺沖平常，亦克。
天机 主富貴，過房吉，加凶生離克害，臨偏生。
武曲 平和，加羊陀克害，加；宜先母后父。
廉貞 加羊陀刑克，大甚過；旁吉，加火忌土克。
太陰 入廟先克父母，平和，加；亦克。
巨門 少年雖養，過房吉。
天梁 父母平和，宜過養，加災亦克。
破軍 主克父母，棄祖遠生；少年災遠，入廟亦吉。
文曲 主吉，加破軍有災，亦不妨壽。

左輔 公毋貴，丈亦兄，兄加凶。右弼 父母福享壽高无凶。有刑。子吉。

祿存 如吉，父母有貴，夫克加 田宅貪狀，主旁吉。千魁 不如全，先父後母。

火鈴 有富貴，臨命亦平，常帶 祖延生有克。空劫 刑克宜庶出，過房吉。

刑忌 有克。祿權科鉞 富貴平和。

此前十二宮諸星，使覽者其大略，其中吉凶休咎要在看法活變，臨時制宜，因星辰之制化，宮分之廟陷，以定生命六親財官福田之類，不可不論。

○十二宮太歲流年吉凶星論

子年太歲并小限到子宫　入廟化　不入廟化凶

訣云。子午七殺破軍逢　癸庚己夫福豐隆
巨機癸乙多添福　府相梁星丁巳爽

天同壬丁癸財祿　紫府丙戊壬雜成

如七殺破軍在子宫守命。癸庚己生人發福。

如巨門天機在子宫守命。乙癸生人發福。

如府相天梁在子宫守命。丁巳庚生人，財旺逐心。

如天同在子宫守命。丁壬生人，財官双美。

如紫府在子宫守命。丙戊壬生人，怕吝受傷。壬人尤忌，丙戊加倍。

丑年太歲并小限到丑宫　入廟化吉　不入廟化凶

訣云。丑宫紫微甲戊辛　机同辛丙福祿臻
武陽戊丙貞府戊　天相辛人福總榮
天机戊癸壬為協　梁丙辛戊遇長生

武曲壬癸多悔吝　太陽甲乙禍來侵
貞丙庚人偏作咎　同見庚下福不只
如紫微在丑宮守命。甲戊辛生人旺相。
如天机天同在丑宮守命。丙辛生人旺相。
如太陽武曲在丑宮守命。丙戊生人旺相
如天府廉貞在丑宮守命。戊壬生人旺相。
如天相在丑宮守命。辛生人旺相。
如天梁在丑宮守命。丙戊生人旺相。
如天机在丑宮守命。戊壬癸生人悔吝。
如武曲在丑宮守命。壬癸生人悔吝。

如太陽在丑宮守命。甲乙生人悔吝。
如天同在丑宮守命丁庚生人招官非。
如廉貞在丑宮守命。丙庚人生悔吝。
寅年太歲并小限到寅宮　入廟化吉　不入廟化凶
訣云。寅微卯卯武曲宿　七殺辰巳下甲良
貪丙戊癸多招悔　廉貞戊丙禍無方
破壬丙戊官災悔　甲子辰人限作殃
如紫武陰陽梁機在寅宮守命丁乙庚甲生人旺相
如廉貞在寅宮守命。丙戊生人悔吝破財。
如貪狼在寅宮守命丙戊癸生人悔吝。

如破軍在寅宮守命丙戊壬生人官災
大緊甲子辰生人不宜行寅申限并流年遇之悔客
如年太歲并小限到卯宮　入廟化吉　不入廟化凶
訣云如紫机陽天相宿　辛乙丁丙壬福祿濃
天府天同并武曲　乙辛壬遇運亨通
貞甲庚丙多為福　太陰庚甲乙位凶
如紫机巨相在卯宮守命乙辛丁壬生人財祿双美
如天府武曲在卯宮守命乙辛壬生人順遂
如廉貞在卯宮守命甲丙庚丁生人災非破悔
如太陰在卯宮守命甲乙庚生人悔客破財官之下

如太歲并小限到辰宮　入廟化吉　不入廟化凶
訣云辰紫殺貪庚癸用　機陽庚丙癸下隆
同丙辛癸庚為福　武貪庚癸戊為榮
同門丙庚多悔客　廉遇壬丙多災攻
太陰甲子為不順　天同戊己福難全
如紫微貪殺在辰宮守命癸庚甲生人財旺
如天機太陽在辰宮守命丁癸庚人進財順意
如天同在辰宮守命戊癸庚生人順遂
如貪狼武曲在辰宮守命庚癸生人不利
如天同巨門在辰宮守命丁庚生人悔客

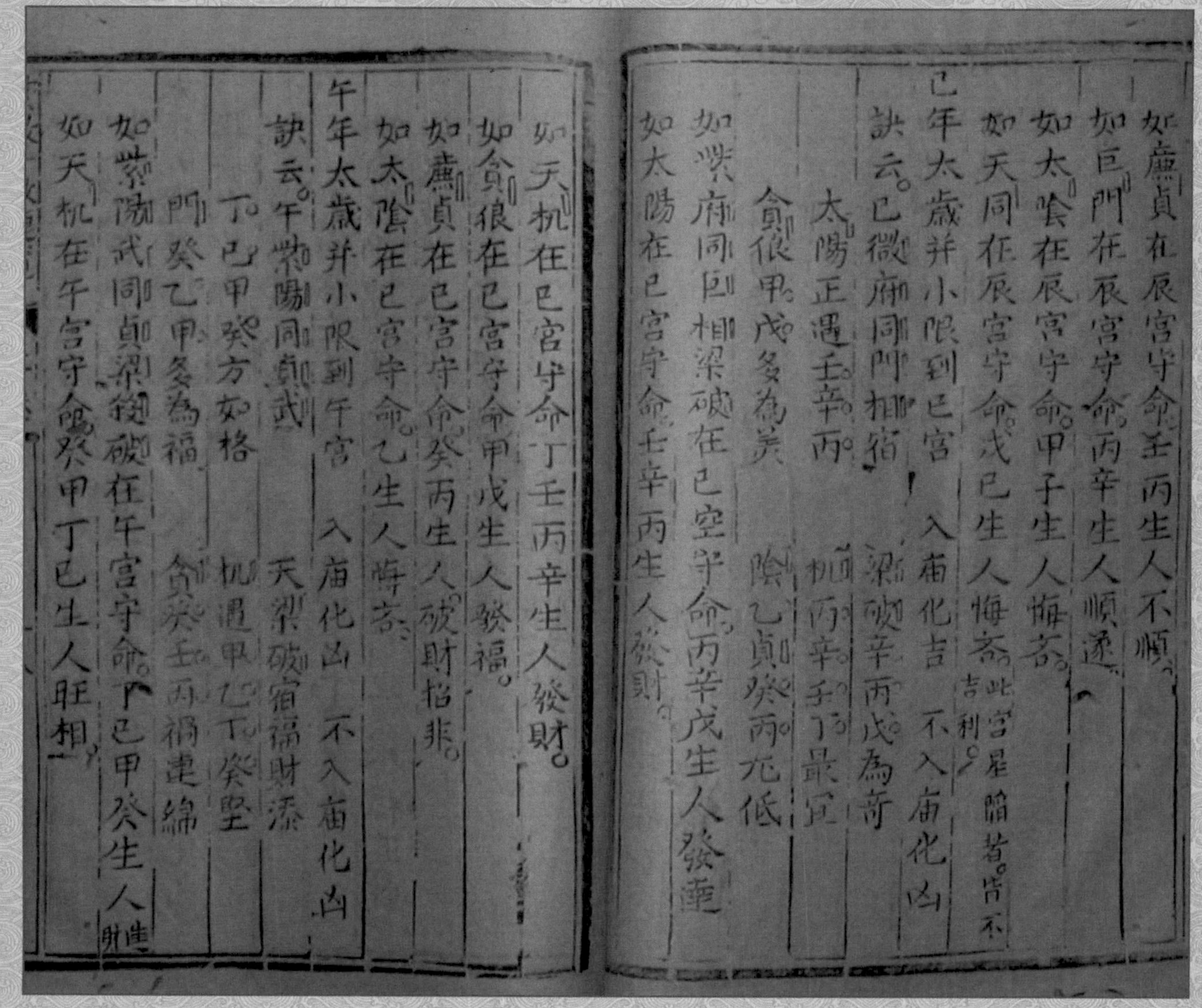

如廉貞在辰宮守命。壬丙生人不順。

如巨門在辰宮守命。丙辛生人順遂。

如太陰在辰宮守命。甲子生人悔吝。

如天同在辰宮守命。戊巳生人悔吝。此宮星暗者。皆不吉利。

巳年太歲并小限到巳宮　入廟化吉　不入廟化凶

訣云。巳微廉同門相宿　梁破辛丙戊為奇

太陽正遇壬辛丙。　机丙辛壬丁最宜

貪狼甲戊多為美　陰乙貞癸丙尤低

如紫府同巨相梁破在巳空守命。丙辛戊生人發運

如太陽在巳宮守命。壬辛丙生人發財。

如天机在巳宮守命。丁壬丙辛生人發財。

如貪狼在巳宮守命。甲戊生人發福。

如廉貞在巳宮守命。癸丙生人破財招非。

如太陰在巳宮守命。乙生人悔吝。

午年太歲并小限到午宮　入廟化凶　不入廟化凶

訣云。午紫陽同貞武　天梁破宿福財添

丁巳甲癸方如格　机遇甲乙丁癸堅

門癸乙甲多為福　貪癸壬丙禍連綿

如紫陽武同貞梁鐵破在午宮守命。丁巳甲癸生人旺財

如天机在午宮守命。癸甲丁巳生人旺相。

如巨門在午宮守命。癸甲巳生人進財。

如貪狼在午宮守命。丙壬生人損財不利。

未年太歲并小限到未宮　入廟化吉　不入廟化凶

訣云。紫府同梁機殺　壬乙逢之財祿豊

太陽庚人多有災　太陰甲乙悔多凶

武曲癸壬多悔吝　天相庚丁福不隆

如紫機府相梁殺在未宮守命。壬乙生人發福進財。

如太陽在未宮守命。庚生人發福進財。

如太陰在未宮守命。甲乙生人悔吝。

如武曲在未宮守命。壬癸生人悔吝。

如天相在未宮守命。丁庚生人悔吝。

申年太歲并小限到申宮　入廟化吉　不入廟化凶

訣云。紫微貞相逢破宿　甲庚癸遇福財榮

天機庚甲丁癸福　門甲辛庚癸最隆

同庚貪癸丙為忌　機戊乙壬運不通

門丁貞丙壬多吝　不信之時運有凶

如紫貞機破在申宮守命。庚甲癸生人發福。

如天機巨門在申宮守命。甲庚癸辛丁生人發福進財。

如天同在申宮守命。庚生人逢忌悔吝。

如貪狼在申宮守命。丙癸生人悔吝。

如天机在申宮守命戊乙壬生人悔吝。

如巨門在申宮守命丁生人悔吝。

如廉貞在申宮守命丙壬生人悔吝。

酉年太歲并小限到酉宮　入廟化吉　不入廟化凶

訣云。酉巡丙乙戊為美　机乙丙辛福最榮

太陰辛丙戊如局　同陽甲乙庚壬凶

武曲癸壬多主悔　貞庚甲丙作災攻

天府逢庚壬甲吉　甲庚武相悔重重

如紫微天机太陰在酉宮守命丙辛乙戊生人發財。

如天同太陽在酉宮守命甲乙庚壬生人悔吝。

如天府在酉宮守命壬庚甲生人旺相

如武曲在酉宮守命壬癸生人悔吝。

如廉貞在酉宮守命庚甲丙人災咎。

如貞武府相在酉宮守命甲庚生人悔吝。

戌年太歲并小限到戌宮　入廟化吉　不入廟化凶

訣云戌宮業壬丁己甲　天机甲乙丁己榮

武貞丁己庚甲貴　太陰丁己甲戊中

同貪破巨丁己甲　門癸丁辛己亦豐

梁癸災攻福不至　天机壬癸運难通

武曲癸壬丙壬順　太陽甲遇景為凶

天同庚遇多災咎　門貞丁丙悔重匕
如紫微天机在戌宮守命甲乙丁巳壬生人發福
如武曲廉貞太陰在戌宮守命甲庚丁巳戊生人進財
如同貪破殺巨門在戌宮守命甲巳辛丁生人旺相
如天梁天机在戌宮守命戊壬癸生人不利
如武曲太陽在戌宮守命壬丙甲生人不順
如天同在戌宮守命庚生人不順
如巨門廉貞在戌宮守命丁丙生人災悔
亥年太歲并小限到亥宮　入廟化吉　不入廟化凶
訣云紫府同門梁亥地　壬丙戊癸喜相迎
太陰丙戊丁巳美　机乙壬丙作財星
天相乙丙戊為貴　武陽壬戊有災殃
貞丙癸遇非為美　流年太歲細推明
如紫府同梁巨門在亥宮守命壬丙戊生人利益
如天机太陰天相在亥宮守命乙壬丙戊丁巳生人發達
如太陽武曲在亥宮守命壬戊生人悔吝
如廉貞在亥宮守命丙癸生人悔吝
此前所論擬太歲坐守十二宮流年內看有何吉凶星辰
舉遊流年遇吉斷吉遇凶斷凶吉多禍少災輕凶多喪亡
孝服火盜官非口舌災禍連綿方免本身大難終不輕放

湏要知此法。只看流年太歲。遇逢十二宮遇命宮。依此斷及小限臨之。亦與同斷。恐學者不諳。故又一開佈而列。

○太歲流年管運出行吉凶論

太歲流年所值當年動靜何如。或動或不動。宜求吉凶。是行可出入否。不問守照何宮。但守臨迁移財官三方。最利。又有吉星紫府陰陽同梁天机入廟允吉。臨地平常。加殺則凶。惟守舊可也。

訣云。太歲流年動若何　迁移官祿福財多
紫府机梁同日月　出入經營處匕和
財帛橫發常逢貴　臨宮守舊不宜那
人遇此年詳凶吉　准依判斷不差訛

○羊陀迭併七殺重逢論（在太歲流年上看）

如甲生人祿存居寅。則卯為羊刃。丑為陀羅。或遇流年欢祿居子。則流羊與丑宮陀羅共處。或遇流年又是甲祿居寅。則流羊流陀與本命羊陀同宮。是謂羊陀迭併。更逢三合有七殺與流年七殺交會。是謂七殺重逢。餘傚此。或否。

如庚生人。安命在卯。迁移在酉。遇羊刃。宮祿在未。遇陀羅或遇流年丁巳祿居午。則流羊未宮合命。或遇流年又是庚祿居申。則流羊流陀與本命羊陀沖合卯宮。是亦謂之羊陀迭併。更遇飛入流年七殺羊刃到命卯七殺重逢加。

限行至此為禍最毒。入遇災悔猶輕。

○流年七殺例

寅午戌年。殺在北方亥子丑。　亥卯未年。殺在西方申酉戌

申子辰年。殺在南方巳午未。　巳酉丑年。殺在東方寅卯辰

○流年飛入三殺例　奏書　將軍　官符

寅午戌年飛入亥卯未　亥卯未年飛入申子辰

申子辰年飛入巳酉丑　巳酉丑年飛入寅午戌

訣云

奏書口舌禍來侵　將軍飛入悔心驚

官符天災終不免　此是流年三殺星

此流年七殺三殺。與本命七殺太歲羊陀。俱不宜見。如戒

即依迭併重逢論斷。

○倒限倒

鼠屬生人莫遇寅（如子生人忌行寅限）　伏牛沉馬命須傾（丑人忌午午人忌丑）

虎兎埋蛇應有險（寅卯人忌行巳限）　龍蛇切忌本身臨（辰巳人忌行辰巳限）

猴人見火多傷巳（申生人忌行火限）　羊逢酉地禍來侵（未生人忌行酉限）

猪犬限逢羊陀忌（戌亥生人忌羊陀）　雞遇羊陀禍亦深（酉人亦忌羊陀限）

辰巳會天羅。安排用桃。　猪犬逢地網家破官傷

訣云

天羅限到多官非。　不利求名求利客

刑妻害子惹是非　損壽失財防不測

又

地網限逢事事凶　生人分散各西東

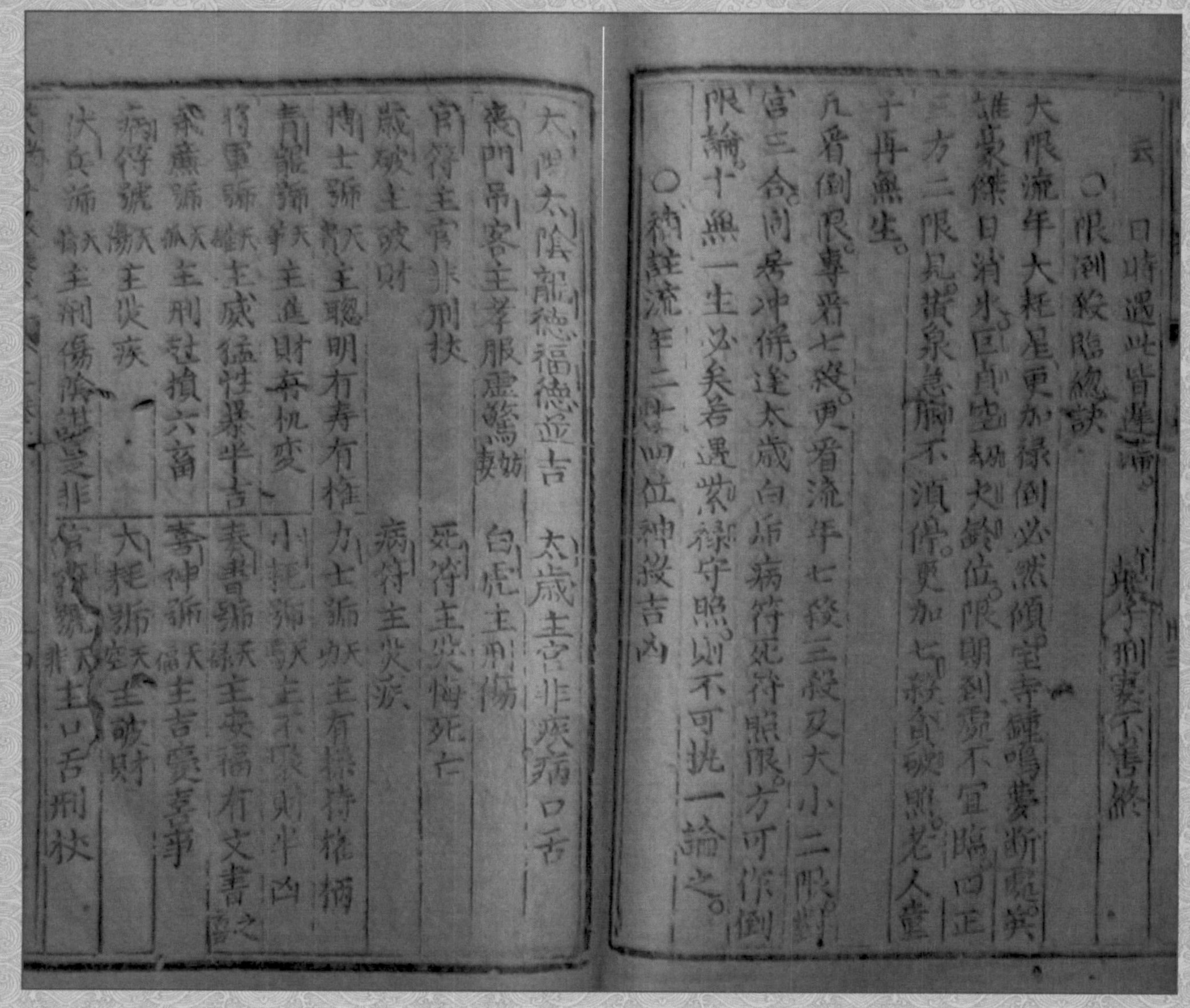

云 日時遇此皆準論。擎羊刑害不善終

○限倒殺臨總訣

大限流年大耗星，更加祿倒必然傾，宅寺鍾鳴夢斷驚。誰豪傑日消水，巨貞空劫大鉞位，限朝到處不宜臨，四正三方二限見，黃泉急腳不須停。更加七殺貪破照，老人豈于再無生。

凡看倒限，專看七殺。更看流年七殺、三殺及大小二限對宮三合，同來冲併，逢太歲、白虎、病符、死符照限，方可作倒限論。十無一生，必矣。若遇紫祿守照，則不可執一論之。

○補註流年二十四位神殺吉凶

太陰、龍德、福德並吉

喪門、弔客主孝服虛驚妨妻

官符主官非刑杖

歲破主破財

博士飛天貴主聰明有壽有權

青龍飛天喜主進財吝機變

將軍飛天雄主威猛性暴半吉

飛廉飛天孤主刑剋損六畜

病符飛天傷主災疾

伏兵飛天哭主刑傷論是非

太歲主官非疾病口舌

白虎主刑傷

死符主災悔死亡

病符主災疾

力士飛天力主有操持權柄

小耗飛天虛主不聚財半凶

奏書飛天福主安福有文書之喜

喜神飛天福主吉慶喜事

大耗飛天空主破財

官符飛天非主口舌刑杖

○補註男女子息多少論斷

凡看子息即以子息宮為主。如紫府陰陽昌曲同宮。主男女五人吉多則依星斷之。以七八九十為率。加七殺主二人。加四殺廢出有亦姑。如命巨相右。主男女三人。加殺遲姑廢出。陷地殺會上孤。若遇吉一子。如机武廉破火鈴。加吉一子。或廢出二子。加殺多孤姑。祿存天梁七殺羊陀主孤。吉多一子。或庶出。此其大槩不可執一。要看吉多吉少。大抵七殺四殺。及三方見之。縱有吉星可保一二子送老。而初生頭子。必難存活之斷也。

論長生十二宮。以定子息

長生宮主七八子。沐浴宮主二子。冠帶宮主三子。臨官宮主三子。帝旺宮主五子。衰宮主二子。病墓絕胎養五宮主一子。死宮主無子。此亦大槩。要看本宮星辰凶吉多少。彼此參看為當。

○補註女命流年值產難訣

訣云

甲雞乙鼠丙羊加　戊見牛羊丁巳蛇

馬逐庚辛巳兔去　壬猪癸兔不堪誇

假如甲生人值酉年太歲。大小二限逢之。或命身三方合照。須防生產之厄。

○附男女合婚定局於後。凡合婚者雖以八字中四柱為主。亦要看斗數中。所妻子息二宮凶吉。便知男女命內壽妖[illegible]亦可斷矣。今將合婚定局開載後列，以便參看。

男女合婚式

年 年 女 男	元上	元中	元下
甲子 癸酉 壬午 辛卯 庚子 己酉 戊午	男七女八	男一女二	男四女八
乙丑 甲戌 癸未 壬辰 辛丑 庚戌 己未	男六[illegible]六	男九女三	男三女九
丙寅 乙亥 甲申 癸巳 壬寅 辛亥 庚申	男二女七	男八女四	男二女一
丁卯 丙子 乙酉 甲午 癸卯 壬子 辛酉	男四女八	男七女八	男二女三
戊辰 丁丑 丙戌 乙未 甲辰 癸丑 壬戌	男三女九	男六女六	男九女三
己巳 戊寅 丁亥 丙申 乙巳 甲寅 癸亥	男二女一	男二女七	男八女四
庚午 己卯 戊子 丁酉 丙午 乙卯	男一女二	男四女八	男七女
辛未 庚辰 己丑 戊戌 丁未 丙辰	男九女三	男三女九	男六女六
壬申 辛巳 庚寅 己亥 戊申 丁巳	男八女四	男二女一	男二女一

上中下三元者，如老甲子六十年內生人為上元。中甲子六十年內生為中元。小甲子六十年內生人為下元。如童遺是也。呂才總論曰：合得生氣、天醫、福德為上吉，主子孫昌盛，雖有犯諸凶，並無忌也。如遇絕体、游魂、歸魂者，是為中等，可以斟量輕重而言之。合取命卦通和，月中少忌，然後可以成婚姻之事。縱無十全，但得中平之上者亦吉。若遇五鬼之[illegible]，姊妹多主口舌相連

若遇絕命之婚於男女各有剋害[illegible]

況又得月古相當亦不宜為之婚也。

○合婚例

生氣	絕體	五鬼	絕命
一四 二八 三九 四一	一九 三六 三四 四三	一七 二三 三二 四六	一五 一二 三七 四八
六七 七六 八二 九三	六二 七八 八七 九一	六四 七一 八九 九八	六九 七三 八四 九六

天醫	游魂	福德	歸魂
一八 二四 三六 四二	一六 二九 三八 四七	一三 二七 三一 四九	一一 二二 三三 四四
六三 七九 八一 九二	六一 七四 八三 九二	六八 七二 八六 九四	六六 七七 八八 九九

假如男命屬中元甲子癸酉等主人為男一局女命屬中元乙丑甲戌等生人為女三局合成一三得福德上吉。又如男命屬下元丙寅乙亥等生人為男二局女命屬下元戊辰丁丑生人為女三局。合成二三得五鬼下下。餘倣此。

男命	金	木	水	火	土
益財	七月至十二月生人益女家十一年財	七月至十二月生人益女家一十年財	正月至六月生人益女家四十年財	四月至九月生人益女家三十年財	五月至十月生人益女家三年財
退財	正月至六月生人退女家九年財	正月至六月生人退女家九年財	七月至十三月生人退女家五十九年財	十月至三月生人退女家十九年才	十一月至四月生人退女家十九年才

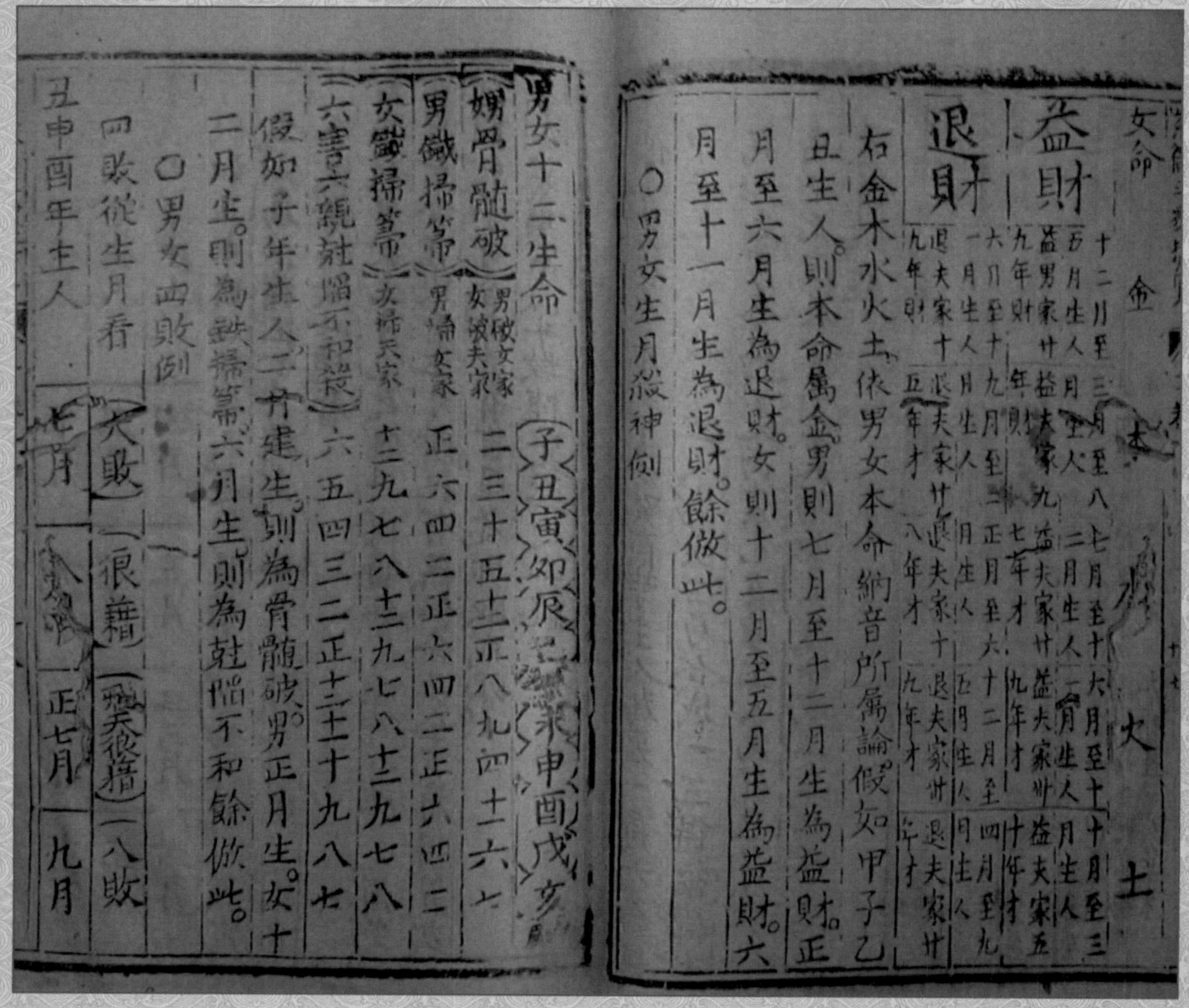

女命	金	木	水	火	土
益財	十二月至五月生人益男家廿九年財	三月至八月生人益夫家九年財	七月至十二月生人益夫家廿七年才	六月至十一月生人益夫家廿九年才	十月至三月生人益夫家五十年才
退財	六月至十一月生人退夫家十九年財	九月至二月生人退夫家廿五年才	正月至六月生人退夫家十八年才	十二月至五月生人退夫家廿九年才	四月至九月生人退夫家廿年才

右金木水火土，依男女本命納音所屬論。假如甲子乙丑生人，則本命屬金，男則七月至十二月生為益財，正月至六月生為退財。女則十二月至五月生為益財，六月至十一月生為退財。餘倣此。

○男女生月殺神例

男女十二生命	子	丑	寅	卯	辰	巳	午	未	申	酉	戌	亥
婦骨髓破（男破女家 女破夫家）	二	三	十	五	十一	正	八	九	四	十二	六	七
男鐵掃帚（男掃女家）	正	六	四	二	正	六	四	二	正	六	四	二
女鐵掃帚（女掃夫家）	十二	九	七	八	十二	九	七	八	十二	九	七	八
六害六親就惱不和殺	六	五	四	三	二	正	十二	十一	十	九	八	七

假如子年生人二月建生，則為骨髓破。男正月生，女十二月生，則為鐵掃帚。六月生則為就惱不和。餘倣此。

○男女四敗例

四敗從生月看	大敗	很籍	[illegible]夫很籍	八敗
丑申酉年生人	七月	[illegible]	正七月	九月

寅卯午年生人	[illegible]月	[illegible]	正六月	十二月
未戌亥年生人	五月	二月	十一月	三月
子辰巳年生人	四月	五月	二三月	六月

假如丑申酉三年生人。遇七月建生。則為大敗。八月建生。則為狼藉。正七月建生。則飛天狼藉。九月建生。則為八敗。餘俱倣此橫看

右帝殺男女生月犯之。雖得成婚。每多啾唧。合婚者須先看男女合宮。次看生月所犯有無。但命無全吉。苟得男女可對夫子可合。命宮有吉星者。即取成婚。

新刻紫微斗數捷覽卷之二終

新刻紫微集紫微斗數捷覽卷之三

大宋華山　希夷　陳先生　精[illegible]
逸士　玉蟾　白先生　增輯
十八代孫　了然　陳　道　校正
後學　檳泉　譚　貴　編次
金陵書坊　王氏　洛　川　刊行

〇斗數指南總論

夫人之生也稟三才之氣。命有斗格。數有限期。推而知貴賤窮通。論而至玄微奧妙。明生尅制化之理。觀同垣失度之機。壽夭賢愚。貧富。遲速。直皆有所司。不可槩論。紫微北斗之主宰。天府南斗之令星。主星莫落其垣。莫可移動。令星

專司財庫最怕空亡主星若勢則衣星奔馳令星若空則財皆失耗若不覔其虛實觀其變遷則非明斗数之造化者也故總其大綱以弁其首云

○斗数玄微論

希夷先生曰斗数之列衆星猶大易之分八卦八卦非爻繋不明五星非諱明何措是以觀斗数者再三審動靜之機第一辨賓主之分動靜循環不已主宥更迭無拘主宥無情何賓之有賓不能對何足取哉愢彼羊陀惟視祿存之好惡笑吾日月也思空劫之與亡殺有殺而無刑雖殺有救刑有刑而孤單終身不尅火星旺宮為富論羊陀

令堂凶神殃隣加侮尚可禳持同室與謀最難隄備尼火焚天馬重羊逐祿存劫空親戚無常權祿行藏靡定石了哉魁鉞小人也羊鈴凶不皆凶吉無純吉主強賓弱可保無虞主弱賓強凶危立見主賓得失兩相宜運限命身當互見身命最嫌羊陀七殺遇之未免為凶二限甚忌貪破巨廉逢之定然作禍命遇魁昌當得貴限逢紫府定財多凡視女人之命先觀夫子二宮若值殺星定三嫁而心不足或逢羊字須帝哭而淚不乾若觀男命始以福財（福德財帛二宮）為主再審迁移何如二限相因吉凶同断限逢吉曜平生動用和諧命坐凶鄉一世不諧姐婦無祿臨身女得純陰貞潔

之德同梁守命男淂絕陽中正之心君子命中亦有羊陀
四殺小人命内豈無科祿權星要看淂垣失垣專論入庙
失庙君論小兒詳推童限小兒命坐凶鄉三五歲必然殀
折更有限逢惡殺五七歲必主殀亡文昌文曲天魁秀不
讀詩書也可人多學少成只爲擎羊逢劫殺爲人好訟盖
因太歲遇官符命之理微熟察星辰之変化數之理遠細
詳格局之興衰北極（紫微星）加凶殺爲道爲僧羊陀遇惡星爲奴
爲僕如武破廉貪固深謀而貴顯加羊陀空劫反小志以
孤寒限輔旺星限雖弱而不殘命臨吉地命雖凶而不凶
斷橋截路大小難行卯酉二空聰明發福命身遇紫府迭

積金銀一主逢劫空衣食不足謀而不遂命限遇入擎羊
東作西成限身遭逢輔相科權祿拱定爲扳桂之高人空
劫羊鈴决作九流之術士情懷舒暢昌曲命身詭詐虛浮
羊陀陷地天机天梁擎羊會早見刑而晚見孤貪狼武曲
廉貞逢少受貧而後受福此皆斗數之奧訣學者熟之

○斗數準繩

命居生旺定富貴各有其宜身坐空亡論榮枯專求其要
紫微帝座在南極不能施功天府令星在陷地專能爲福
天机七殺同宮也是三分太陰火鈴同位反成十惡貪狼
爲善宿入庙不凶巨門爲惡耀得垣尤美諸凶在緊要之

鄉最宜受制擎羊在命之位却受孤單若見殺星何限最凶禍蔭臨之處此可觧大抵在人之机變更加作意之推詳辨生尅制化以定窮通看好悪正偏以言禍福官星居於福也近貴營財福星居於官宮却成無用身命得星為要限度遇吉為先若言子息有無專在擎羊因犯殺逢之則害妻妾亦然相貌逢凶必帶破相疾厄逢忌定有尫羸須言定数以求玄更在同年之相合總為綱領用作凖繩

○斗数賦性成形論

数分三十六局星分一十二垣入廟為竒失度為弱欲看其人休咎先視性格何如紫微帝座主於尊重之基天今允也作中和之貌金為圓滿王兒清奇天机主不長不短之標性情好善武曲主克剛克執之處必胆全堅天相精神天梁穩重天同為仁為德肥滿日秀眉清廉貞好勇好爭赤眼圓眉麄七殺如子路暴虎馮河火鈴若豫讓吞炭為啞暴虎馮河號凶狠自戕石炭為啞謂暗沉傪㤥文昌磊落文曲英華在廟必生異志失垣定有騰斑左右性純資厚羊陀心詐面皮粗貪狼為善悪之神入廟定然上達巨門為是非之曜得垣自是軒昂破軍七殺居子午定顕功勲地劫地空逢四庫方興財産魁鉞臨命而成儀濟婚更會三台而全規範星喜吉地位怕空亡殺從

禄後旅威惡向凶中逢產此同天然之相自然之理而術者所當先明者也

○斗数發微論

白玉蟾先生曰觀夫斗数與五星不同按此星辰與諸術大異四正吉星定為貴三方殺拱少為奇對照兮詳凶詳吉合照兮觀賤觀榮吉星入垣則為吉凶星失地則為凶命逢紫府非特壽而且榮身遇殺星不但貧而且賤左右會於紫府極品之尊科權陷於凶鄉功名蹭蹬行運逢乎弱地未必為災立命會在強宮必能降福羊陀七殺運限莫逢逢之定有刑傷（劫空殤使 [illegible]）天哭喪門流年莫遇遇之

[illegible]破害為斗主限必生男比斗加臨先得女科星居陷地擎火羊動即斷在凶鄉祿泉冷淡奸謀頻設紫微愧遇破軍（天姚咸池）淫奔大行紅鸞差逢貪宿命身相剋則心亂而不閑玄堀三宮則邪淫而敗酒殺臨三位定然妻子不和巨到二宮必是兄弟無義刑殺守子宮子雖有老落凶賊財帛聚散無常羊陀守疾厄眼目昏盲火鈴到遷移長途寂寞惡星刑賊傷主人多勞惡星應八宮奴僕有助官祿遇紫府富而且貴田宅遇破軍先破後成福德遇空劫奔走無方相貌加刑殺刑其雖兔後孝者執此推詳萬無一失

○斗数穀率

諸吉星多逢凶也吉，諸凶星多逢吉也凶，星更纏度數分定局，重在看星得垣受制，方可論人禍福，以身命為禍福之柄，以根源為窮通之機。紫微在命，輔弼同垣，其貴必矣；財印夾命，日月夾財，其富何疑。蔭福臨，不怕凶沖；日月命不如合照。貪狼居子，乃為水泛花，天刑遇貪，必主風流刑杖。紫微坐命庫，則曰金轝扶御輦，臨宮安文曜，錦為衣錦惹天香。太陰合文曲於妻宮，翰林清異；太陽會文昌於官祿，金殿傳臚。合祿守田財，為爛穀爛金財。居迁移為高商豪客；耗居收地，沿路丐求；貪會旺宮，終身鼠竊；殺居絕地，生成三十二之顏回；囚在旺宮，可享八百年之彭祖。巨暗同垣於身命，疾厄羸瘦其軀；凶星交會，相貌迍傷，刑其面。大耗會廉貞於官祿，枷杻囚徙官符；會刑殺於迁移，離鄉遭配；七殺臨於陷地，流年必見死亡。羊殺忌逢破軍，必嫌逢太歲，參當一時，流祿以長乎。嘉祥加士，將軍得青龍以顯其威；福童千限，猶水上浮泡。老人限衰，風中之燭；遇殺可驚，流年最緊。人生發達限元，最怕浮流，一世迍邅；命限逢乎駁雜，論而至此，先矣玄微，示亦奉徒勤於恭者。

○十數骨髓賦註解

太極星曜，乃群宿眾星之主；天門運限，即扶身助命之原。

在天則運用無常。在人則命布格局。先明格局。次看惡星。
或有同年同月同日同時。而生則有貧賤富貴壽夭之異。
或在惡限積百萬之金銀。或在旺鄉遭連年之困苦。禍福
不可一途而斷。吉凶不可一凶而推。要知一世之榮枯。定
看五行之宮位。立命于知貴賤。安身便曉根基。第一先觀
福德。再三細考遷移。分對宮之體用。定三合之源流。命無
正曜。夭折孤貧。身有凶星。美玉瑕玷。既得根源堅固。須知
合局相生。堅固則富貴延長。相生則財官昭著。

蓋命好身好限好。到老榮昌。

如身命坐長生帝旺之鄉。本宮又得吉星廟旺。又大小二限。又遇相生吉地吉星。則一生榮壽。無不順遂。

命衰身衰限亦衰。終身乞丐。

如身命居死絕之鄉。本宮不見吉化。更會羊陀四系空劫諸煞惡曜。而運限又無吉星扶持。定主貧賤。

夾貴夾祿少人知。夾權夾科世所宜。

如丙丁壬癸生人。在辰戌安命。魁鉞如夾。更遇紫府日月祿存左右昌曲。夾身夾命。是為夾貴。又富貴必矣。如甲生人身命丑。如而寅祿居申。是生成之祿。紀為上格。其餘秀甲寅乙卯庚申辛酉四臨。俱同推論。如甲生人安命在子。廉貞化祿居亥。破軍化權居丑。是科權祿夾命。定主富貴。餘做此。

夾印夾刑誰能避。夾昌夾曲主貴兮。

如太陽太陰在身命前后二宮夾命。不逢空劫羊鈴。其貴必矣。而昌曲夾命亦如之。

夾空夾劫主貧賤。夾羊夾陀為乞丐。

如命化忌。遇地空地劫羊陀等星。并兼夾身命者。及廉破武等星值之。定主貧賤下格。如不應即夭。又如命化忌。

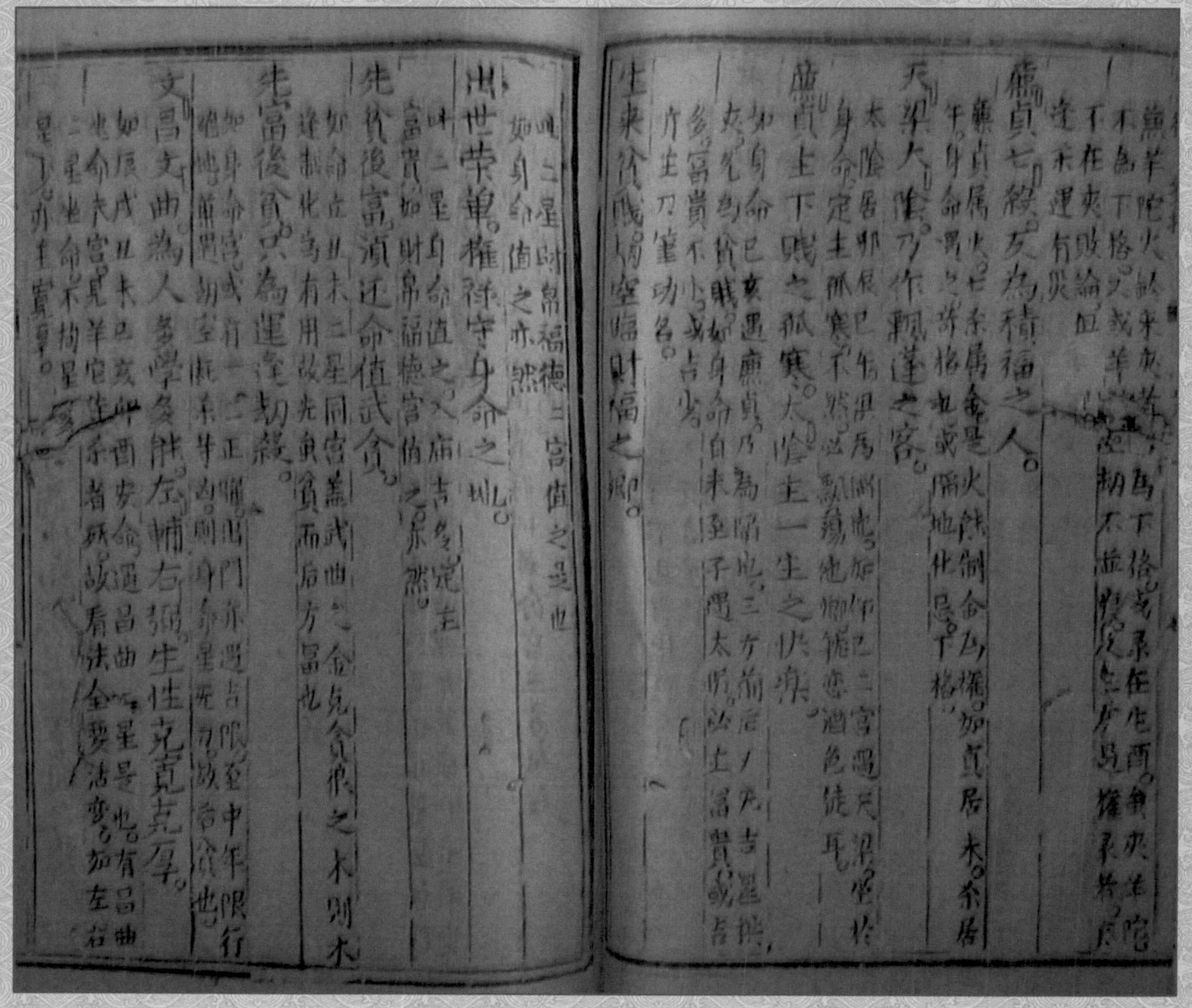

羊陀火鈴來夾，爲下格。或羊在卯酉，與夾羊陀

不爲下格。又或羊劫不並

不在夾敗論。但

逢禾運有災

廉貞七殺反爲積福之人。

廉貞居火巳午，身命遇之許格。如或金是火，然制金爲權。如貞居木，亦居陷地化忌，下格。

天梁太陰乃作飄蓬之客。

太陰居卯辰巳午，但爲陷也。如卯巳二宮遇天梁，坐於身命，定主孤寒，不然必飄蕩他鄉，無恋酒色徒耳。

廉貞主下賤之孤寒。太陰主一生之快樂。

如身命巳亥遇廉貞，乃爲陷也。三方前后无吉星拱，

亥，尤爲貧賤。如身命自未至子遇太陽，必主富貴，或吉

多富貴不小，或吉少，

亦主刀筆功名。

生來貧賤劫空臨財福之鄉。

四正星財帛福德二宮值之是也

如身命值之亦然

出世榮華權祿守身命之地。

此二星身命值之，入廟吉多，定主富貴。如財帛福德宮值之亦然。

先貧後富須迂命值武貪。

如命丑未二星同宮，蓋武曲之金克貪狼之木，則木逢制化爲有用，故先貧而后方富也。

先富後貧只爲運逢劫殺。

如身命宮或有一二正曜，出門亦遇吉限，至中年限行絕地，又逢劫空，所臨身命星死，如敗者貧也。

文昌文曲爲人多學多能。左輔右弼生性克寬克厚。

如辰戌丑未巳亥卯酉安命，遇昌曲

坐命夫宮見羊陀者，妖敗。看法全要星是也。有昌曲

二星坐命不拘星

星亦主貴要，如左右

天府天相乃為衣祿之神為仕為官定主亨通之兆。
如丑安命巳酉府相來朝。未安命亥卯府相來朝是也。甲生人忌。餘依此斷。加殺亦不是。

苗而不秀科星陷於凶鄉
如科陷於空劫羊陀之中是也。又或太陽在戌太陰在卯與化科權祿亦不為美

發不住財祿主纏於弱地。
如化祿臨子午卯酉空是也。又或子午申酉宮與化權祿午用亦主貧孤

七殺朝斗爵祿榮昌
如寅申子午四宮安身命。巳亥值之是也。亦要左右昌鉞白曲。坐照拱合。依此斷。或遇吉限尤美。加殺不是

紫府同宮終身福厚。
如寅申二宮安命值紫府同居命宮三方左右魁鉞拱照必主富貴

紫微居午無殺湊位至公卿
如甲丁己生人。安命午宮值之入格主大貴其餘亦主常貴。如加殺不是。

天府臨戌有星拱腰金衣紫。
如甲己生人安命戌宮值之依此斷。加殺不吉。如忌羅鉞左右祿科亦平。

科權祿拱文章昭彰
此為三化。如身命坐守一化。財帛官祿宮二化來合是為三合守照謂之科權祿拱是也。加吉值至三公。

武曲廟旺威名赫奕。
如辰戌二宮安命值之上格。丑未安命次之是權祿左右昌曲魁鉞吉依此斷。

科明祿暗位列三台
如甲生人安命亥宮值科星守入廟。亥與寅則寅亥合。故曰科明祿暗。

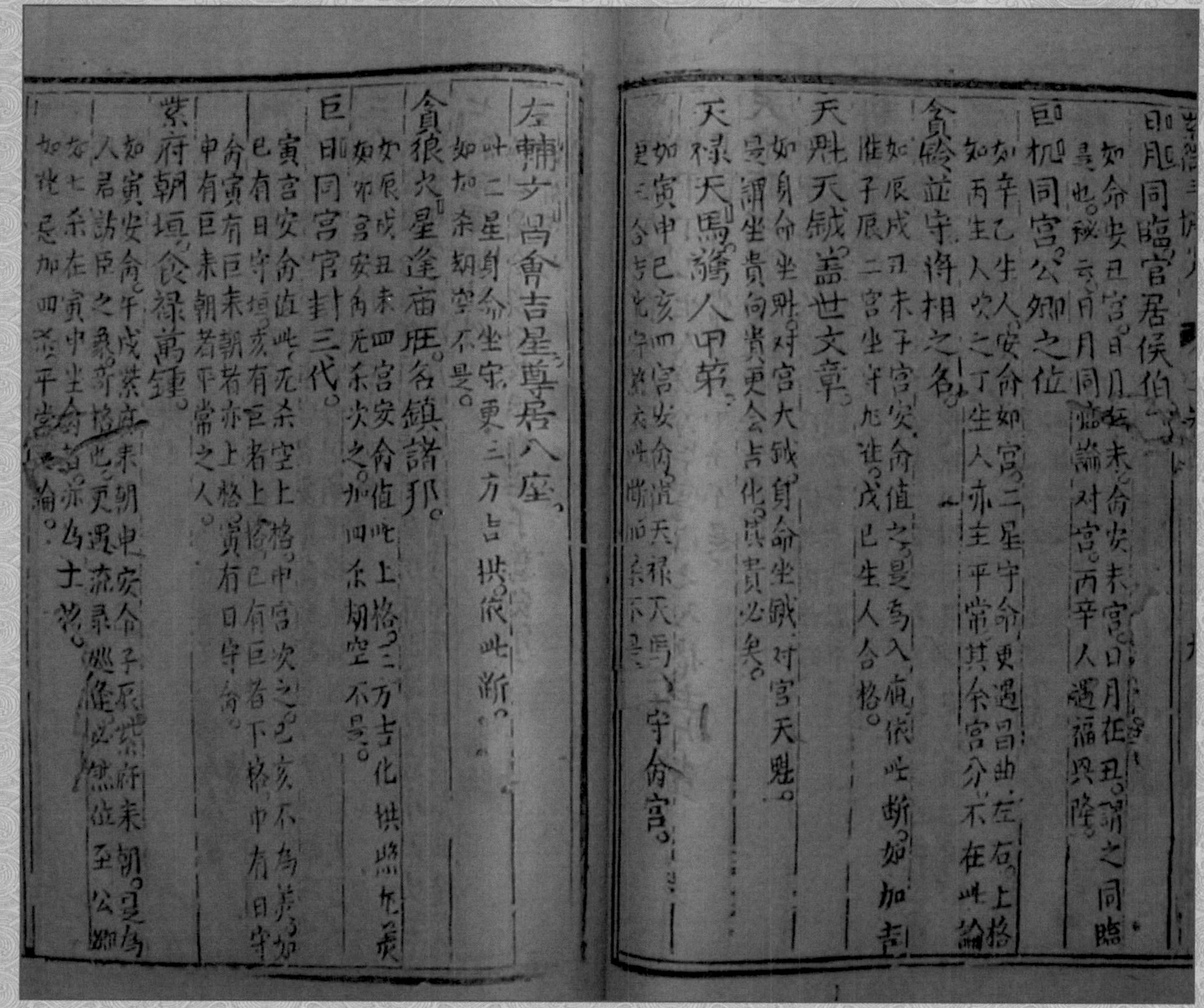

日月同臨，官居侯伯。
如命安丑宮，日月在未；命安未宮，日月在丑。謂之同臨
是也。秘云：日月同臨對宮，丙辛人遇福興隆。
巨機同宮，公卿之位。
如辛乙生人，安命卯宮，二星守命，更遇昌曲、左右，上格。
如丙生人次之，丁生人亦主平常，其余宮分不在此論。
貪鈴並守，將相之名。
如辰戌丑未子宮安命值之，是為入廟，依此斷，如加吉
惟子辰二宮坐守尤佳，戊己生人合格。
天魁天鉞，蓋世文章。
如身命坐魁，對宮大鉞；身命坐鉞，對宮天魁。
是謂坐貴向貴，更会吉化，其貴必矣。
天祿天馬，驚人甲第。
如寅申巳亥四宮安命，值天祿天馬，守命宮。
是三合亦宗，然以此斷，而余不是。

左輔文昌，會吉星尊居八座。
如此二星身命坐守，更三方吉拱，依此斷。
如加杀劫空不是。
貪狼火星，逢廟旺各鎮諸邦。
如辰戌丑未四宮安命值此，上格，三方吉化拱照尤貴。
如卯宮安命，无杀次之，加四杀劫空不是。
巨日同宮，官封三代。
寅宮安命值此，无杀空上格，申宮次之，巳亥不為貴，如
巳有日守垣，亥有巨者上格，巳有巨者下格，申有日守
命寅有巨未朝，若有巨者亦上格，貴有日守命。
申有巨未朝，若平常之人。
紫府朝垣，食祿萬鍾。
如寅安命，午戌紫府來朝；申安命，子辰紫府來朝。是為
人君訪臣之象，奇格也。更遇流祿，必然位至公卿。
如七杀在寅申坐命，亦為士說。
如化忌加四杀，平常論。

科權對拱，躍三汲於禹門。
迁移財帛官祿三方拱是也。或命宮有化，科權祿三方守照，兇杀亦然。

日月並明，佐九重於堯殿。
丑宮安命，日巳月酉未朝，為並明，辛乙生人合格。如丙生人主貴，丁生人主富。加杀空忌平常。

府相同來會命宮，全家食祿。
三合照盡，更遇本宮吉多，身命无敗，是為府相朝垣之格。富貴必矣。秘云：府相朝垣格最強，出仕為官大吉昌。

三合明珠生旺地，穩步蟾宮。
未宮安命，卯月亥未朝，為明珠出海，定主財官双美。如辰日守命，戌月對照；戌月守命，辰日對照，亦主極貴。

七殺破軍宜出外。
此二星会身命於陷地，主手藝安身。出外可也。

機月同梁作吏人。
此四星必身命三合，曲全方准，刀筆功名可就。若无四星，三考難成。

紫府日月居旺地，定斷公侯器。
紫午府戌，日卯辰巳，月酉戌亥，文化祿權升。坐守身命是也。如加杀空忌，不是。

日月科祿丑宮中，定是方伯公。
丑未安命，日月化科祿坐守是也。如无吉化，負日月宮，不為美也。秘云：日月丑未命中逢，三方无吉福无常。不还吉化方為衰，方面威權福祿增。

天梁天馬陷，飄蕩無疑。
巳亥申宮安命，值天梁，失陷而天馬同宮。又或臨于火羅空劫，依此斷。

廉貞殺不加，聲名遠播。

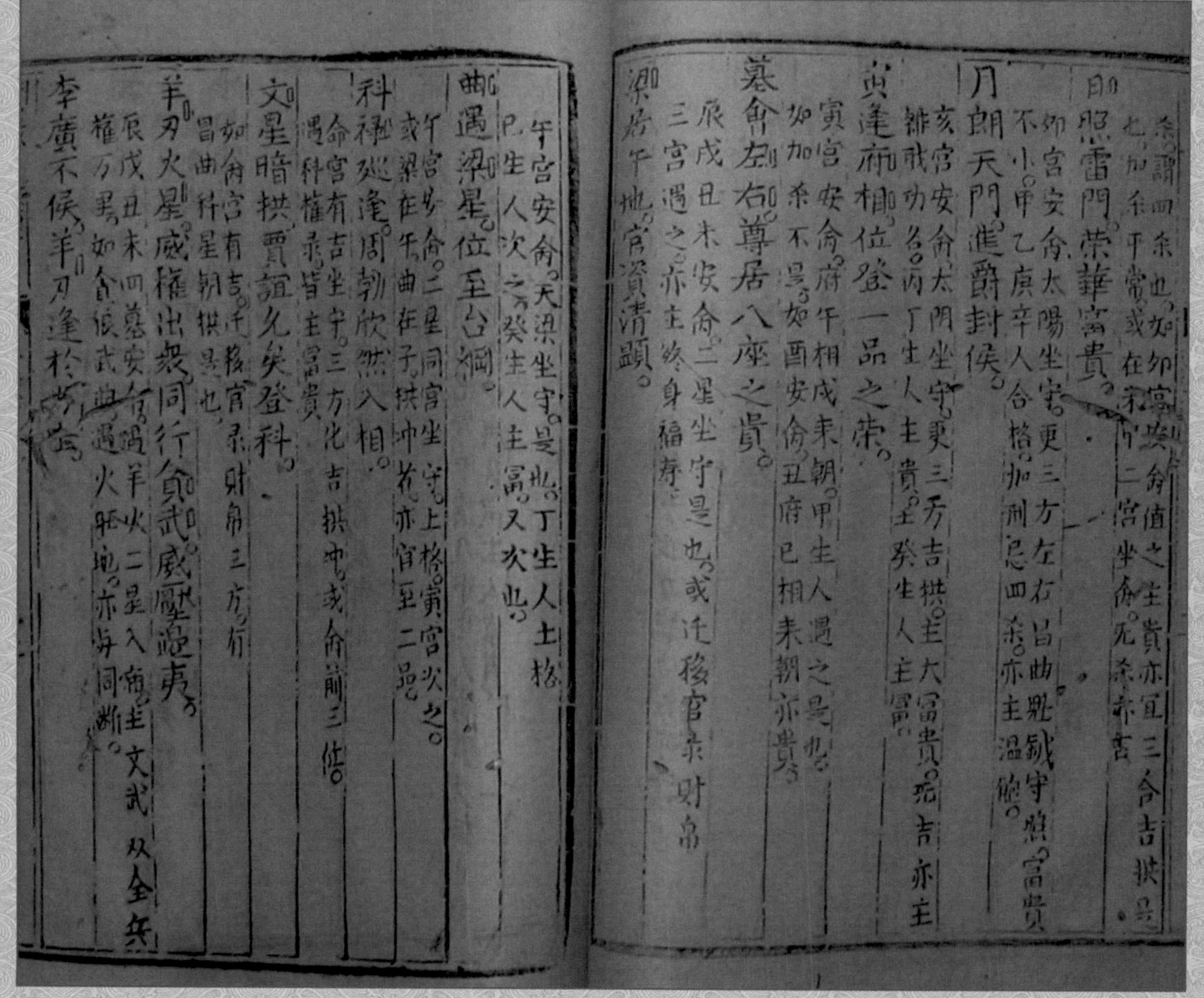

殺。謂四殺也。如卯宮安命值之，主貴，亦宜三合吉拱吴。也。加殺平常。或在寅申二宮坐命，无殺亦吉。

日照雷門，榮華富貴。
卯宮安命，太陽坐守，更三方左右昌曲魁鉞守照，富貴不小。甲乙庚辛人合格。加刑忌四殺，亦主温飽。

月朗天門，進爵封侯。
亥宮安命，太陰坐守，更三方吉拱，主大富貴。殆吉亦主雖我功名。丙丁生人主貴，壬癸生人主富。

貪逢府相，位登一品之榮。
寅宮安命，府午相戌，來朝。甲生人遇之是也。如加殺不是。如酉安命，丑府巳相來朝，亦貴。

墓逢左右，尊居八座之貴。
辰戌丑未安命，二星坐守是也。或遷移官祿財帛三宮遇之，亦主終身福壽。

梁居午地，官資清顯。
午宮安命，天梁坐守是也。丁生人上格，巳生人次之，癸生人主富，又次也。

曲遇梁星，位至台綱。
午宮安命，二星同宮坐守，上格。寅宮次之。或梁在午，曲在子，拱沖者，亦官至二品。

科祿巡逢，周勃欣然入相。
命宮有吉坐守，三方化吉拱沖。或命前三位遇科權祿，皆主富貴。

文星暗拱，賈誼允矣登科。
如命宮有吉，遷移官祿財帛三方，有昌曲科星朝拱是也。

羊刃火星，威權出衆，同行貪武，威壓邊夷。
辰戌丑未四墓安命，遇羊火二星入廟，主文武權万里。如貪狼武曲遇火鈴地，亦與同斷。

李廣不侯，羊刃逢於力士。 从全矣

二星守命雖吉多[illegible]帝之論。
加殺忌凶。女命不富。

顏回夭折，文昌陷於天傷。

如丑生人，安命寅宮，其文昌陷于未宮天傷。
流年又遇殺及羊陀迭併之限，依此斷。

仲由猛烈，廉貞入廟遇將軍。

由立命申宮，此二星坐守是也。

子羽才能，巨宿同梁沖且合。

羽立命申宮，子有同，寅有巨，辰有梁。
又得權祿左右拱沖是也。

寅申最喜同梁會

寅宮安命，值同梁化吉，甲庚及申生人富貴。又加申宮安命，值同梁化吉，甲庚及寅生人富貴。

辰戌應嫌陷巨門

辰戌二宮安命，值巨門失陷，主人作事顛倒。加殺，主爲是非，刑傷不免。更遇惡限尤凶。

祿倒馬倒，忌太歲之合劫空。

如祿馬臨敗絕空亡之地，而太歲流年復會劫地空，主剝雜災悔，發不住財之論。

運衰限衰，喜紫微之解凶惡。

如大小二限不逢吉曜，而身命有紫微守照，則限雖凶，亦主平吉。蓋以身命有主故也。

孤貧多有壽，富貴即夭亡。

如命主星弱，及吐宿子息陷地，亦冗殺祿延壽是也。又如太歲坐命，主星又弱，或財官遷移化吉，歲又行吉限，定主撞發不久，只十年二十年運過，即夭亡也。

吊客喪門，綠珠有墜樓之厄。

大小二限遇前有喪門，後有吊客，及太歲逆凶星，必遭傷墜是也。

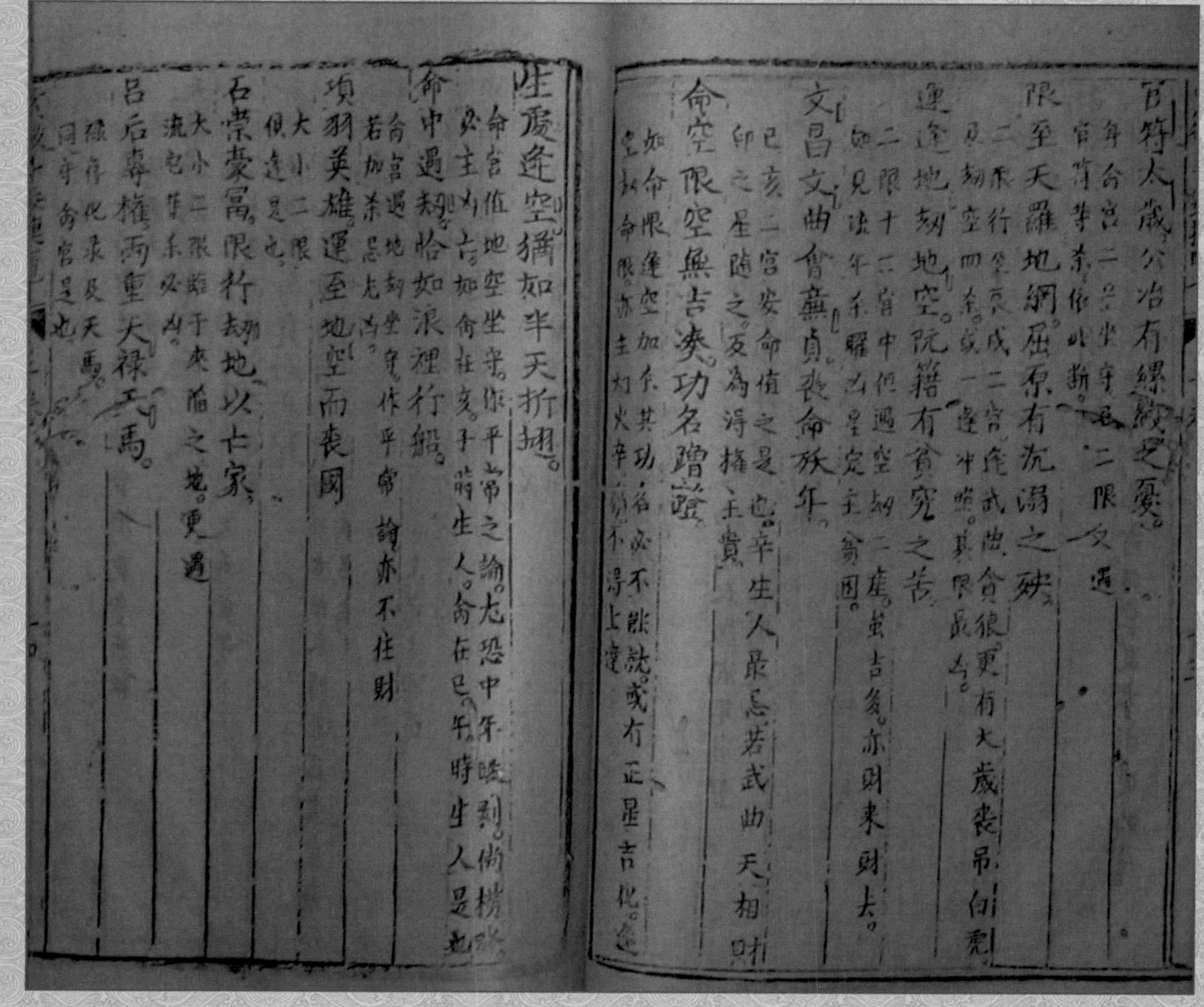

官符太歲，分冶有縲紲之憂。
身命宮二主少守忌，二限交遇。官符等杀，作此斷。

限至天羅地網，屈原有沉溺之殃。
二限行至辰戌二宮，逢武曲貪狼，更有大歲喪吊白虎，又劫空四杀，或一逢冲照，其限最凶。

運逢地劫地空，阮籍有貧窮之苦。
二限十二宮中，但遇空劫二處，凶吉多，亦財來財去。如見諸年杀曜凶星，定主窮困。

文昌文曲會廉貞，喪命夭年。
巳亥二宮安命值之是也。辛生人最忌。若武曲天相財卯之星隨之，反為淂權主貴。

命空限空無吉湊，功名蹭蹬。
如命限逢空加杀，其功名必不能就。或有正星吉化，逢空劫命限，亦主火羊陀，不淂上達。

生逢空，猶如半天折翅。
命宮值地空坐守，作平常之論。尤恐中年吃剋。術楷然必主少吉。如命在亥子，蔚生人；命在巳午，時生人是也。

命中遇劫，恰如浪裡行船。
命宮遇地劫坐守，作平常論，亦不住財。若加杀忌尤凶。

項羽英雄，運至地空而喪國。
大小二限但逢是也。

石崇豪富，限行劫地以亡家。
大小二限臨于亥陷之地，更遇流忌等杀必凶。

呂后專權，兩重天祿天馬。
祿存化祿及天馬同守命宮是也。

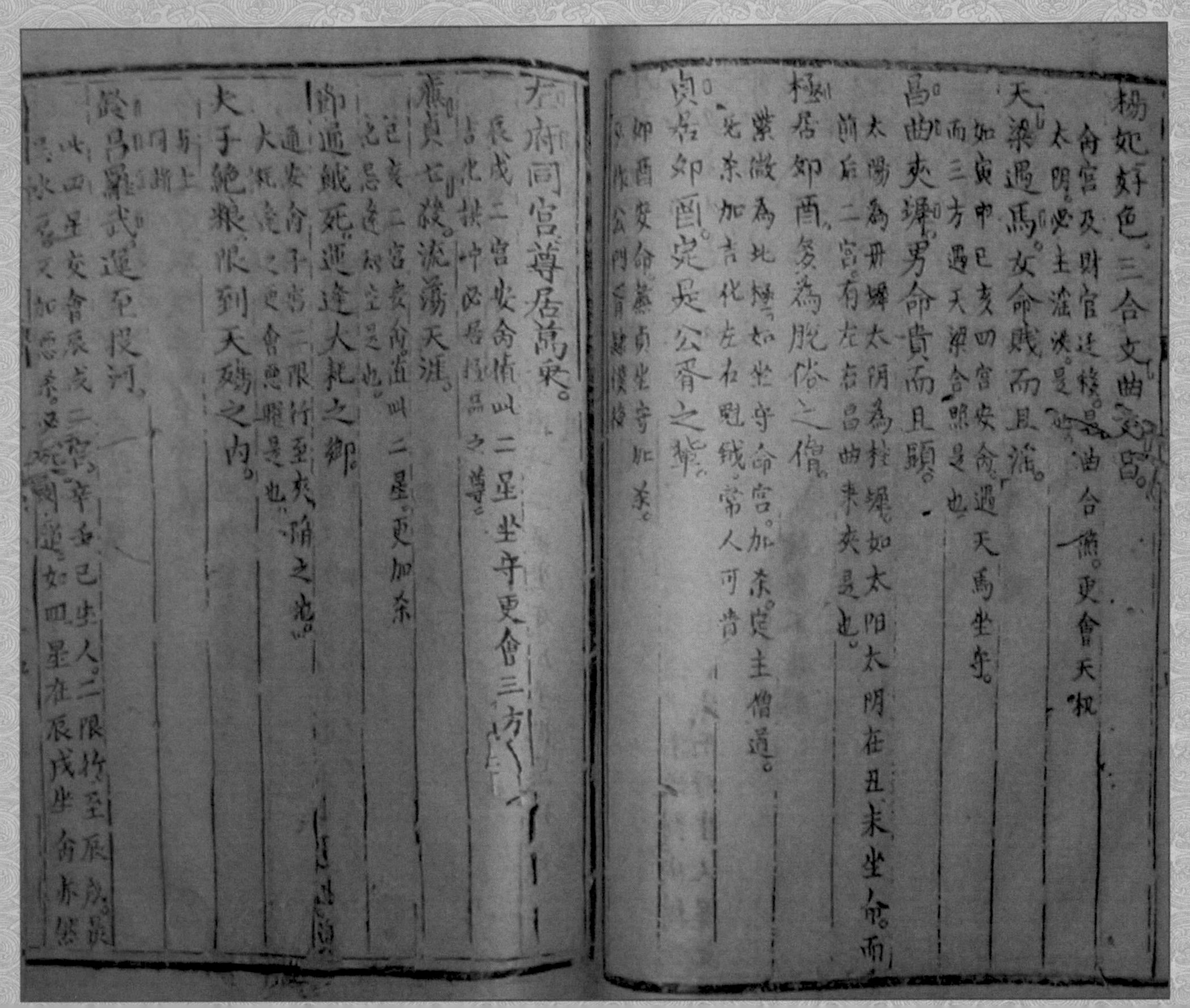

楊妃好色。三合文曲文昌。

天梁遇馬。女命賤而且淫。

昌曲夾墀。男命貴而且顯。

極居卯酉。多為脫俗之僧。

貞居卯酉。定是公胥之輩。

府同宮。尊居萬乘。

廉貞七殺。流蕩天涯。

命遇絕死。運逢大耗之鄉。

天子絕粮。限到天殤之内。

殺居羅武。運至投河。

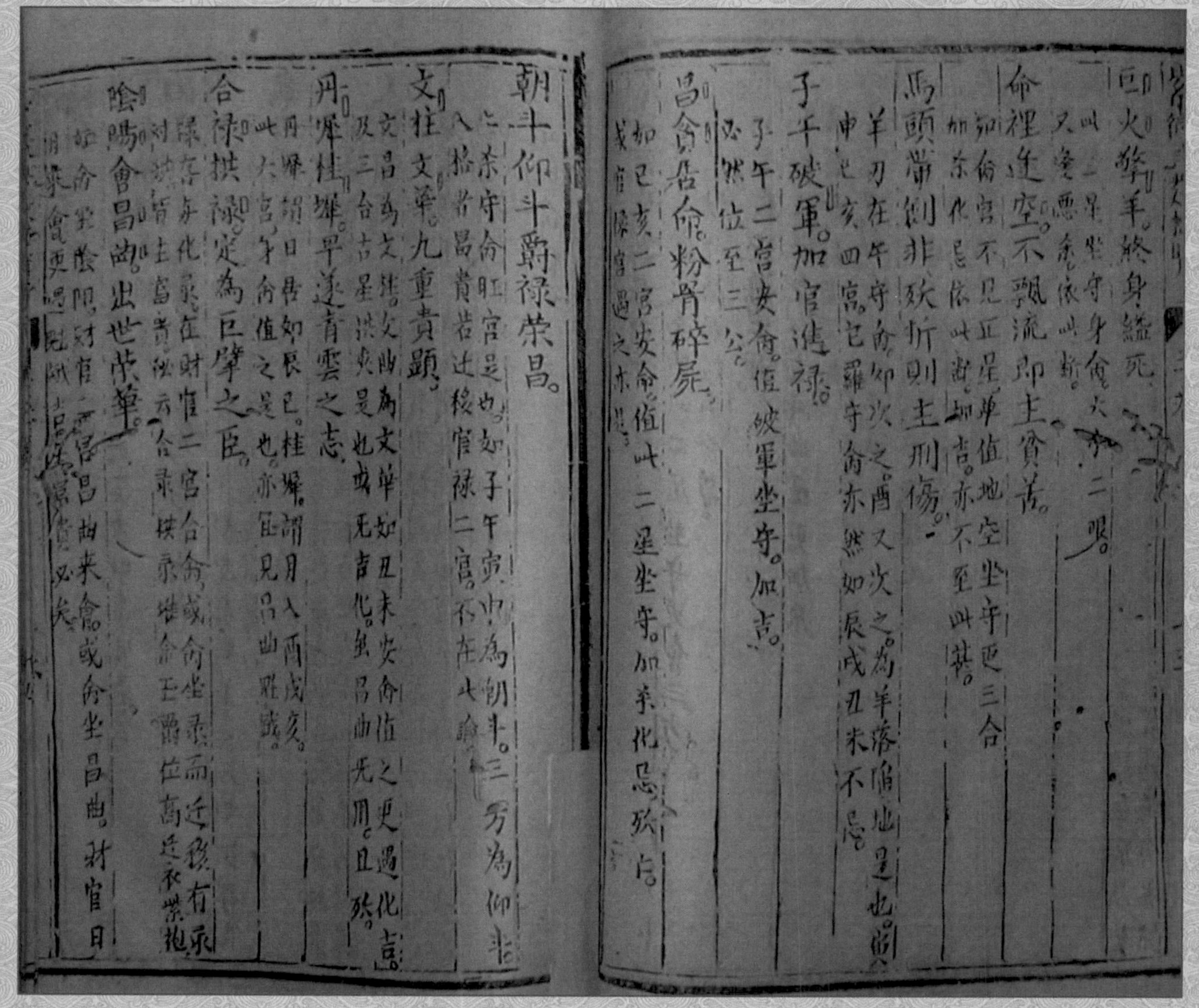

巨火擎羊。終身縊死。
四星坐守身命大小二限。又逢惡系依此斷。

命裡逢空。不飄流即主貧苦。
如命宮不見正星。單值地空坐守。更三合加亦化忌。依此斷。如吉亦不至此甚。

馬頭帶劍。非夭折則主刑傷。
羊刃在午守命。卯次之。酉又次之。為羊落陷地是也。申巳亥四宮。陀羅守命亦然。如辰戌丑未不忌。

子午破軍。加官進祿。
子午二宮安命。值破軍坐守。加吉。必然位至三公。

昌曲居命。粉骨碎屍。
如巳亥二宮安命。值此二星坐守。加羊化忌殃亡。或有傷官過之亦是。

朝斗仰斗。爵祿榮昌。
七殺守命旺宮是也。如子午寅申為朝斗。三方為仰斗。入格者富貴。若逢殺官祿二宮不在大殺。

文桂文華。九重貴顯。
文昌為文桂。文曲為文華。如丑未安命值之。更遇化吉。及三合吉星拱夾是也。或無吉化。雖昌曲無用。且殃。

丹墀桂墀。早遂青雲之志。
丹墀謂日。居如辰巳。桂墀謂月。入酉戌亥。此六宮守命值之是也。亦見昌曲雖盛。

合祿拱祿。定為巨擘之臣。
祿存與化祿在財官二宮合命。或命坐祿而遷移有祿。謂之拱祿。皆主富貴。祿亦合祿拱祿命垣位高遷衣紫袍。

陰陽會昌曲。出世榮華。
如命坐陰陽。財官二宮昌曲來會。或命坐昌曲。財官日月。更遇此亦昌曲來會。必矣。

輔弼遇財官。衣緋着紫。

如命身有正星化吉。迎三方財帛官祿宮。有輔弼來朝是也。

巨梁相會廉貞并。合祿鴛鴦一世榮。

巨梁廉貞四星身命三合相逢爲也。並吉。又如祿存化祿居夫妻宮有祿來合。亦主富貴。

武曲閑宮多手藝。貪狼陷地作屠人。

武曲巳亥守命加不若手藝安身。命貪狼巳亥守命加殺必作屠牛宰馬之人。或貪貞巳亥。加殺化忌者殀壽。

天祿朝垣。身榮富貴。

如甲生人立命寅宮。甲祿到寅守命。亦作祿朝垣格。又如庚在申。乙在卯。辛在酉。此四位祿守命宮。俱依此斷。加殺化忌。平常。其余丙戊丁己壬癸生人在巳亥子午四宮。不爲祿朝垣也。

魁星臨命。位列三台。

如午宮安命紫微坐守。遇文昌魁鉞同宮。丁生人奇格。

武曲居乾戌亥上。最怕太陰逢貪狼。

武曲在戌亥守命。三方見太陰貪狼化忌加殺。不爲奇也。定主少年不利。或有貪火申破。主貴者。甲己壬人合格。

化祿還爲好。休向墓中藏。

如武曲太陰貪狼化祿守照命宮。更加吉曜。亦富貴。但辰戌丑未四宮。雖化吉無用。

子午巨門。石中隱玉。

子午二宮安命值巨門坐守。更得寅戌申辰科權合照。富貴必矣。經云。巨門子午科權照。官資清顯位三公。

明祿暗祿。錦上添花。

如甲生人立命亥宮。得化祿坐守。又得寅祿來合。蓋寅與亥合之謂也。如前科明祿暗格同斷。

紫微辰戌遇破軍。富而不貴有虛名。

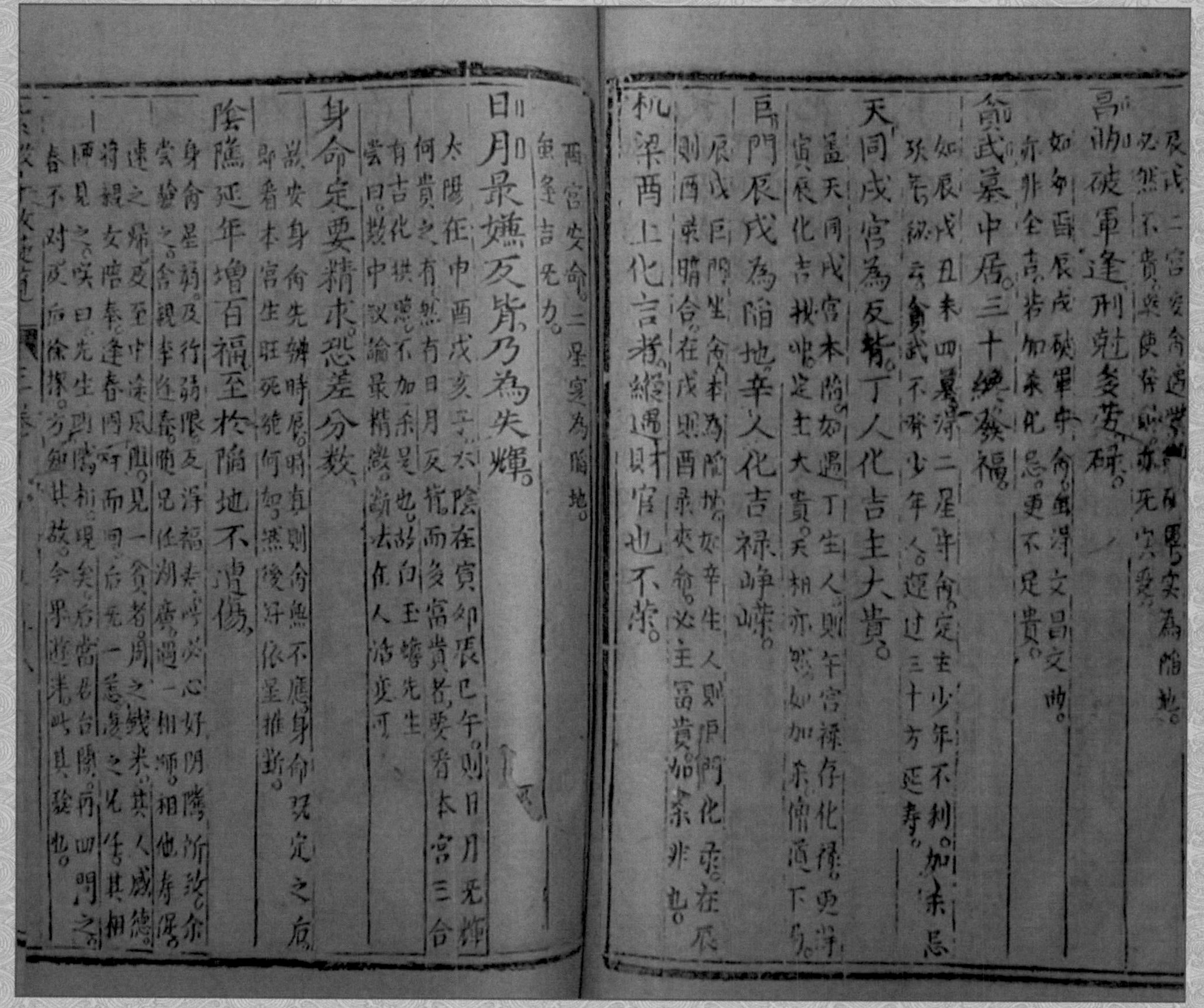

辰戌二宮安命遇紫破，實為陷地。
必然不貴，縱使存祿，亦死窮夭。

昌曲破軍逢，刑剋多勞碌。
如命臨辰戌破軍中，命無得文昌文曲，
亦非全吉，若加殺化忌，更不足貴。

貪武墓中居，三十纔發福。
如辰戌丑未四墓得二星守命，定主少年不利，加殺忌
殊吉。訣云：貪武不發少年人，運過三十方延壽。

天同戌宮為反背，丁人化吉主大貴。
蓋天同戌宮本陷，如遇丁生人，則午宮祿存化權，更得
寅辰化吉拱照，定主大貴。天相亦然，如加殺，僧道下局。

巨門辰戌為陷地，辛人化吉祿崢嶸。
辰戌巨門坐命，本為陷地，如辛生人，則巨門化祿，在辰
則酉來暗合，在戌則酉祿夾命，必主富貴，如命系非也。

機梁酉上化吉者，縱遇財官也不榮。
酉宮安命，二星實為陷地。
雖逢吉無力。

日月最嫌反背，乃為失輝。
太陽在申酉戌亥子，太陰在寅卯辰巳午，則日月無輝，
何貴之有？然有日月反背而多富貴者，要看本宮三合
有吉化拱照，不加殺是也。故白玉蟾先生
嘗曰：數中議論最精微，斷法在人活變可。

身命定要精求，恐差分數。
凡安身命先辨時辰，時真則命無不應，身命既定之
後，即看本宮生旺死絕何如，然後好依星推斷。

陰騭延年增百福，至於陷地不遭傷。
身命星弱，及行弱限，反得福壽，此必好陰騭所致。余
嘗驗之，舍親李逢春，晚見任湖廣，遇一相師，相他壽僅
逮之歸，及至中途，風阻，見一貧者，周之錢米，其人感德，
將親女陪奉，逢春因而回，后見一慈長之兄，告其相
師，見之，笑曰：先生此陰騭相現矣，后當居台閣，而四門之
春不對，及后除擇，方知其故，今界遊此其發驗也。

命实運堅，稿苗得雨。命衰限弱，嫩草遭霜。

如命坐臨地，却有四吉拱，亦為福論。又如命坐陷地，運逢惡殺，必主災悔。若夫命实運堅，其福不必言矣。

論命必推星善惡。巨破擎羊性必剛。

此三星守命，若居陷地，不但性剛已也，定主昏弱是非，加殺殘傷破敗。

府相同梁性必好。火大劫空貪性不常。

府机同梁皆為斗絕陽中正之星，身命值之，必得中和之性。若貪狼遇火，固當富貴，但空劫臨之，則依此斷。

昌曲祿机清秀巧。陰陽左右最慈祥。

昌曲祿机守命，不加四殺，主人磊落英華，聰明秀麗，亦當富貴。如明明左右守命，不加殺，主人貌清奇，秉變量寬洪，富貴之論。

武破廉貪沖合凶。全同羊陀七殺相維互見則傷。

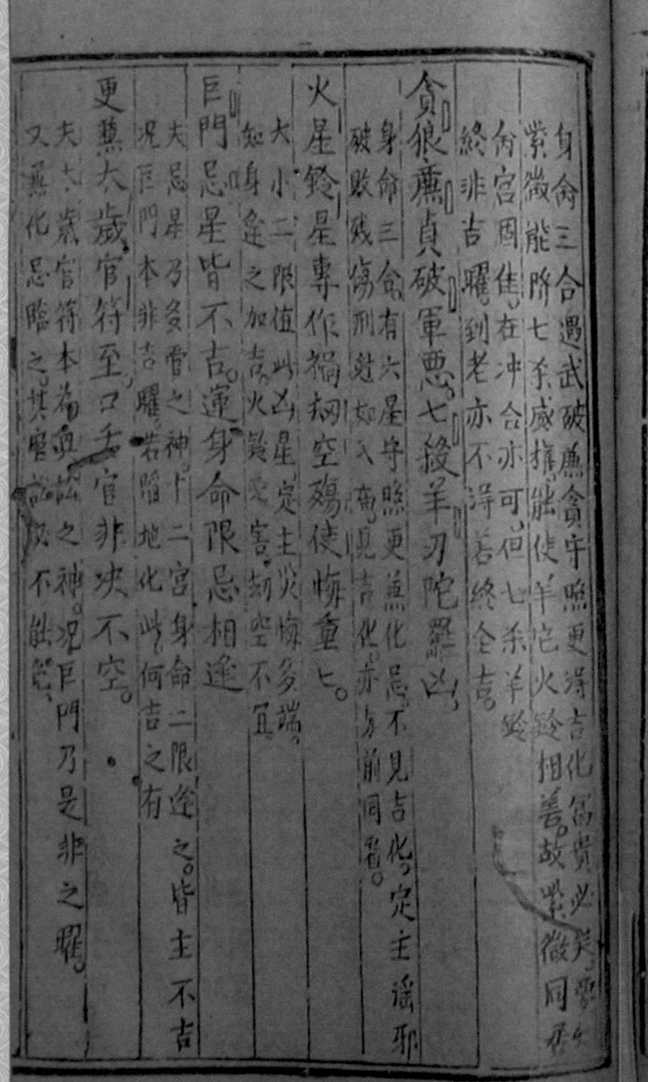

身命三合遇武破廉貪守照，更得吉化，富貴必矣。蓋紫微能解七殺威權，能使羊陀火鈴相善，故紫微同垣，命宮固佳。在沖合亦可，但七殺羊陀終非吉曜，到老亦不得善終全吉。

貪狼廉貞破軍惡。七殺羊刃陀羅凶。

身命三合有六星守照，更無化忌，不見吉化，定主遙耶。破敗殘傷刑剋，如入廟見吉化，亦与前同看。

火星鈴星專作禍。劫空殤使悔重七。

大小二限值此凶星，定主災悔多端。如身命逢之，加忌火鈴災害，劫空不宜。

巨門忌星皆不吉。運身命限忌相逢。

夫忌星乃多管之神，十二宮身命二限逢之，皆主不吉。況巨門本非吉曜，若臨地化此，何吉之有。

更兼大歲官符至。口舌官非決不空。

夫大歲官符本為虛訟之神。況巨門乃是非之曜，又兼化忌臨之，其害訟必不能免。

弔客喪門又相遇，官符災疾兩相攻。

夫弔客喪門本主刑孝，但不逢七殺羊刃，猶或可免。若災疾則必有也，況忌星尤最生疾。

七殺守身終壽夭，貪狼入命必為娼。

七殺守身命臨地加凶，依此斷。如貪狼守命，雖不加殺，或在三合照臨，亦男女皆主淫泆。如加殺臨地，則男主飄蕩，女主淫亂。秋云貪狼三合相臨照也，孕囍即去竊香。

心好命微亦主壽，心毒命固亦殀亡。

二句即前明德之說，下句乃上句反看便見。如孔明燒藤甲軍乃減紀年之壽是也。

今人命有千金貴，運去之時豈久長。數內包藏多少理，學者須當仔細詳。

（一）女命骨髓賦註解

府相之星女命纏，必當子貴與夫賢。

午宮安命，二星坐守，甲生人合格。子宮安命，二星坐守，巳生人合格。申宮安命，二星坐守，庚生人合格。必作命婦，榮膺封誥是也。

廉貞清白能相守，更有天同理亦然。

此星未宮坐命，甲生人合格。申宮坐命，癸生人合格。寅宮坐命，己生人合格，俱為上局。

此星寅宮坐命，甲生人合格。卯宮坐命，甲子生人合格。戌宮坐命，丁生人合格。巳坐命，丙辛人；亥坐命，丙午生人，俱合格，主富貴。

端正紫微太陽星，早遇賢夫性可憑。

子巳亥三宮安命，二星坐守，不加殺，主富貴。

太陽寅到午，遇吉然是福。

午宮安命，太陽坐守，定主富貴。陷地平常。

左輔天魁為福壽，右弼天相福來臨。

四星諸宮得地，如身命值此坐守，定主福壽榮昌。

祿存重厚多衣食，府相朝垣命必榮。

祿存諸宮守命並吉。紫府武相三合守照，不貴即富。惟寅在申，申在寅，為朝垣之格。甲庚生人上局，辛乙生人次之。如丙戊丁巳壬癸生人遇巳亥子午安命不吉。

紫府巳亥相互輔，左右扶持福必生。

巳亥二宮安命，遇紫府左右守照沖參。更兼化吉星多，富貴必矣。

巨門天机為破蕩

寅卯申宮安命，巨机逢之。發為旺地，然終福不全美。或富貴，不免私情。如落陷地，下賤夭折。

天梁月曜女命貧

巳亥安命，天梁值之。寅辰安命，太陰值之。終使真正，衣食不遂。如陷地主下賤。

擎羊火星為下賤

此星守命旺宮，此可。但刑尅不免耳。如居陷地加杀，主下賤，不然則夭。

文昌文曲福不生

此二星宜男不宜女。

武曲之宿為寡宿

此星宜男不宜女。如值太陰得令，三方吉拱，可為女將。如陷地遇昌曲加杀主孤。

破軍一曜性難明

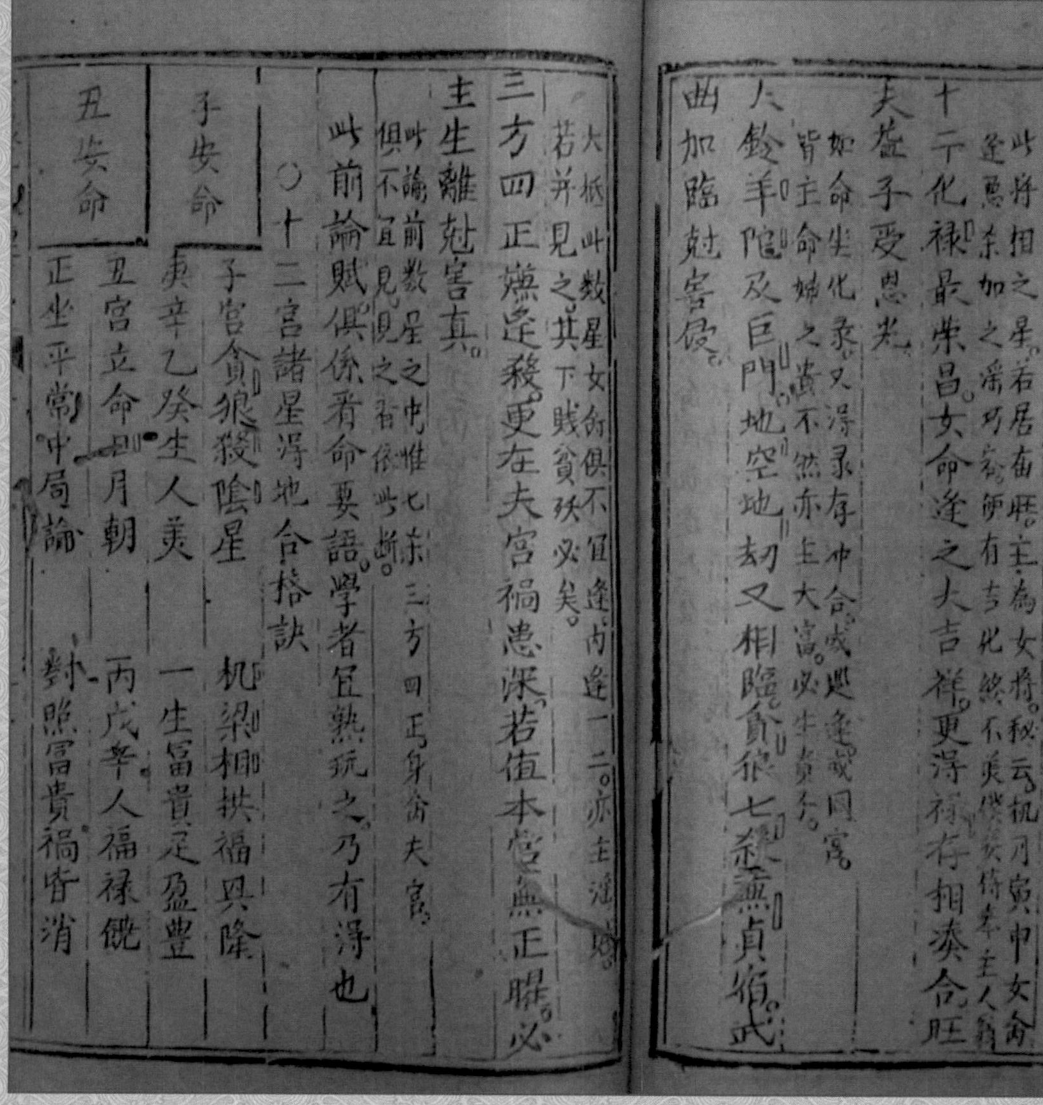

此狀娼泆之星，女人不宜，加四煞，必因奸謀夫
因奸害子。不然，則為下賤娼妓可也。

貪狼內狠多孤曜，
此名花花乃好之星，不容妾婢，心有嫉妒，因
奸謀夫害子，縱不至此之甚，其淫泆最驗。

七殺沉吟福不生。
此將相之星，若居旺主，為女將。秘云：机月寅申女命
逢惡亦加之淫巧，命中有吉化，終不美，僕從侍奉主人翁。

十干化祿最榮昌，女命逢之大吉祥，更得祿存相湊合，旺
如命坐化祿，又得祿存沖合，或照，逢或同宮，
皆主命婦之貴，不然亦主大富，必生貴子。

夫蔭子受恩光。

大鈴羊陀及巨門，地空地刼又相臨，貪狼七殺廉貞宿，武
曲加臨尅害侵。

大抵此數星，女命俱不宜逢，內逢一二，亦主淫賤；
若并見之，其下賤貧夭必矣。

三方四正嫌逢殺，更在夫宮禍患深，若值本宮無正曜，必
主生離尅害真。
此論前數星之中，惟七殺三方四正身命夫宮
俱不宜見，見之否依此斷。

此前論賦，俱係看命要語，學者宜熟玩之，乃有得也。

〇十二宮諸星得地合格訣

子安命
子宮貪狼殺陰星　机梁相拱福興隆
庚辛乙癸生人美　一生富貴足盈豐

丑安命
丑宮立命日月朝　丙戊辛人福祿饒
正坐平常中局論　對照富貴福皆消

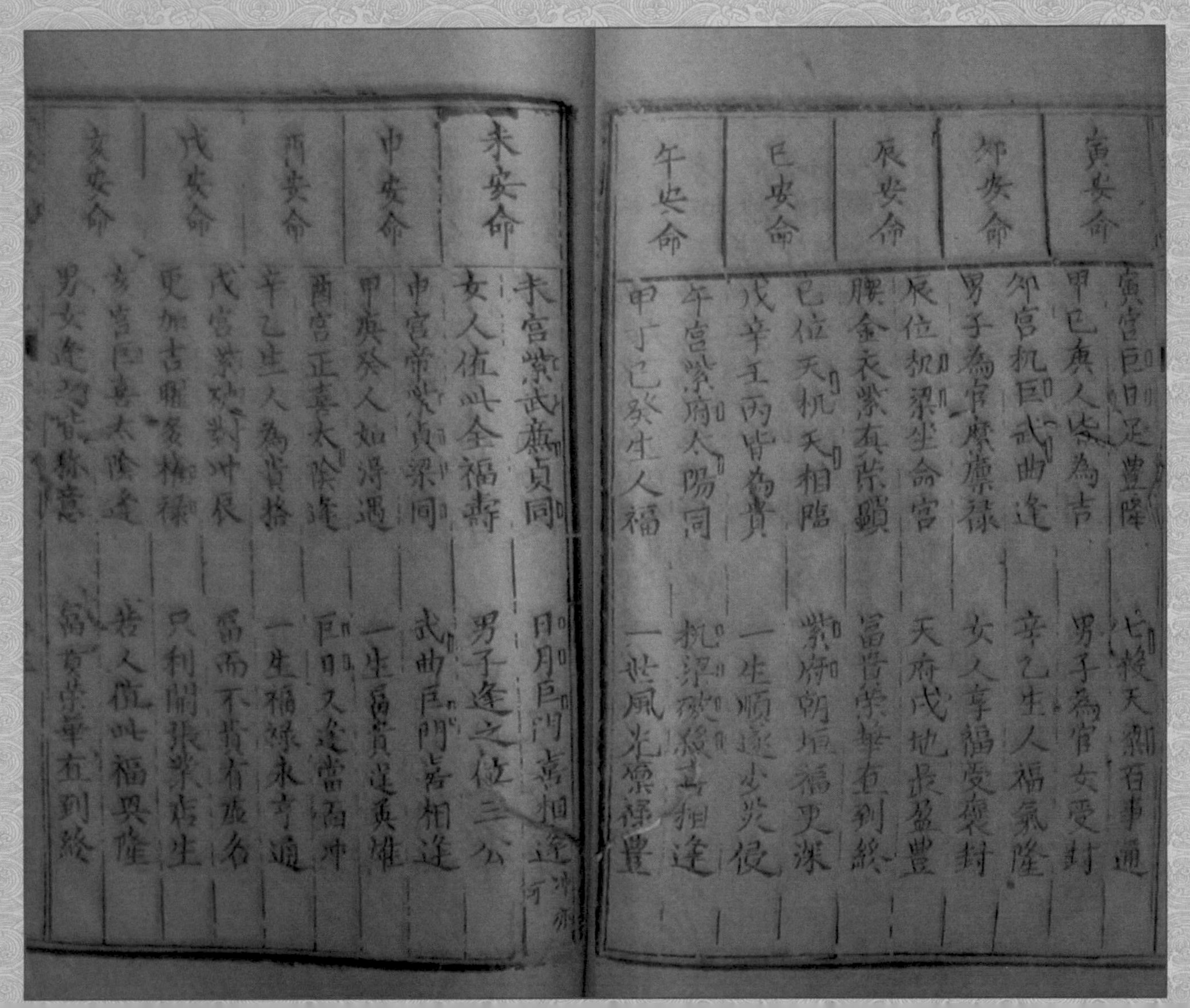

寅安命
寅宮巨日足豐隆　七殺天梁百事通
甲巳庚人皆為吉　男子為官女受封

卯安命
卯宮机巨武曲逢　辛乙生人福氣隆
男子為官爵廪祿　女人享福受褒封

辰安命
辰位机梁坐命宮　天府戊地最盈豐
腰金衣紫有聲顯　富貴榮華在到終

巳安命
巳位天机天相臨　紫府朝垣福更深
戊辛壬丙皆為貴　一生順遂少災侵

午安命
午宮紫府太陽同　机梁殺終喜相逢
甲丁巳癸生人福　一世風光禀祿豐

未安命
未宮紫武廉貞同　日月巨門喜相逢
女人值此全福壽　男子逢之位三公

申安命
申宮帝殺貞梁同　武曲巨門喜相逢
甲庚癸人如得遇　一生富貴達真雄

酉安命
酉宮正喜太陰逢　巨門又逢當殆冲
辛乙生人為貴格　一生福祿永亨通

戌安命
戌宮紫破對冲佷　富而不貴有虛名
更加吉曜多權祿　只利關張業苦生

亥安命
亥宮巨喜太陰逢　若人值此福興隆
男女逢之皆稱意　富貴榮華在到終

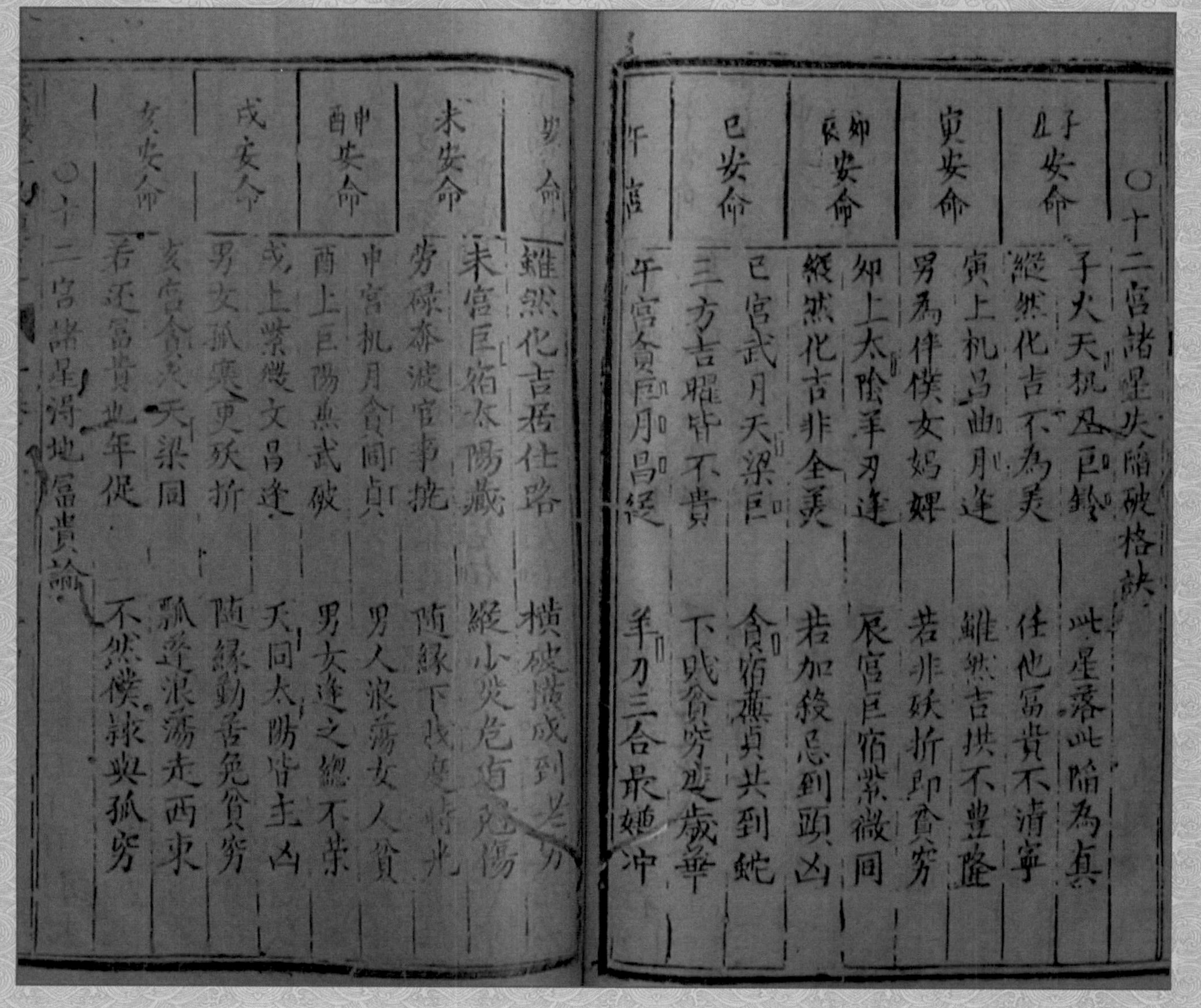

〇十二宮諸星失陷破格訣

子丑安命

子火天机巫巨鈴　此星落此陷為真
縱然化吉不為美　任他富貴不清寧

寅安命

寅上机昌曲刑逢　雖然吉拱不豐隆
男為伴僕女娼婢　若非夭折即貧窮

卯辰安命

卯上太陰羊刃逢　辰宮巨宿紫微同
縱然化吉非全美　若加殺忌到頭凶

巳安命

巳宮武月天梁巨　貪宿廉貞共到蛇
三方吉曜皆不貴　下賤貧窮逆歲華

午宮

午宮貪巨月昌經　羊刃三合最嫌沖

…命

雖然化吉居仕路　横破横成到老刀

未安命

未宮巨宿太陽藏　縱小災危迫兇傷
勞祿奔濺官事挠　隨緣下賤是時光

申酉安命

申宮机月貪同貞　男人浪蕩女人貧
酉上巨陽燕武破　男女逢之總不榮

戌安命

戌上紫微文昌逢　天同太陽皆主凶
男女孤寒更夭折　隨緣勤苦免貧窮

亥安命

亥宮貪武天梁同　飄蓬浪蕩走西東
若还富貴也年促　不然僕隸與孤窮

〇十二宮諸星得地富貴論

子宮得地太陰星。陰破昌貪文曲明。丑未紫破朝日月。未貞梁丑。福非輕寅。宮最喜逢陽巳。七殺天同梁文清卯上巨機為貴格武曲守卯福豐盈辰。戌。機梁非小補戌。宮天府累千金巳。亥。天機天相貴午。破紫府殺俱榮申。中宮貞巨陰殺天酉。戌。亥。上太陰倚卯。辰。巳。午陽正照紫府破宿巳。亥。與亥宮天府天梁吉子。宮機宿亦中平。七殺子午逢左右文曲加之格最清巽坐中宮逢輔弼更兼化吉福尤異武昌巳亥。逢六甲財邊庭貪狼居卯酉。遇火作公卿天機坐卯貴寅月六丁榮巨卯逢左右六乙立邊庭巨坐寅申。位偏宜甲庚生二宮逢七殺左右會昌星辰戌遇三宿必

主位公卿

○十二宮諸星失陷貧賤論

辰未巨機為下格寅申機月福須輕卯酉不喜逢羊刃巳戌紫破最為貧巳亥同梁貪貞陷午宮陰酉不堪誇申宮貪武為下局酉逢機巨日無光卯辰巳午逢陰宿戌亥逢陽亦不榮貪殺巳亥居陷地破軍卯酉不為清加殺遇劫為奸盜此係刑耶不必論貪狼化祿居四墓雖然遇吉亦中平命逢弱地休逢忌空劫擎羊加火鈴若非夭折主下賤六畜之命不可逃旺地發福終逃大陷地帥嫌到底傾二論不過五百字富貴貧賤別得明

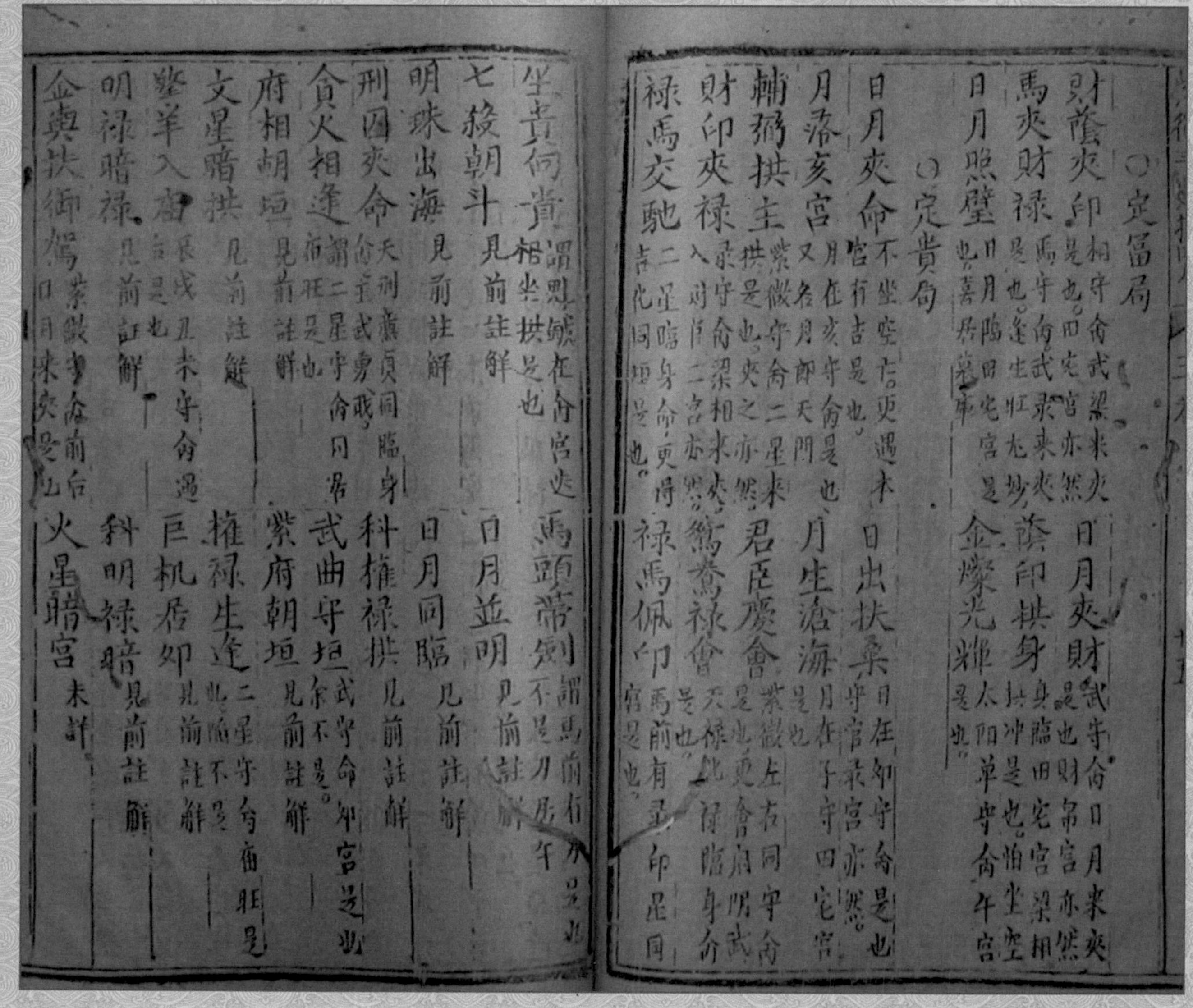

○定富局

財蔭夾印 相守命武梁來夾是也。田宅宮亦然

馬夾財祿 馬守命武祿來夾是也。遂生旺尤妙

日月照璧 日月臨田宅宮是也。喜居墓庫

日月夾財 武守命日月來夾是也財帛宮亦然

蔭印拱身 身臨田宅宮梁相拱冲是也。怕坐空

金燦光輝 太陽單守命午宮是也。

○定貴局

日月夾命 不坐空亡更遇本宮有吉是也。

月落亥宮 月在亥守命是也。又名月朗天門

輔弼拱主 紫微守命二星來拱是也。夾之亦然

財印夾祿 祿守命梁相來夾是也。入財帛二宮亦然

祿馬交馳 二星臨身命更得吉化同垣是也。

日出扶桑 日在卯守命是也守官祿宮亦然。

月生滄海 月在子守田宅宮是也

君臣慶會 紫微左右同守命是也。更會府相武

鴛鴦祿會 天祿化祿臨身命是也。

祿馬佩印 馬前有祿印居同宮是也。

坐貴向貴 謂魁鉞在命宮遷相坐拱是也

七殺朝斗 見前註解

明珠出海 見前註解

刑囚夾命 天刑廉貞同臨身命宮武曲破軍

貪火相逢 謂二星守命同宮

府相朝垣 見前註解命旺是也

文星暗拱 見前註解

鑾羊入廟 辰戌丑未守命遇吉是也

明祿暗祿 見前註解

金輿扶御駕 紫微守命前后日月來夾是也

馬頭帶劍 謂馬前有刃不是刃居午是也

日月並明 見前註解

日月同臨 見前註解

科權祿拱 見前註解

武曲守垣 武守命卯宮是也余不是。

紫府朝垣 見前註解

權祿生逢 二星守命廟旺是也臨不是

巨机居卯 見前註解

科明祿暗 見前註解

火星暗宮 未詳

○定貧賤局

生不逢時 命坐空亡逢廉貞是也。 祿逢兩殺 祿坐空亡又逢空劫二星是也。

馬落空亡 馬臨空亡亦忌冲無用主一世奔馳。 日月藏輝 日月反背又逢巨暗是也。

財與囚仇 武廉同守身命是也。 一生孤貧 謂破守命居陷地是也。

君子在野 謂四殺亦貪刑忌會而吉臨陷地是也。 兩重華蓋 謂祿存化祿坐命遇空劫是也。

○定雜局

吉凶相半 命有正星限吉則發限衰不發是也。 枯木逢春 謂命衰限好是也

步數無依 前限接后限。遠綿不介是也。 水上架屋 是也。一年好一年不好

祿衰馬困 限逢七殺承馬空亡是也。 衣錦還鄉 少年不遂四十后行旺運是也。

風雲際會 身命強二限祿馬相會是也。 錦上添花 謂限皆要星而行吉地不斷是也。

公卿文官武官甲科吏

○定富貴貧賤一十四等訣

輔弼二星臨帝座　若居身命定為官
不坐空亡無破敗　官高二品入朝端
文昌文曲足朱衣　身命官宮喜見之
更遇紫微同府相　官居台省顯光輝
定人武職細推詳　帝座臨權在祿鄉 即官祿宮也
左右二星皆拱照　即是金吾上將郎
命宮三合及遊行　不陷科名始吉亨
身命祿隨科甲第 即昌曲星　斷然金榜占魁名
陰陽化貴在強宮　要見光輝始不凶

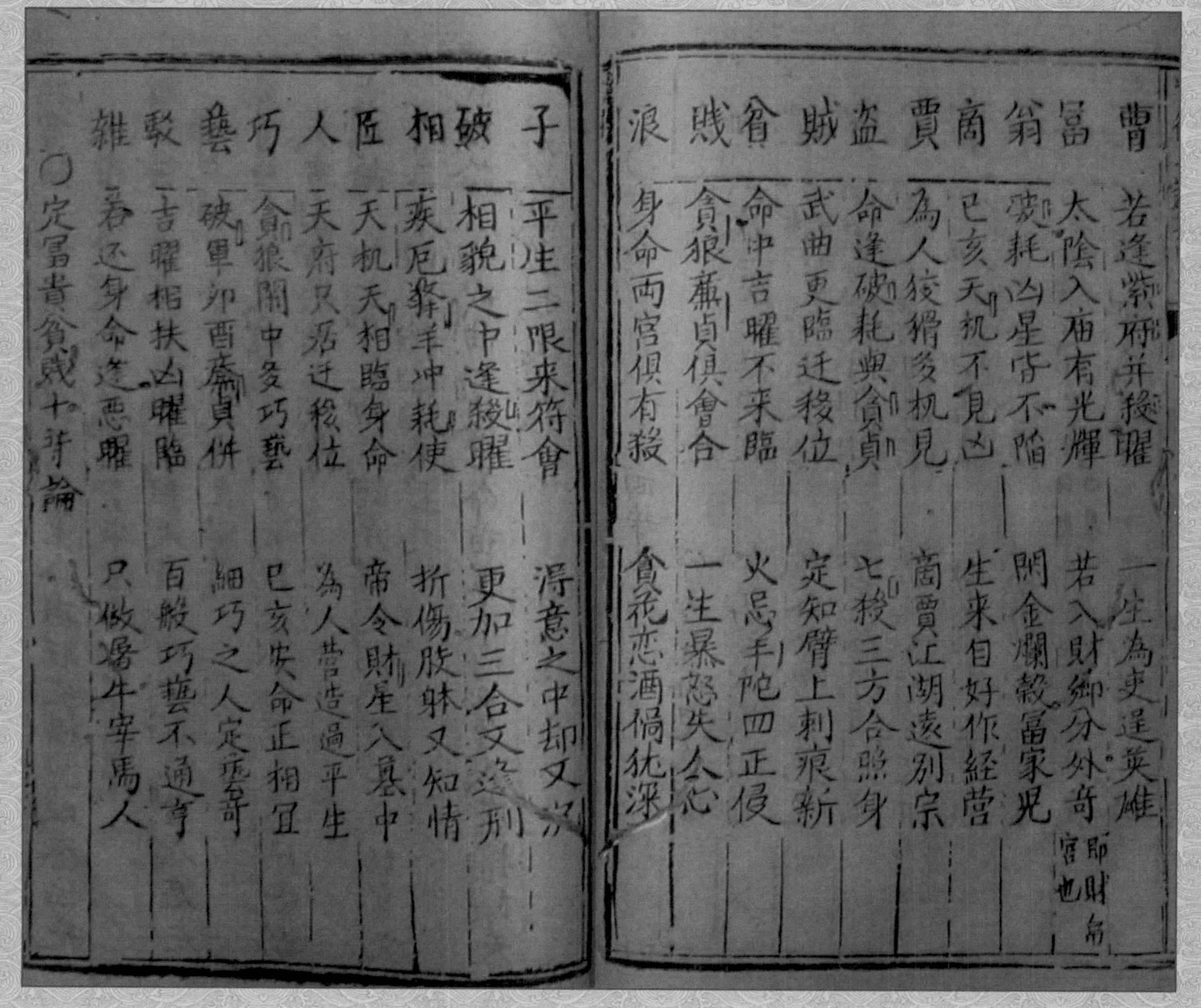

曹　若逢紫府并殺曜　一生為吏逞英雄

富　太陰入廟有光輝　若入財鄉分外奇（即財帛宮也）

翁　破耗凶星皆不陷　門金爛穀富家兒

商　巳亥天機不見凶　生來自好作經營

賈　為人狡猾多機見　商賈江湖遠別宗

盜　命逢破耗與貪貞　七殺三方合照身

賊　武曲更臨遷移位　定知臂上刺痕新

倉　命中吉曜不來臨　火忌羊陀四正侵

賤　貪狼廉貞俱會合　一生暴怒失公心

浪　身命兩宮俱有殺　貪花戀酒偏耽深

子　平生二限來符會　得意之中却又泣

破　相貌之中逢殺曜　更加三合又逢刑

相　疾厄擎羊沖耗使　折傷肢躰又知情

匠　天機天相臨身命　帝令財星入墓中

人　天府又居遷移位　為人營造過平生

巧　貪狼閑中多巧藝　巳亥安命正相宜

藝　破軍卯酉廉貞併　細巧之人定甚奇

穀　吉曜相扶凶曜臨　百般巧藝不通亨

雜　若逐身命逢惡曜　只做屠牛宰馬人

○定富貴貧賤十等論

福壽論　如南人天同天梁坐命廟旺主福壽双全如北人帝座紫微武曲破軍貪狼坐命旺宮主壽

聰明論　如文昌文曲天相天府武曲破軍三台八座左輔右弼三合守照拱冲主聰明

威勇論　如武曲文昌羊刃七殺坐命廟宮得權祿紫微天府左右拱照主威勇

文職論　如文昌文曲左輔右弼天魁天鉞坐命旺宮又得三方四正科權祿拱主文職

武職論　如武曲七殺坐命廟宮文得三台八座權祿天魁天鉞並拱主武職

刑名論　如羊刃陀羅火鈴武曲破軍帶殺加者參合方四正無凶不陷主刑名

品貴論　如紫微天府天相祿權科太陰太陽文昌文曲左輔右弼天魁天鉞守照拱冲主大富貴

貧賤論　如羊刃陀羅廉貞七殺武曲破軍地空地劫忌星三方四正守照拱冲諸凶併犯陷地主貧賤

疾夭論　如貪狼廉貞羊刃陀羅地空地劫火鈴忌星三合守照主疾夭或臨疾厄相貌宮亦然

僧道論　如天机天梁七殺破軍地空空亡來犯帝座紫微星者主為僧道

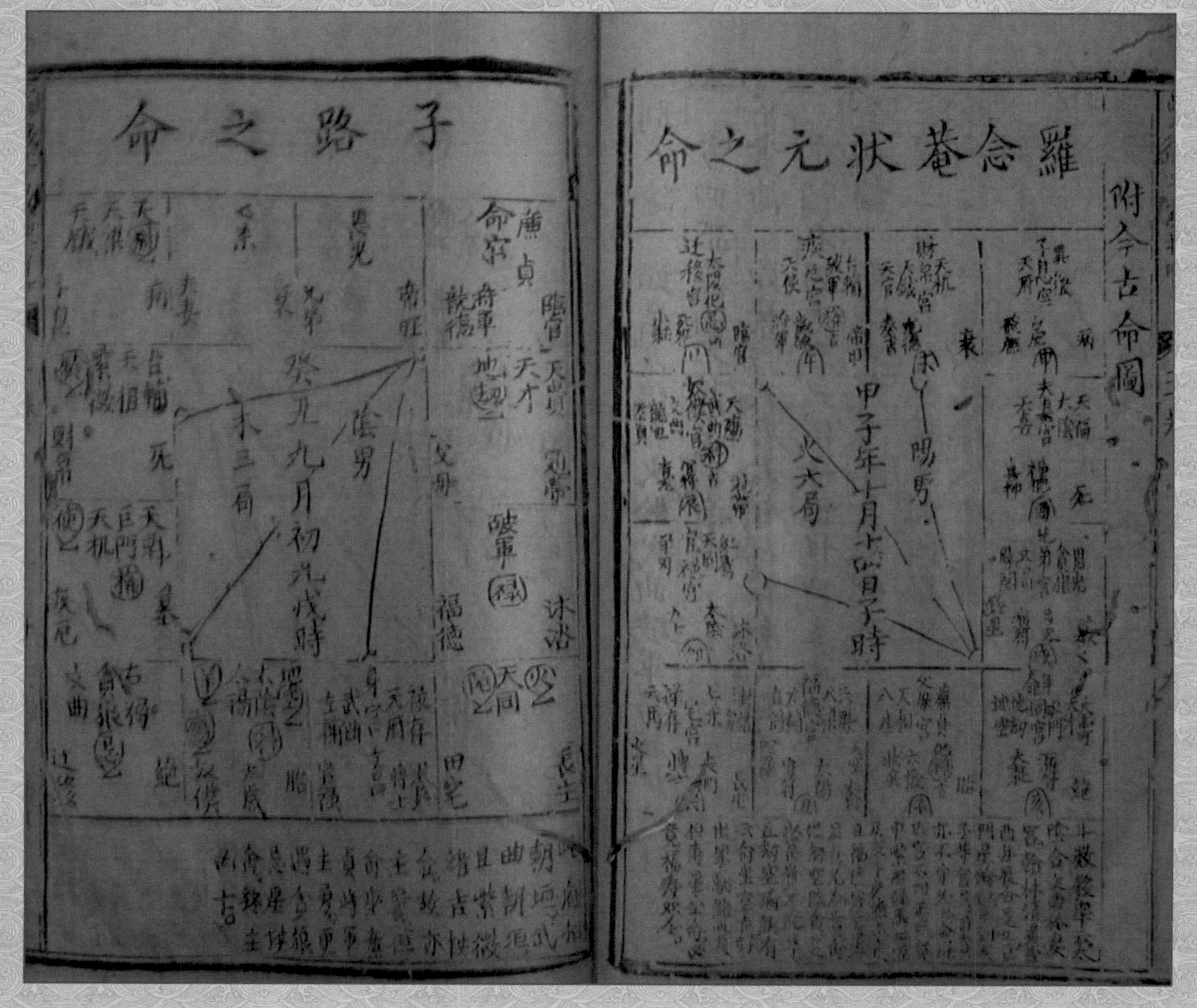
附今古命圖
羅念菴狀元之命
甲子年十月十四日子時
陽男
火六局
子路之命
癸丑九月初九戌時
陰男
木三局

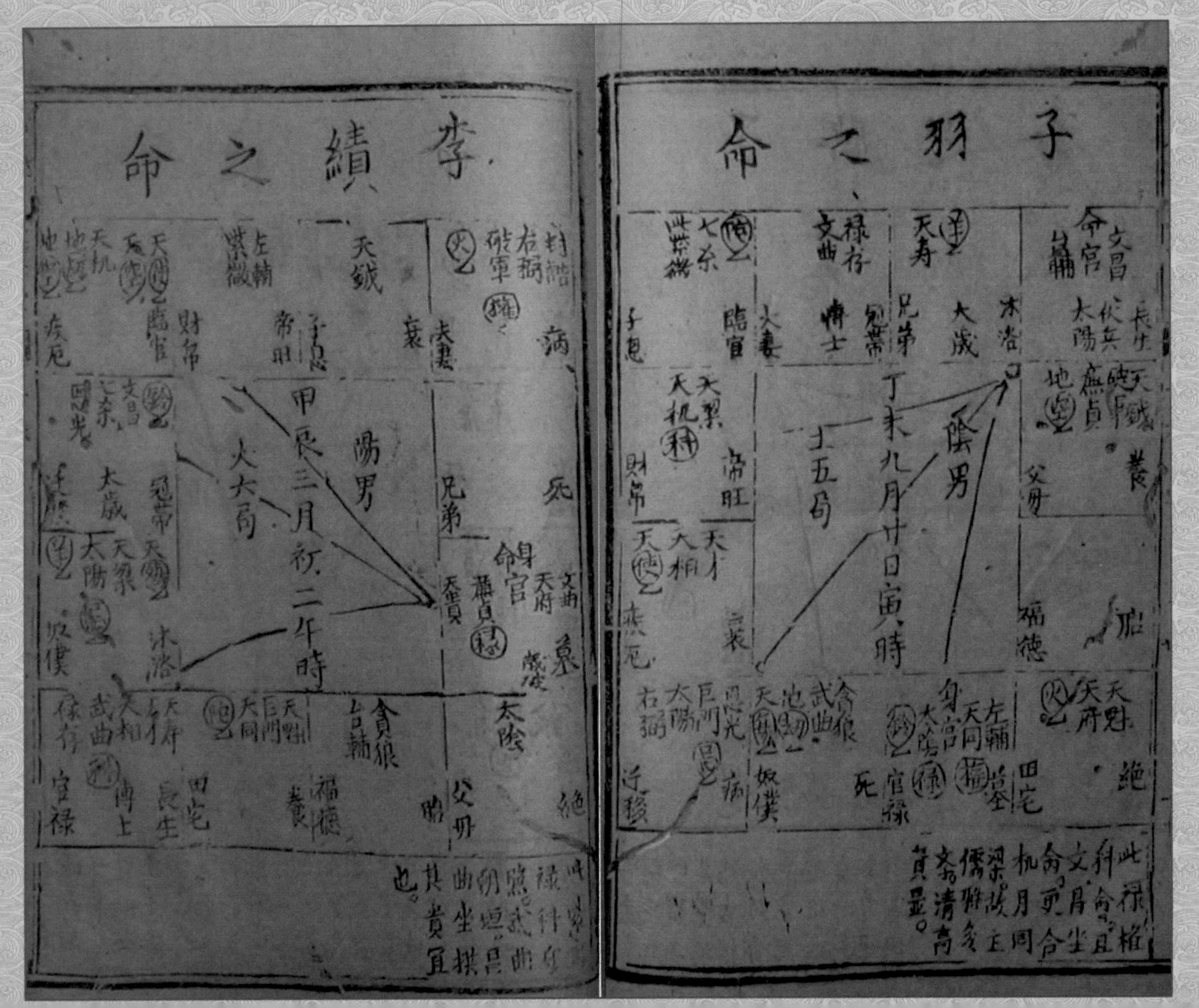
李績之命
甲辰三月初二午時
陽男
子羽之命
丁未九月廿日寅時
陰男
土五局

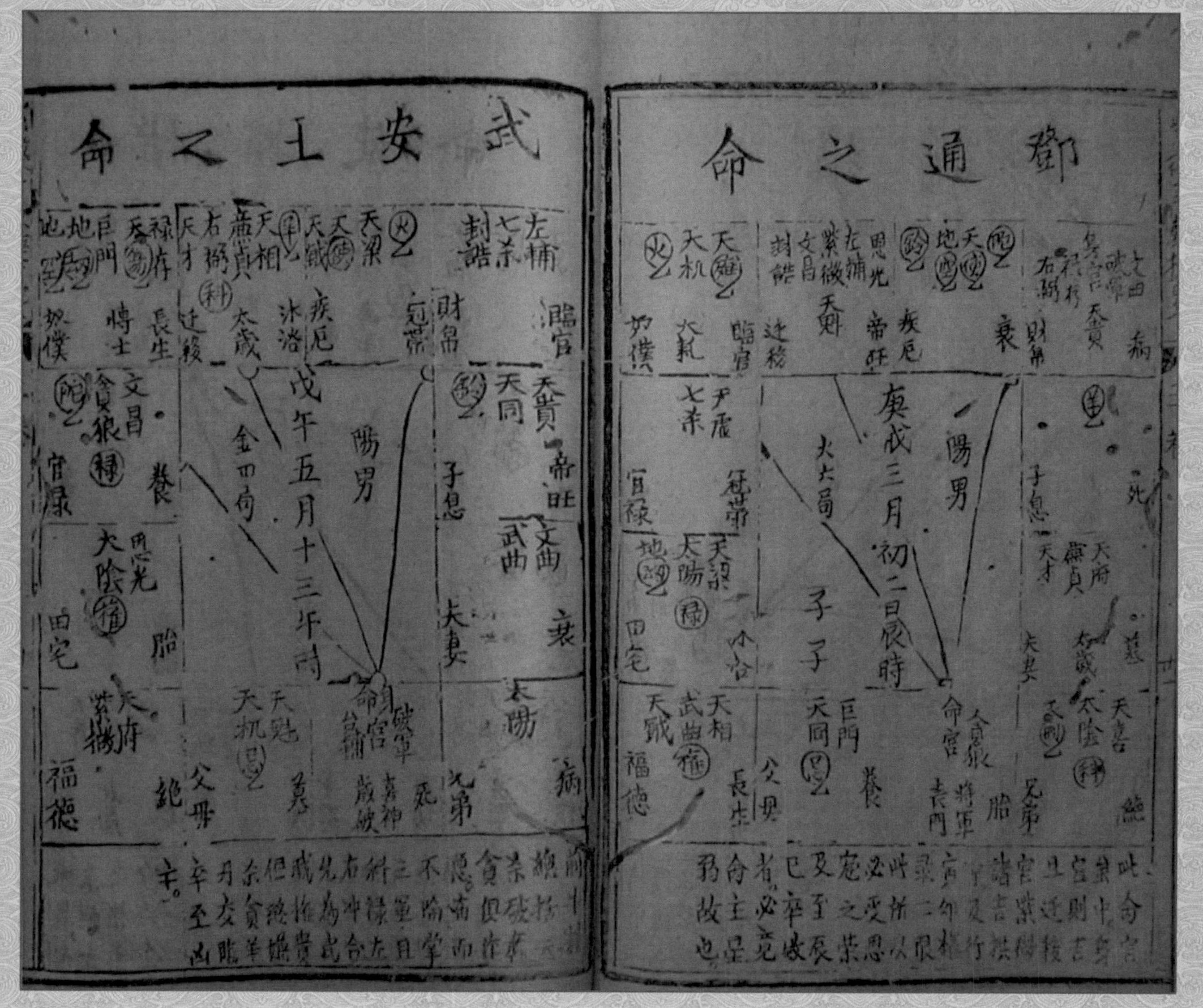

鄧通之命

陽男
庚戌三月初二日辰時
火六局

武安土之命

陽男
戊午五月十三午時
金四局

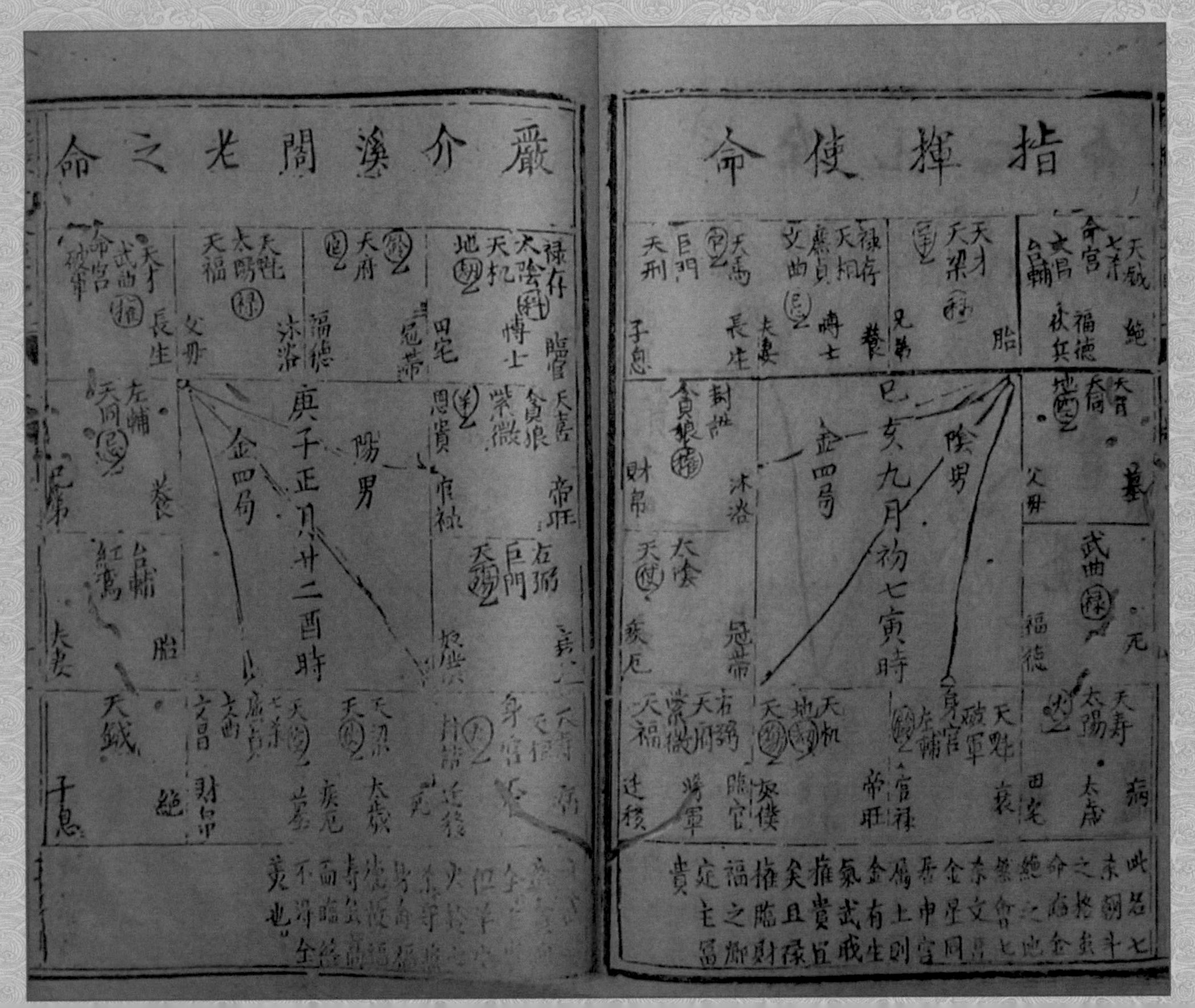

嚴介溪閣老之命

庚子正月廿二酉時

陽男

金四局

指揮使命

己亥九月初七寅時

陰男

金四局

此名七殺朝斗之格。喜命希絕之逢紫曾七。本文昌金星同。吞申宮爲上，則金有生氣。武戒權貴官矣。且祿權臨財。福之鄉定主富貴。

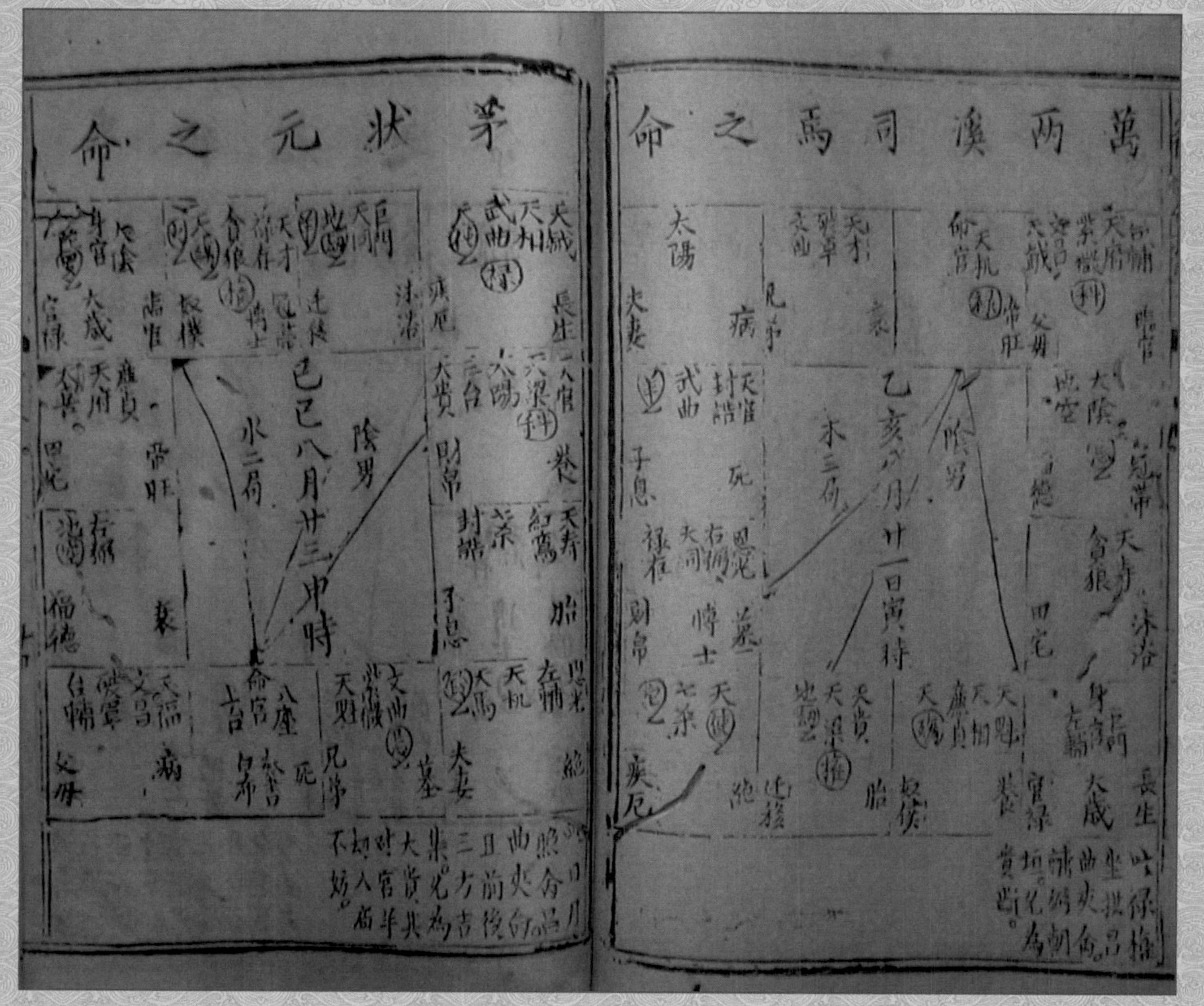

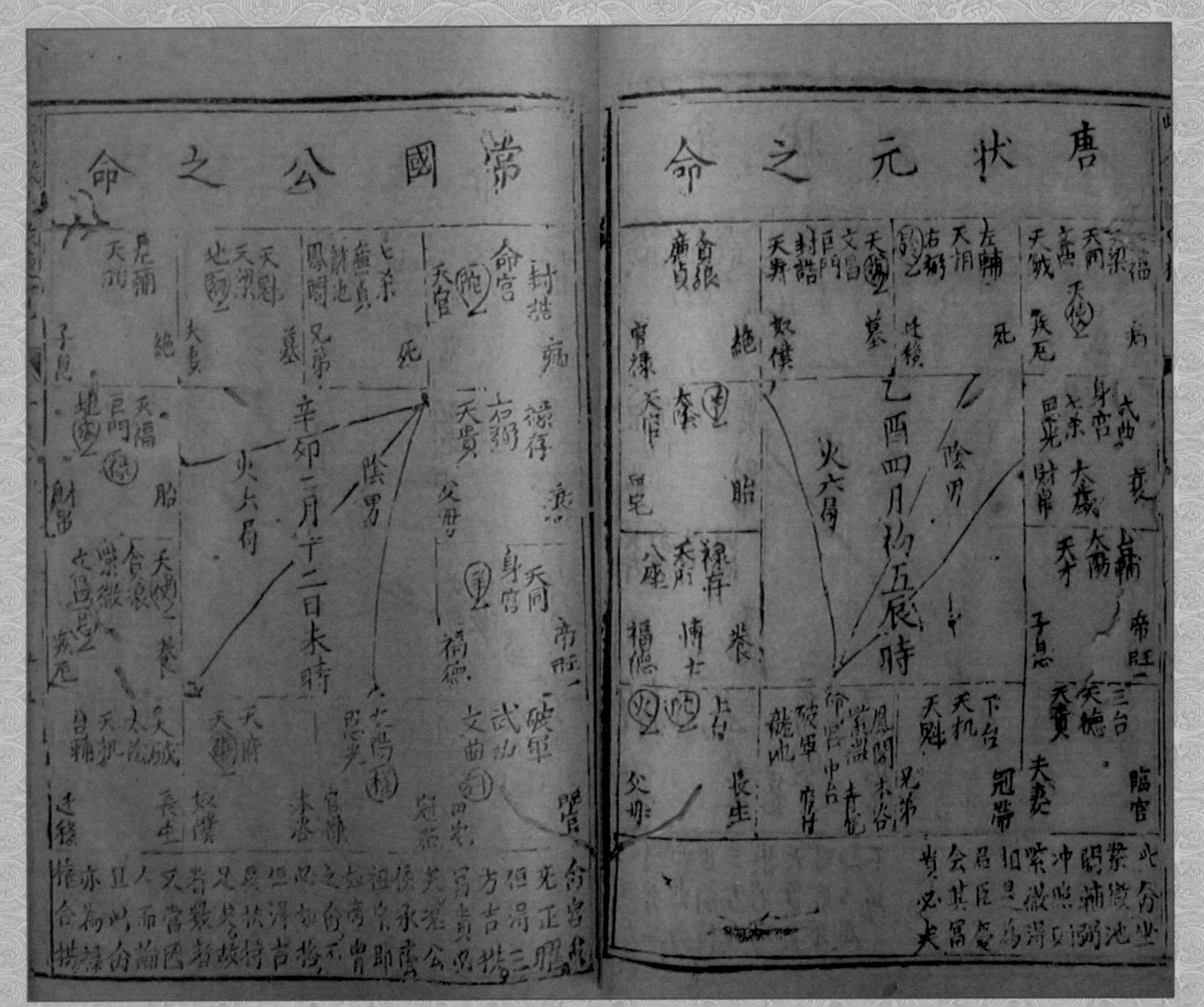

唐狀元之命
乙酉四月初五辰時
常國公之命
辛卯二月十二日未時

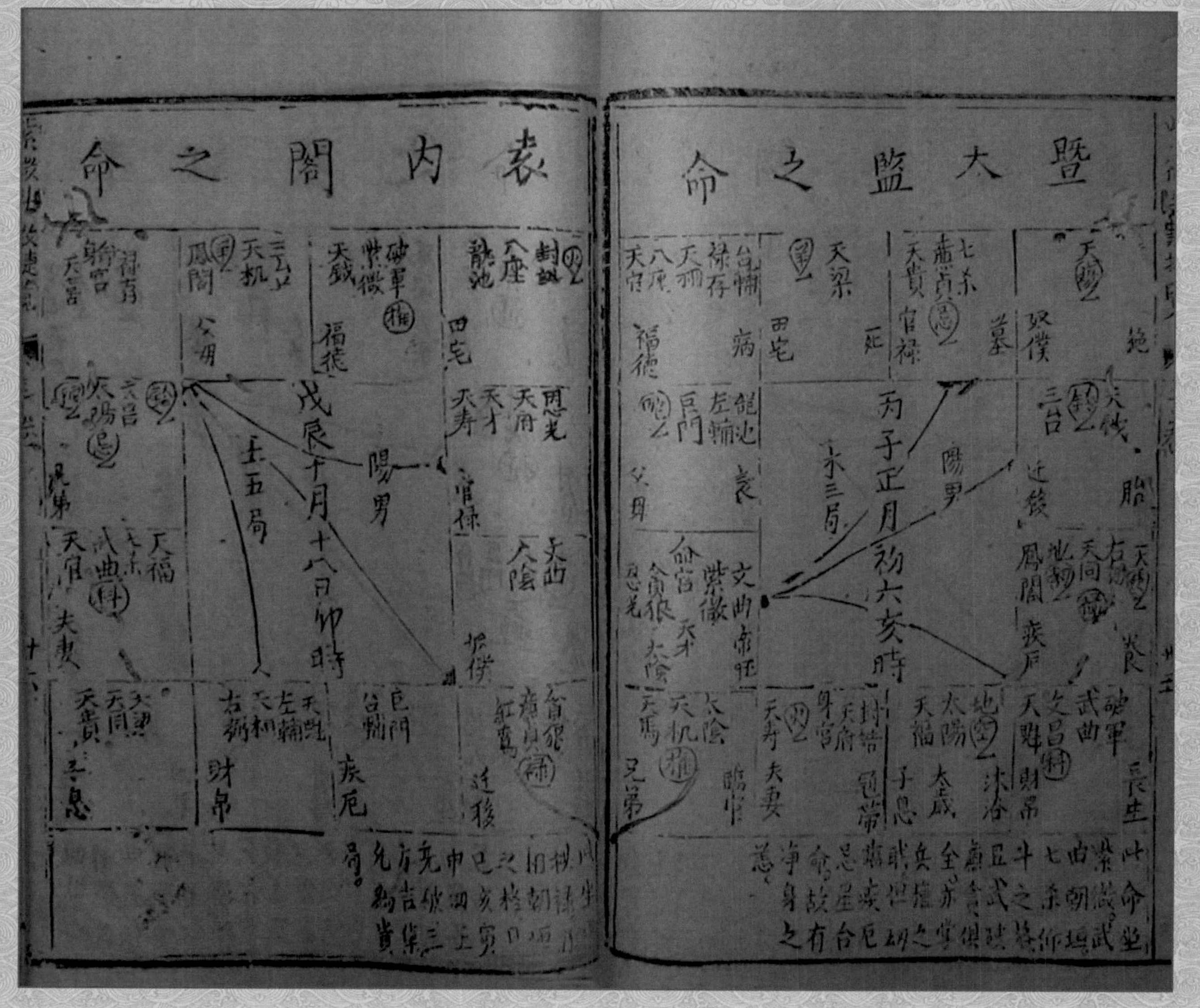
暨太監之命
丙子正月初六亥時
陽男
木三局
袁內閣之命
戊辰十月十八日卯時
陽男
土五局

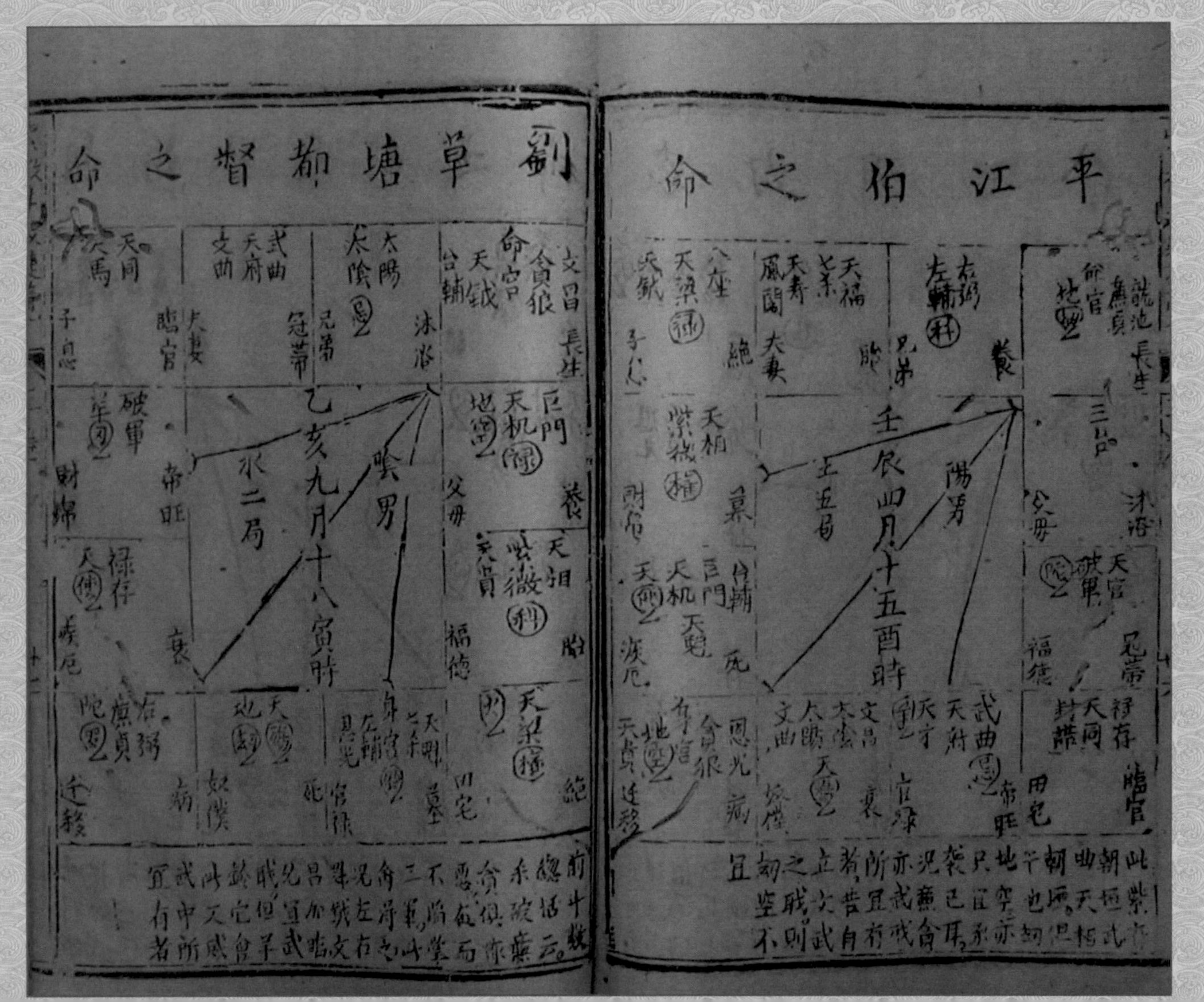
劉草塘都督之命
乙亥九月十八寅時
陰男
水二局
平江伯之命
壬辰四月十五酉時
陽男
土五局

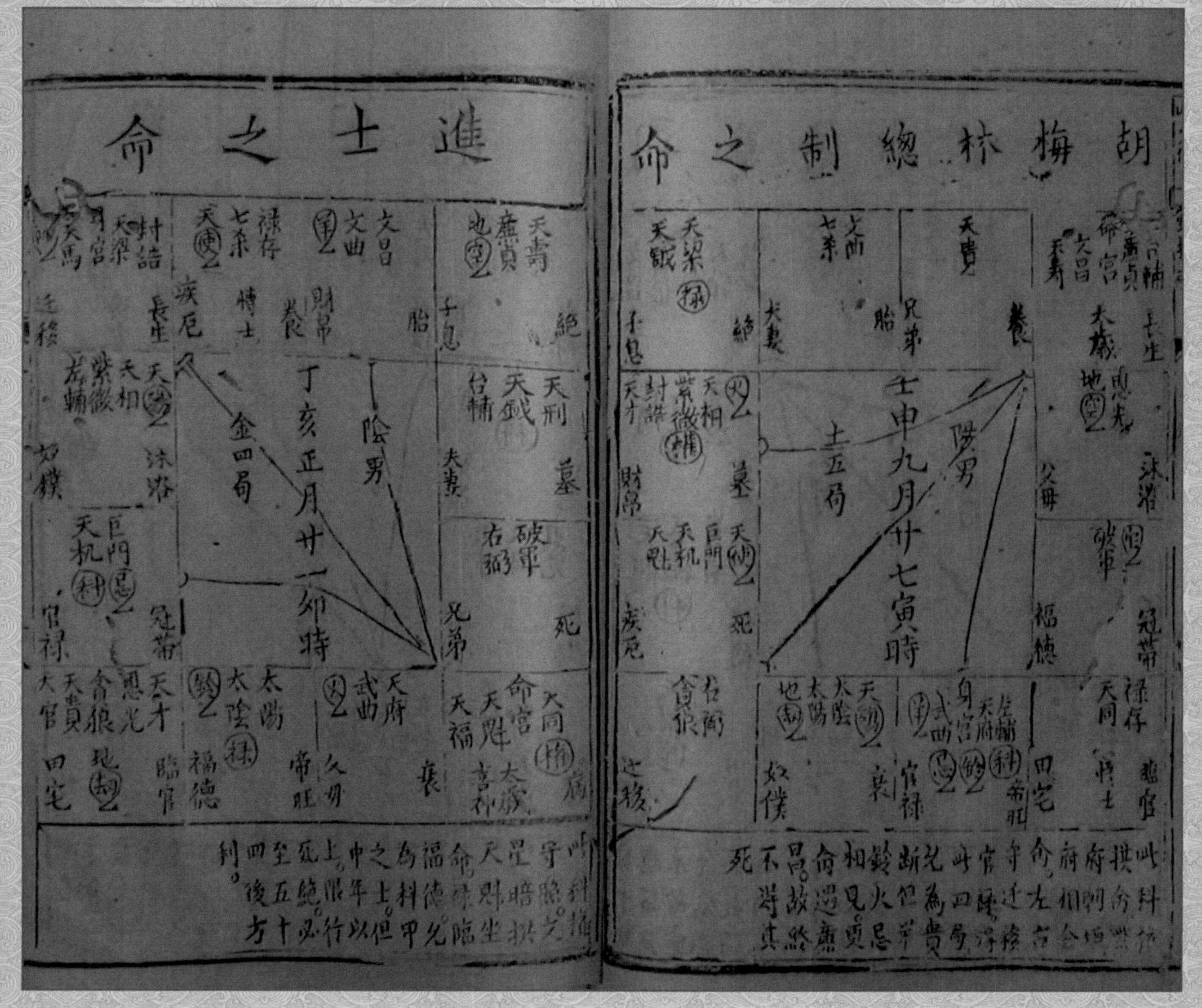

進士之命

丁亥正月廿一卯時

陰男

金四局

此科權守照之星暗拱天財坐命祿臨福德允為科甲之士但中年以上限行辰絕必至五十四後方利。

胡梅林總制之命

壬申九月廿七寅時

陽男

土五局

此科作拱方出府朝垣府相合命左右守遷移宮臣浮此四局乃為貴斷但羊鈴火忌相見貞命遇廉昌故終不得其死

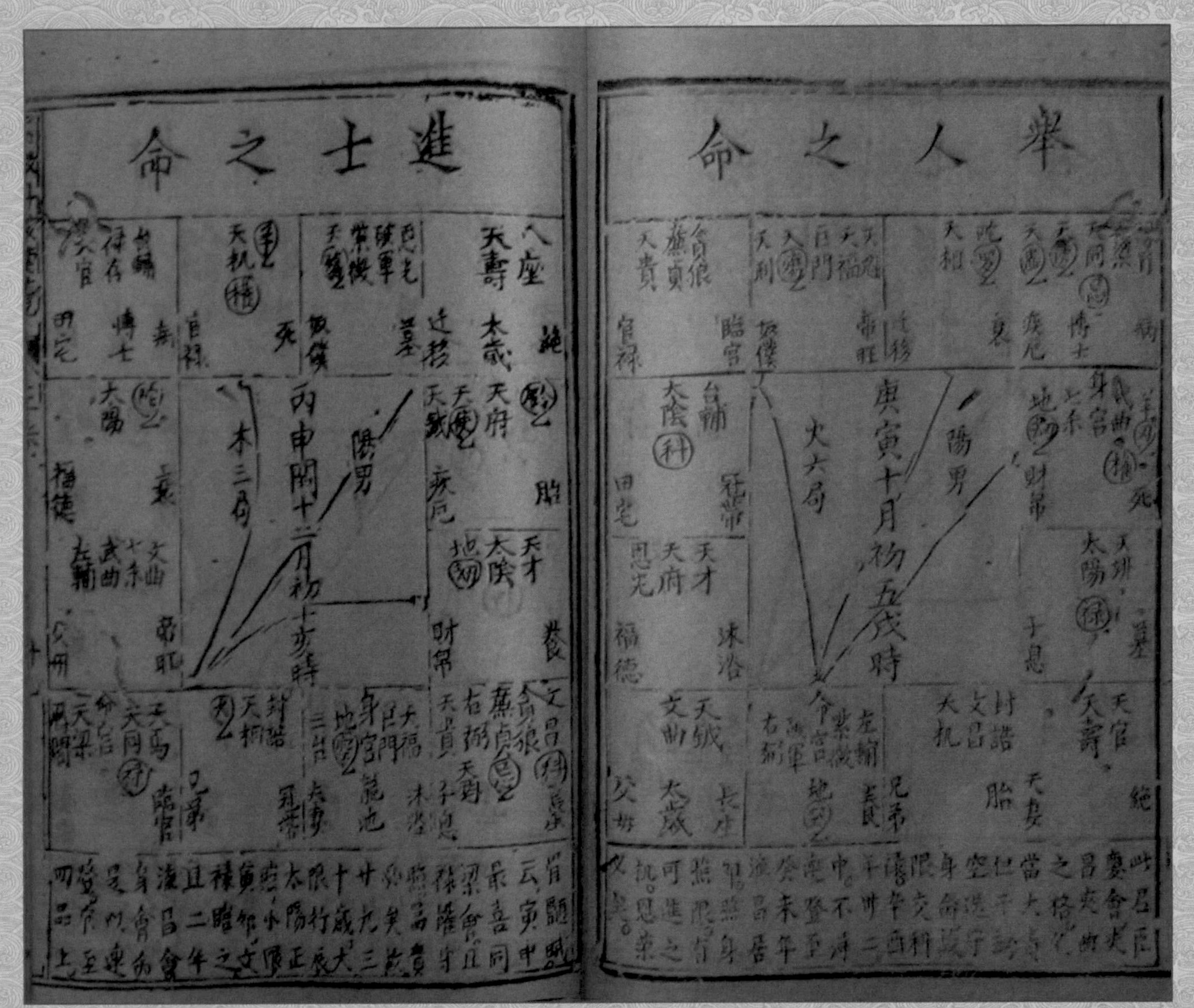
舉人之命
庚寅十月初五戌時
陽男
火六局
進士之命
丙申閏十二月初十亥時
陽男
木三局

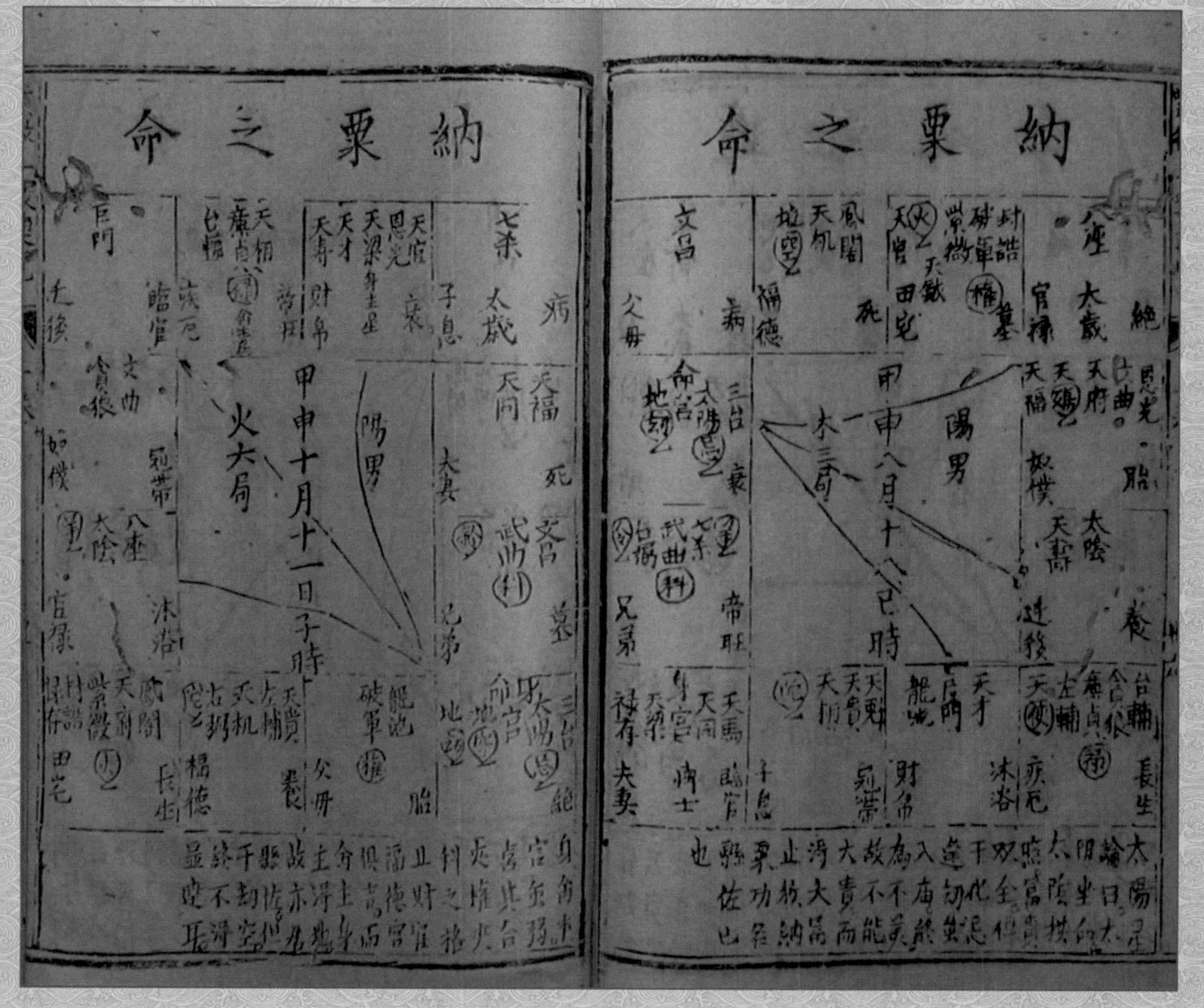
納粟之命
陽男
火六局
納粟之命
陽男

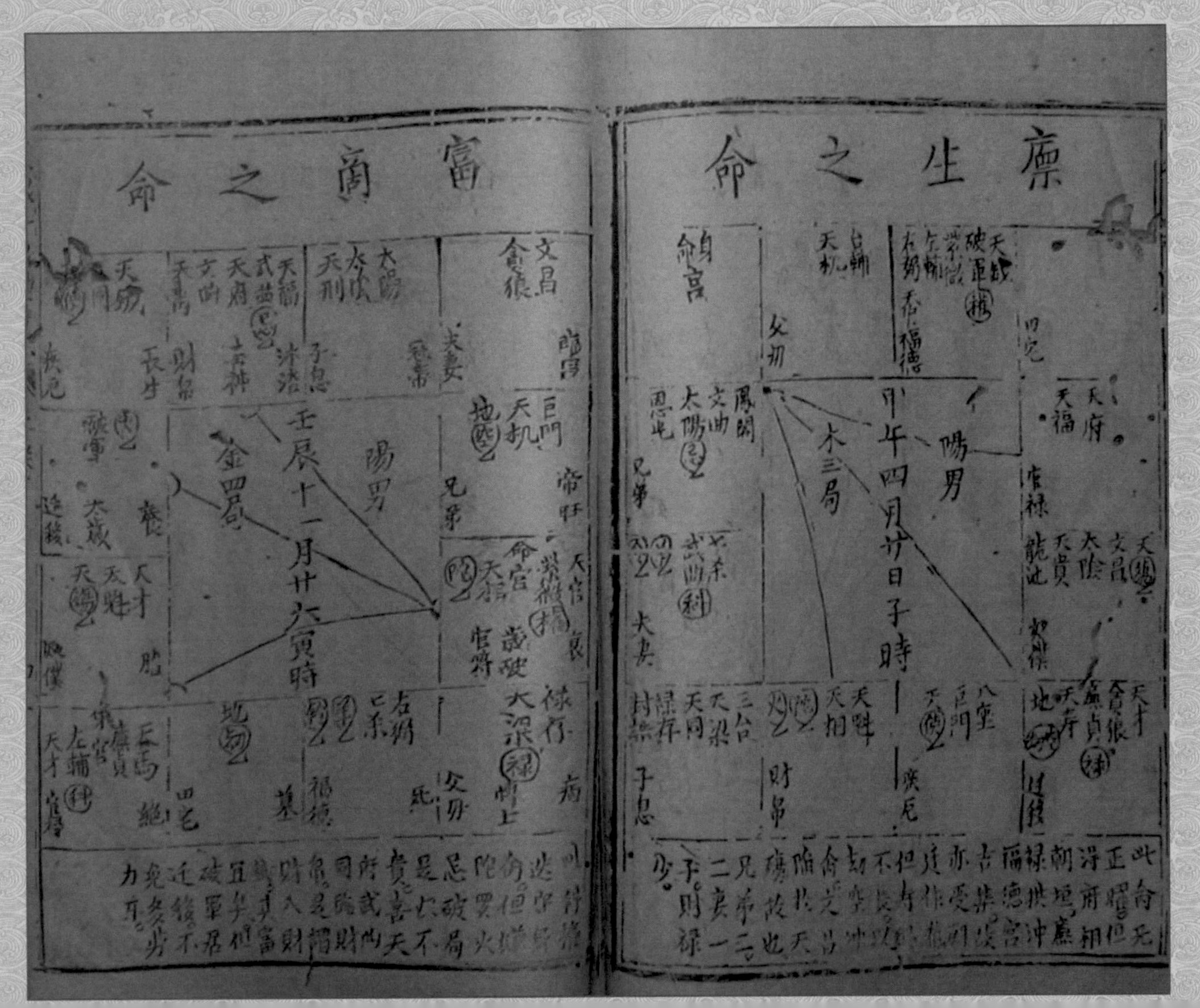
庶生之命
富商之命

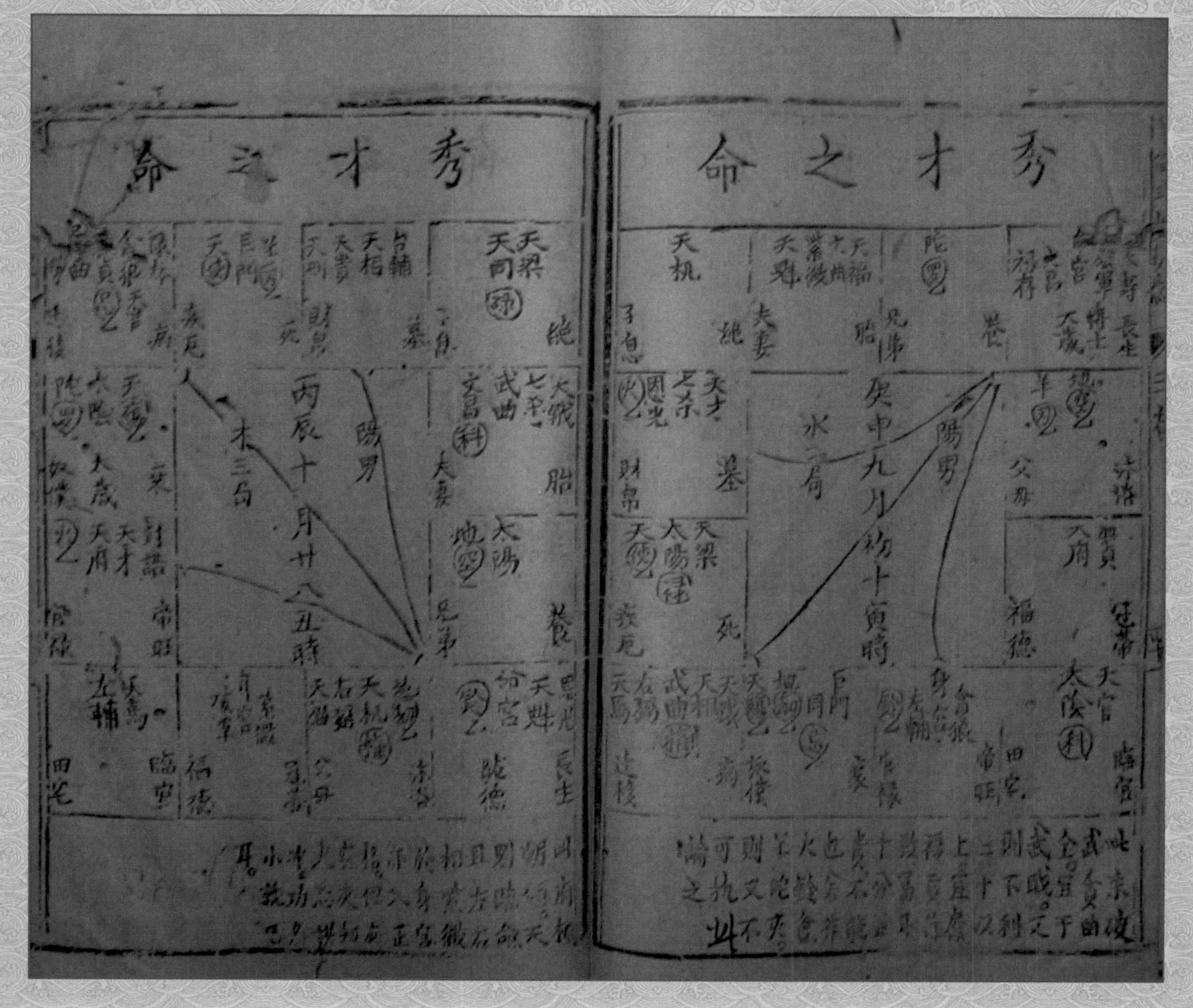
秀才之命
庚申九月初十寅時
陽男
水二局
秀才之命
丙辰十月廿八丑時
陽男
木三局

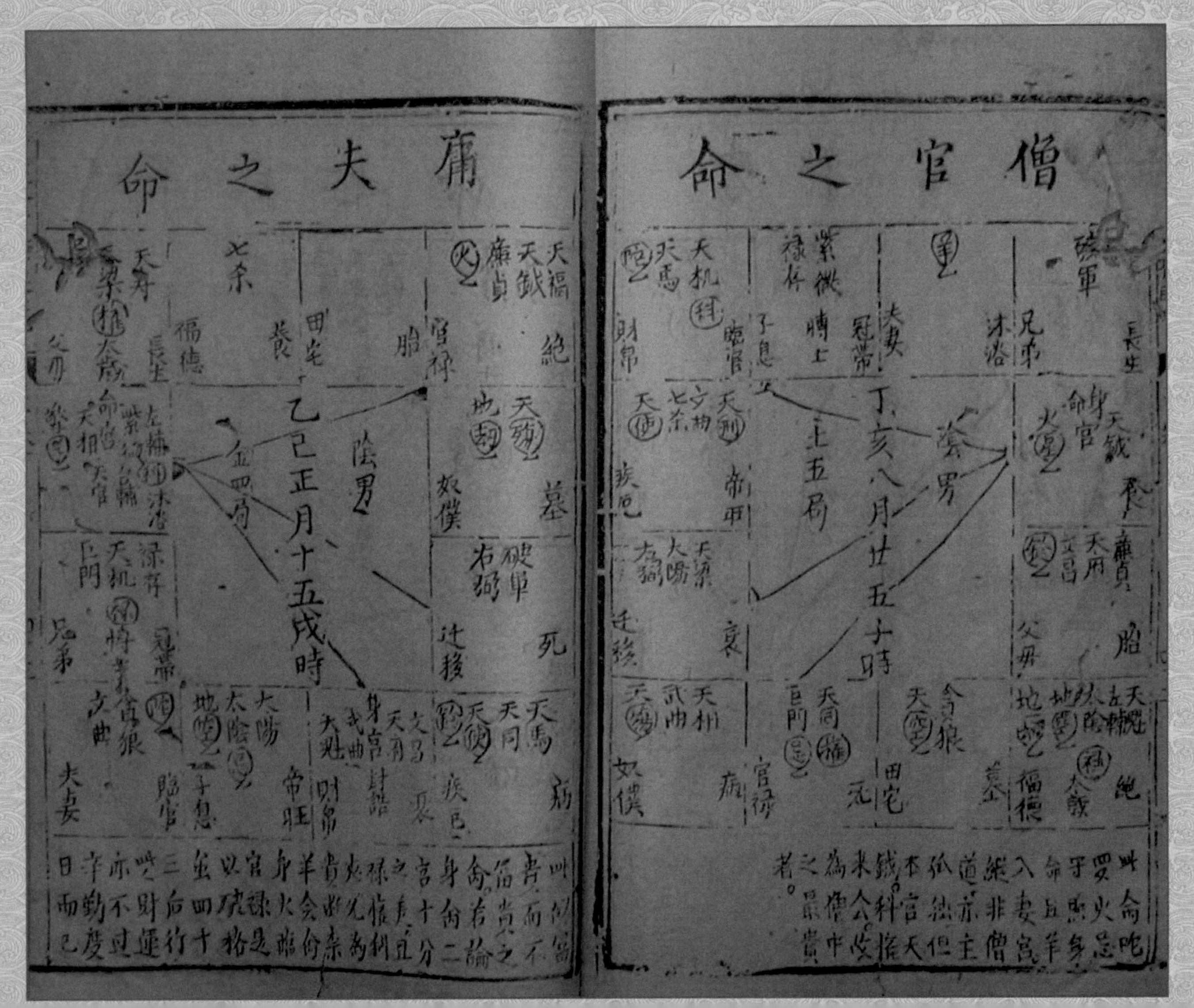

此例當貴而不例貴之命若論身命二言十分之夫立祿臨科夾先為貴此奈羊会命身火廟宮祿是以破格無四十三向行世財運亦不過辛勤度日而已

此命吃羅火忌守照身命丑羊入妻宮縱非僧道亦主孤獨但本宮天鉞科揞來公皮為偉中之最貴者。

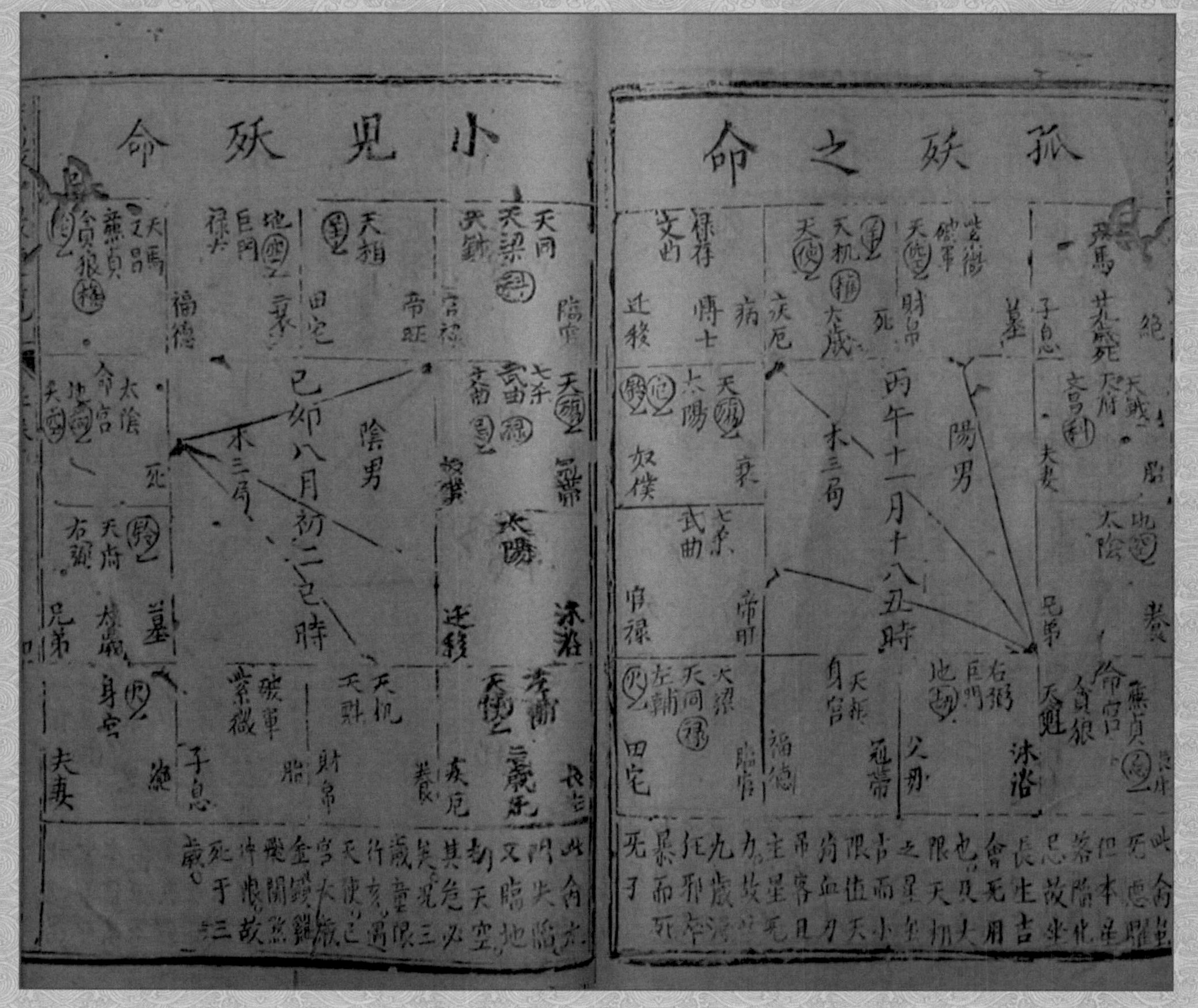
小兒殀命
巳卯八月初二巳時
陰男
木三局
孤殀之命
丙午十一月十八丑時
陽男
木三局

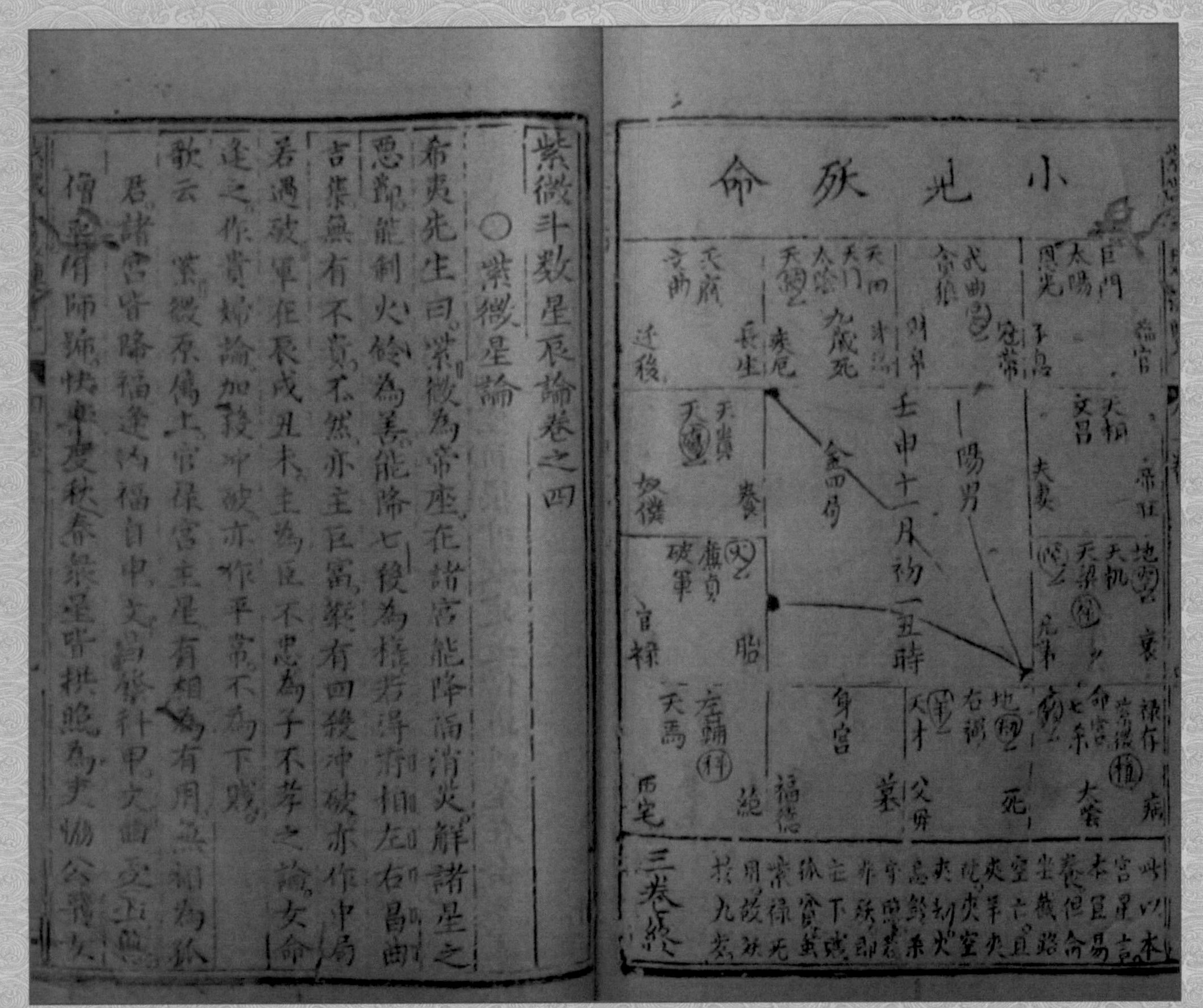

紫微斗數星辰論卷之四

○紫微星論

希夷先生曰。紫微為帝座。在諸宮能降福消災。解諸星之惡。能制火鈴為善。能降七殺為權。若得府相左右昌曲吉集。無有不貴。不然。亦主巨富。雖有四殺冲破。亦作中局。若遇破軍在辰戌丑未。主為臣不忠。為子不孝之論。女命逢之。作貴婦論。加殺冲破。亦作平常。不為下賤。

歌云　紫微原屬土。官祿宮主星。有相為有用。無相為孤君。諸宮皆降福。逢凶福自申。文昌發科甲。文曲受王恩。僧道有師號。快樂度春秋。衆星皆拱照。為吏協公平人命帝座，遇吉串，貴人名與桃花會，飄蕩落風塵，辨羊火鈴聚，鼠竊狗偷群，三方有吉拱，方作貴人論，若還無輔弼，諸惡共欺凌，帝為無道主，考究要知因，二限若逢凶，壽氣自然新。

玉蟾先生曰：紫微乃中天星主，為衆星之樞紐，為造化之根柢，為人命之主宰，掌五行，育萬物，各有所司。以左輔右弼為相，以天相昌曲為從，以魁鉞為傳令，以日月為分司，以祿馬為掌爵之司，以天府為帑藏之主。身命逢之，不落其吉。如遇四殺劫空机梁冲破，定是僧道。此星在命，為人厚重，面紫色，專作吉斷。

在身命遇天府，又得左右昌曲拱冲，科權祿馬交至，不宜落空，坐長生帝旺，則必富貴雙全，與魁鉞台座七殺相遇，武成。

在兄弟為陷宮，雖有相佐，亦不為福。

在夫妻為陷宮，得相佐吉集，男主妻貴，女主夫貴，不宜逢破軍化忌等殺。

在子息得相佐吉集，有貴，不逢相佐，男女雜得。

在財帛輔弼拱冲，又與武陰同度，不逢惡冲，為財賦之官。

在疾厄為陷宮不宜。

在迁移遇相佐吉集，因人為貴。

在奴僕宮要得相佐不逢破忌則吉。
在官祿得左右魁鉞昌曲權祿。極品之貴。晚年發達
在田宅與財帛宮同斷
在福德父母二宮。三方左右拱照俱吉。不宜惡沖。

○紫微入命吉凶訣

訣云　帝座天中第一星　命身相遇福財興
若逢相佐宮中會　富貴双全播令名

又云　紫微守命最為良　二殺逢之壽不長
羊陀火鈴来相會　只好空門礼梵王

又云　紫微辰戌遇破軍　富而不貴有虛名
若逢貪狼在卯酉　為臣失義不相應

又云　紫微女命守夫宮　三方吉拱便為榮
若逢殺破来冲破　温飽應嫌淫巧容

○紫微入限吉凶訣

訣云　紫微垣内吉星臨　二限相逢福祿興
常人得遇多財富　官貴逢之職位陞

又云　紫微入限本為祥　只恐三方殺破狼
常庶逢之多不利　官員落陷有竊傷

又云　紫微女命守夫宮　二限逢之不怕冲
若是運中又逢吉　管教富貴第三公

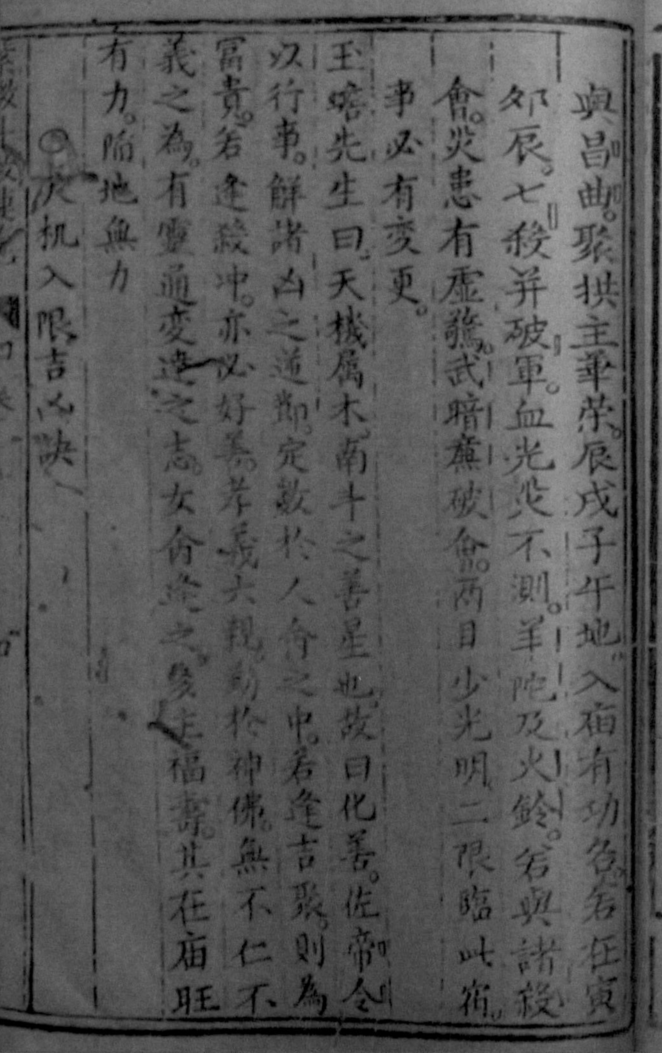

○天機星論

希夷先生曰。天機南斗益壽之星。若守身命。則聰明異常。與天梁左右昌曲交會。文為清顯。武為忠良。若居陷地四殺冲破。是為下局。若見七殺天梁。當僧道之清閑。凡人二限逢之。其家創業更改。女人吉星拱照。主旺夫益子。有權祿則為貴婦。落陷羊陀火忌冲破。主下賤殘疾刑剋。

歌云　天机兄弟主南斗正曜星。作事有謀畧。其性最高明。所為最好尚。亦可作群英。會吉主享福。入格居翰林。巨門同一位。武曲壁边庭。亦要權逢祿。方可立功名。天梁星同位。定作道與僧。女人若逢此。性巧必淫[illegible]。與昌曲。聚拱主華榮。辰戌子午地。入廟有功名。若在寅卯辰。七殺并破軍。血光災不測。羊陀及火鈴。若與諸殺會。災患有虛驚。武曜兼破命。兩目少光明。二限臨此宿。事必有变更。

玉蟾先生曰。天機属木南斗之善星也。故曰化善。佐帝令以行事。解諸凶之道鄭。定數於人命之中。若逢吉聚。則為冨貴。若逢殺冲。亦必好善。若義大親。動於神佛。無不仁不義之為。有靈通变達之志。女命逢之。多主福壽。其在廟旺有力。陷地無力。

○天机入限吉凶訣

訣云　男女二限值天机　祿主科權大有為
出入經營多遇貴　發財發福少人知

又云　机月天梁會太陽　常人富足置田庄
官員得遇科權照　職位高遷面帝王

又云　天机照限不安寧　門户逢之必改更
変動謀為終有應　不然定是少和平

又云　天机化忌落閑宮　縱有財官亦不中
退居家財兼壽夭　飄蓬僧道住山中

○天机入女命吉凶訣

訣　天机女命吉星扶　作事操持過丈夫

云　福祿宮中逢守照　榮膺誥命貴何如
天机若與太陰同　女命逢之必巧容

又云　衣祿豐饒終不美　為娼為妾主淫風
天机巳亥來相會　羊刃沖之終不害

又云　女人淫蕩夜奔鬼　只好偏房為使婢

○太陽星論

希夷先生曰：太陽者，造化之表儀，世人之公鑒，周天度數，運轉無窮，喜輔弼而佐君象，以祿存而為福，所忌者巨暗遭逢，宜會者太陰相望，諸宮會吉則吉，累逢遇之則凶，男人是父，主人忠鯁不較是非，若居廟旺，化祿化權，尤為貴論。若得左右昌曲魁鉞三合拱照財官二宮，富貴極品。加殺亦主鮑嫁僧道有師號。女人入廟旺，主旺夫益子。加權祿主封贈。加殺主平常。

歌云　太陽原屬火，正主官祿星。若居身命位，禀性最聰明。慈愛量寬大，福壽享遐齡。若與太陰會，駿發貴無倫。有輝照身命，平步入金門。巨門不相犯，作發承君恩。偏垣逢暗度，貧賤不可言。男命必剋父，女命夫不全。火鈴劳苦定，羊陀眼目昏。二限若值此，必定賣田園。

玉蟾先生曰：太陽司權貴，為文。遇天刑為武。在寅卯為初升，在辰巳為升殿，在午為日麗中天，主大富貴。在未申偏垣，作事先勤後怠。在酉為西沒，貴而不顯，秀而不實。在戌亥子為失輝，更逢巨暗破軍，一生劳碌貧忙。更主眼目有傷，與人寡合招非。女命逢之，夫星不美，遇耗則小礼成婚。若與祿存同宮，雖主財帛，亦辛苦不閑。若與帝星左右同宮，則為貴論。又嫌火鈴刑忌，未免先尅其父。此星男得之為父星，女得之為夫星。

在身命遷移官祿三宮，逢左右吉拱，太陰同照，富貴双全。

在兄弟逢四殺，雖有弟兄不得力。

在夫妻為陷宮，逢吉聚，得貴妻。臨旺地，因妻得貴。女命吉聚，配賢夫。若刑暗四殺，限逢有傷。

在子息逢凶失輝刑尅。

在財帛有輝吉聚。不怕巨暗。更為富貴之論。如失輝殺湊暗逢不能為福

在疾厄左右諸吉星至。大小二限俱到。必然驟發。女人逢之。亦可安享。刑殺暗集。眼目之災。會四殺為災不少。

在奴僕為弱宮。居旺地主多得力。

在田宅祖業增益

在父母得受庇蔭。逢刑殺白虎太歲交至。斷死無疑。

○太陽入男命限吉凶訣

訣　命裡陽逢福壽濃　更兼權祿兩相逢

云　魁昌左右來相湊　富貴雙全比石崇
卯辰丑未命中逢　三方無化福難豐

又云　便有吉星終不美　若逢殺湊一生窮
失陷太陽宮反背　化忌逢之多蹇昧

又云　又招橫事破家財　命逢化祿也無害
二限偏宜見太陽　添財進產出非常

又云　婚姻和合添嗣續　一仕者高遷坐廟堂

○太陽入女命吉凶訣

訣云　太陽正命與其身　姿貌姝常勝淑真
更得吉星來拱照　珠冠霞帔作夫人

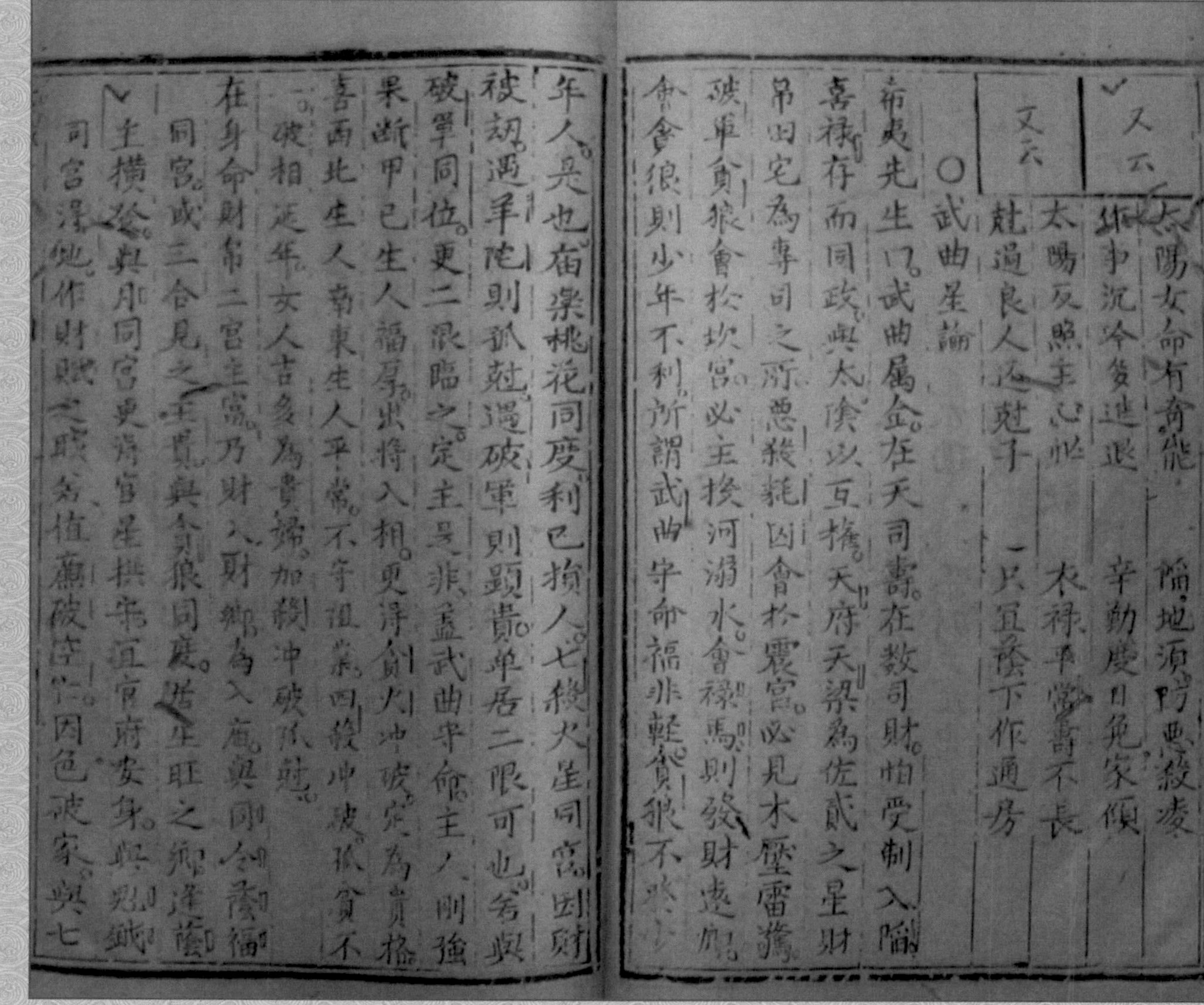

又云	又云
太陽女命有奇能。論地須防惡殺凌	太陽反照主心忙 衣祿平常壽不長
非事沉吟多進退 辛勤度日免家傾	赴過良人為嗣子 一只宜蔭下作通房

○武曲星論

帝座先生□。武曲屬金。在天司壽。在數司財。怕受制入陷。喜祿存而同政。與太陰以互權。天府天梁為佐貳之星。財帛田宅為專司之所。惡殺耗囚會於震宮。必見木壓雷驚。破軍貪狼會於坎宮。必主投河溺水。會祿馬則發財遠郡。會貪狼則少年不利。所謂武曲守命福非輕。貪狼不少

年人。吳也。宿楽桃花同度。利已損人。七殺火星同宮。因財被劫。遇羊陀則孤尅。遇破軍則顯貴。單居二限可也。若與破軍同位。更二限臨之。定主是非。武曲守命主人。剛強果斷。甲己生人福厚。出將入相。更得創火沖破。定為貴格。喜西北生人。東南生人平常。不守祖業。四殺沖破。孤貧不一。破相延年。女人吉多為貴婦。加殺沖破孤尅。在身命財帛二宮主富。乃財入財鄉為入庫。與同福衛同宮或三合見之。主貴與貪狼同度。若生旺之鄉。逢蔭主横發。與府同宮更得宮星拱守。宜官府安身。與羆狼賊司宮浮蕩。作財賦之賊。若值羆破空亡。因色破家。與七

殺羊陀守照。囚財壽命。

在疾厄。羊陀巨門同度。一生疾債不停。

在迁移。太陰同度。更值貪狼福蔭交臨。諸凶退度。可作巨商富賈。或離祖成家。若七殺羊陀。又臨弱地。定遭刼掠。與破貪入於水域。又值水木土空。定主江湖之險。在陸地亦防災危。

在官祿逢吉。則為財賦之官。逢貪則為貪污之論。與囚子居於旺地。限至則剝官卸職。

在田宅諸吉會集。得祖業。大耗同居。破家。太歲或沖旺地。刼殺。與廉貞逢耗亦不吉。

在福德女人得之與田宅同斷男人得之為陷地

○武曲入命吉凶訣

訣云　武曲守命化為權　吉曜来臨福壽全
　　　忠氣淳嘹多出衆　超凡入聖向人前

又云　武曲之星守命宮　吉星守照始昌榮
　　　若加耗殺并四殺　任是財多畢竟空

又云　女人武曲命中逢　天府加之志氣雄
　　　左右再来相會處　双全福貴美無窮

○武曲入限吉凶訣

訣　大小限逢武曲星　若还入廟主財興

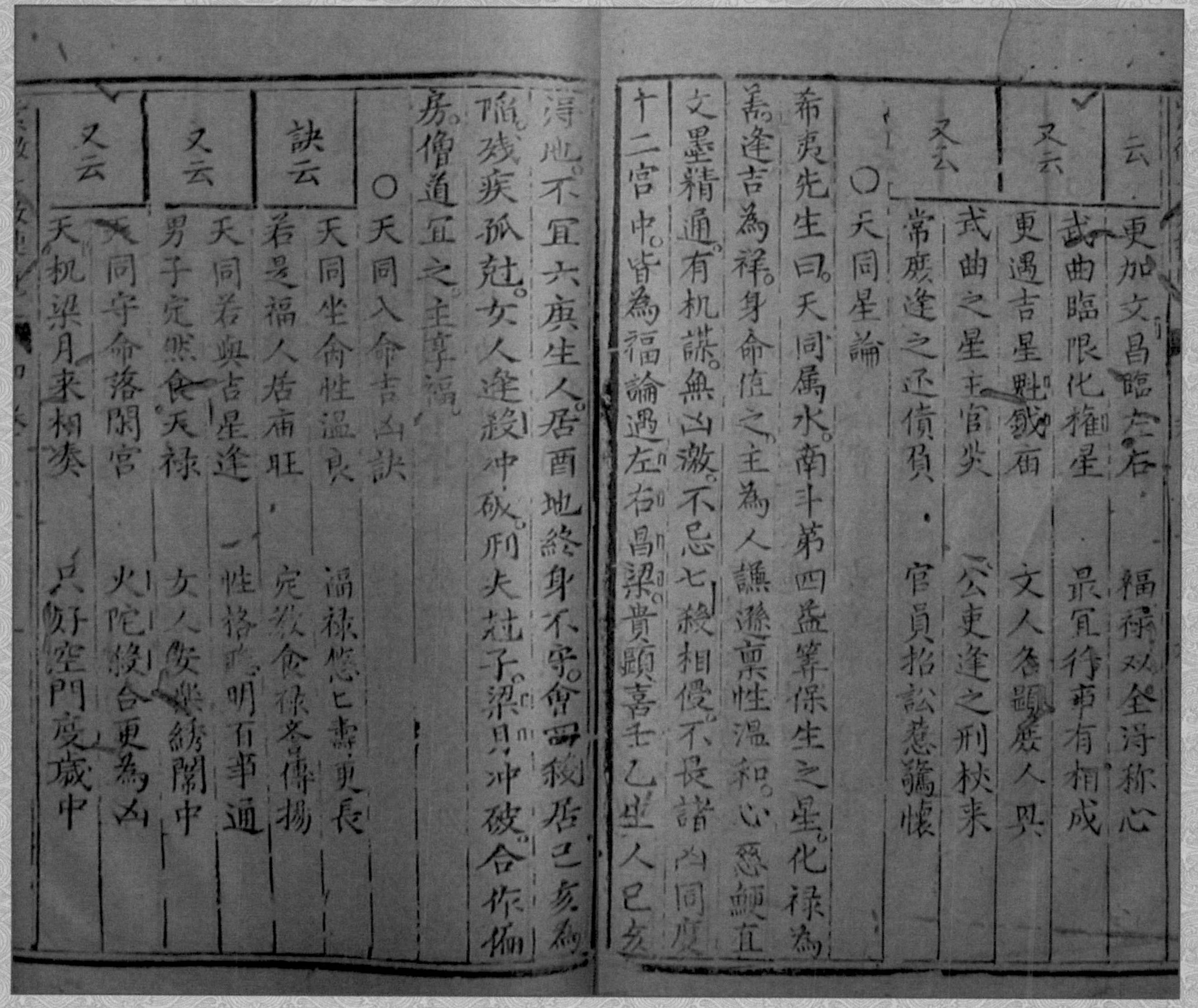

云　更加文昌臨左右　福祿双全得称心

又云　武曲臨限化權星　最宜行事有相成
更遇吉星魁鉞廟　文人名顯庶人異

又云　武曲之星主官災　公吏逢之刑杖来
常庶逢之逐債負　官員招訟惹驚懷

○天同星論

希夷先生曰。天同屬水。南斗第四益筭保生之星。化祿為善。逢吉為祥。身命值之。主為人謙遜。稟性溫和。心慈貌直。文墨精通。有机謀。無凶激。不忌七殺相侵。不畏諸凶同度。十二宮中。皆為福論。遇左右昌梁。貴顯。喜壬乙生人。巳亥得地。不宜六庚生人。居酉地。終身不守。會四殺居巳亥。為陷殘疾孤尅。女人逢殺沖破。刑夫尅子。梁只沖破。合作偏房。僧道宜之。主享福。

○天同入命吉凶訣

訣云　天同坐命性溫良　福祿悠悠壽更長
若是福人居廟旺　定教食祿名傳揚

又云　天同若與吉星逢　性格聰明百事通
男子定然食天祿　女人安樂繡閣中

又云　天同守命落閑宮　火陀殺合更為凶
天机梁月来相湊　只好空門受歲中

又云　天同守命婦人貞　性格聰明伶俐人
昌曲更來相會處　悠々財福自天申

又云　天同若與太陰同　女命逢之遥巧容
衣祿雖豐終不美　偏房侍女與人通

○天同入限吉凶訣

訣云　人生二限值天同　喜氣盈門萬事榮
財祿增添宜創造　從今家道得豐隆

又云　限至天同事不寧　必當創業結婚姻
若非變動求謀望　守舊須防禍及身

又　流年二限值天同　陷地須防惡殺冲
云　作爭美中还未美　惟防官破及家傾

○廉貞星論

希夷先生曰廉貞屬火北斗第五丹元之星在斗司品秩在數司權令不臨廟樂更化官符故曰化囚為殺神之不可解其禍逢之不可測其祥亡人心狠性狂不習禮義逢帝座執威權遇祿存主富貴遇文昌好禮樂遇殺曜顯武戰在官祿有威權在身命為次吉與惡殺花旺宮同居則賭博迷花致訟與巨門交會於陷地則是非起於官司逢財星耗合祖業必破遇刑忌則膿血不免遇白虎則刑杖難逃遇武曲於受制之鄉忌木壓蛇傷同火曜於陷空之地

主殺河自縊。破軍與巨門共行。仁限逢之災不可測。只宜修官祿身命之位。遇吉福應。遇凶不仁。其在他宮。福壽難該。未申化祿逢吉富貴必矣。未申生人宜之。又喜未申宮安命。六甲生人在寅申安命發福。作財官論。六丙生人。成敗不一。羊陀火忌冲破。主殘疾。女人三合吉拱。主封贈。雖惡煞冲不為下局。僧道吉拱。有師號。

○廉貞入命吉凶訣

訣云　廉貞守命亦非常　賦性巍巍志氣剛
　　　羊故昌新宜大貴　為官清顯姓名揚

又　廉貞坐命落閑宮　貪破擎羊火更冲

云　縱有財官為不美　平生何以得從容

又云　廉貞落陷入閑宮　吉曜相逢亦不中

又云　腰足有災難脫免　更宜出限命歸空

又云　貪廉巳亥宮　遇吉福盈豐
　　　應過三旬後　須防不善終

又云　女人身命值廉貞　內政清廉格局新
　　　諸吉拱朝無殺破　定教封贈在青春
　　　廉貞貪破與相遇　陀火交加多不貴
　　　定主刑夫尅六親　只好通房為使婢

○廉貞入限吉凶訣

訣云　廉貞入限旺宮臨　喜逢吉曜福駢臻
財物自然多蓄積　仕人得意位高迁

又云　大小二限遇廉貞　更有天刑忌刃侵
膿血刑災逃不得　破軍貪殺赴幽冥

○天府星論

希夷先生曰。天府南斗延壽解厄之星。又曰司命上相。鎮國之星。在斗司權。在数則職掌財帛田宅衣祿之神。為帝之佐貳。能制羊陀為從。能化火鈴為福。主人相貌清奇。稟性温良端雅。與太陽昌曲會。必登首選。逢祿存武曲。則有巨萬之富。秘云。天府為祿庫。命逢終是富。是也。不喜[illegible]冲破。雖無官貴。亦主財田富足。以田宅相貌宮為畄樂。以兄弟宮為凶。身命逢之。得相佐。主夫妻子息不缺。若值空亡。是為孤立。不可一例而断。大抵此星多作吉断。又曰此星不論諸宮皆吉。女命得之。清正機巧。旺夫益子。雖冲破亦以善論。僧道宜之。有師號。

○天府入男女命限訣

訣云　天府為祿庫。入命終是福。萬頃置田庄。家資無論数。
女命坐香閨。男子食天祿。此是福宮星。四外無不足。

又云　天府之星守命宮。　加之權祿喜相逢
魁昌左右来相合。　附鳳扳龍上九重

又云　女人天府命身宮　更得紫微三合照　性格聰明花樣容　金冠霞帔受皇封

又云　限臨天府能司祿　添財進喜又無災　士庶逢之多發福　且喜潤身并潤屋

○太陰星論

希夷先生曰：太陰化祿，與日為配。以巳午辰未為陷地，以戌亥子丑寅為得垣。酉為西沒之門，卯為東潛之地。慮巨暗以來侵，怕羊陀以同度，廉因相犯，七殺交沖，恐非吉忌之垣，定作殘傷之論。此星屬水，為田宅宮主，有輝為福，失陷必凶。男女得之，皆為明星，男子又作妻宿。

在身命宮樂吉集，主富貴。逢天梁主孤，逢羊陀損目。[illegible]同天機，公門吏胥等人。若卯酉身命對宮，名曰八座。

在兄弟奴僕二宮，俱為落陷無用。

在夫妻主得妻財，得地逢羊陀巨門，亦主剋妻。失陷亦然。

在子息為女宿，無殺則成，有殺則損。

更有太歲流殺合之，可斷禍福。

在財帛為命樂，武曲祿存同會，更得左右相佐，大貴。若命強限弱，不得取用。與破軍會，戒敗不常。與刑囚殺會，財散人離孤獨。

在疾厄遇陀暗，為驚疾；遇火鈴，為流災。伯從會，損目。或酉戌亥有日如辰上有月必有血氣不和送終之疾。

在迁移吉集商賈發財殺合。随毋拜父。

在官祿得輝為福。失輝無用。逢昌曲寳星主科甲。

在田宅為入庙。左右祿存同宮。得祖業。失輝遇吉。亦有盈虧。若巨暗来臨。刑星交併。必破祖業。殺曜廉貞流年太歳併。不宜見。

在福德為福。如陷地。僧道女命宜之。

在父毋如陥地失輝遇流年[illegible]

星但失輝受制不[illegible]

○太陰入命吉凶訣

訣云

太陰原是水之精　身命逢之福自生

酉戌亥垣為得地　光輝名显姓名亨

又云

太陰入庙化權星　清秀聰明子得仙

稟性温良犇疾丽　月守身宮清顯[illegible]

又云

寅上孤昂申月逢　縱然吉拱不豐隆

男為僕從女為妓　加殺冲殺到老窮　申宮次之

又云

太陰陷地忌逢冲　飛火相逢定困窮

此命只宜僧與道　空門出入得從容

訣

太陰入限吉凶訣

太陰星曜限中逢　財祿豐盈百事通

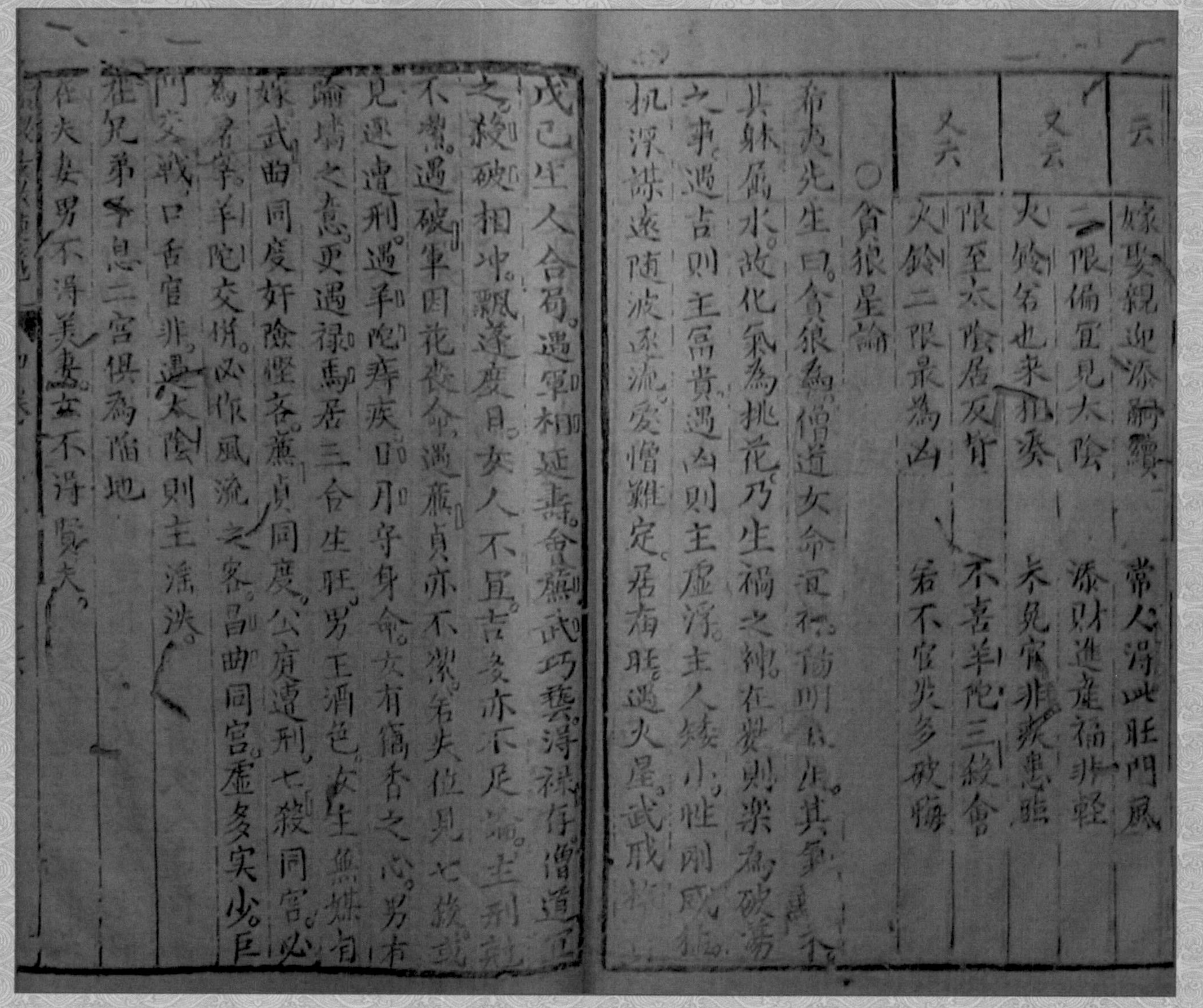

云 嫁娶親迎添嗣續 常人得此旺門風

又云 二限偏宜見太陰 添財進産福非輕

火鈴若也來相湊 未免官非疾患臨

又云 限至太陰居反背 不喜羊陀三殺會

火鈴二限最為凶 若不官災多破耗

○貪狼星論

希夷先生曰。貪狼為僧道女命宜[illegible]。倘明[illegible][illegible]。其象屬木。其体屬水。故化氣為桃花。乃生禍之神。在數則樂為破蕩之事。遇吉則主富貴。遇凶則主虛浮。主人矮小。性剛威猛。机深謀遠。隨波逐流。愛憎難定。居廟旺。遇火星。武職[illegible]

戊己生人合局。遇軍相延壽。會廉武巧藝。得祿存。僧道宜之。殺破相冲。飄蓬度日。女人不宜。吉多亦不足論。主刑剋不潔。遇破軍因花丧命。遇廉貞亦不潔。若夫位見七殺或見遇遭刑。遇羊陀疥疾。日月守身命。女有竊香之心。男有踰墻之意。更遇祿馬居三合生旺。男主酒色。女主無媒自嫁。武曲同度奸險慳吝。廉貞同度。公庭遭刑。七殺同宮。必為屠宰。羊陀交併。必作風流之客。昌曲同宮。虛多实少。巨門交戰。口舌官非。遇太陰則主淫泆。

在兄弟子息二宮俱為陷地。

在夫妻男不得美妻。女不得賢夫。

在疾厄暗殺相併。酒色疾。與廉貞共處。不遭血光。亦防水火。

在迁移逢破暗殺湊。併太歲。財遺損失。逢火星於旺地。同殺曜於廟宮。又居戌寅申生人。便爲富貴。女人逢殺而行殺運。又遇羊陀破耗。是又淫蕩無耻

在奴僕居廟旺。必爲奴僕所破

在田宅破蕩祖業。先富後貧。逢吉有分。

○貪狼入命吉凶訣

訣云　四墓辰中福氣濃　提兵容易立邊功
　　　火星貴格誠爲貴　名震諸夷定有封

又　　貪狼守命在羊宮　陀殺交加必困窮

云　　武破廉貞加殺湊　防身百藝自從容

又云　四墓貪狼言地中　加臨左右富財翁
　　　十年再化科權祿　性格剛柔喜氣濃

又云　貪狼陷地女非祥　衣食雖豐也不良
　　　赵客良人弃男女　又叛孤枕守孤房

○貪狼入限吉凶訣

訣云　比斗貪狼入限來　若还入廟必和諧
　　　科權祖路多成就　必主當年發橫財

又云　貪狼主限遲來臨　更喜人逢四庫生
　　　若見火星宜發發　自然富貴冠鄉隣

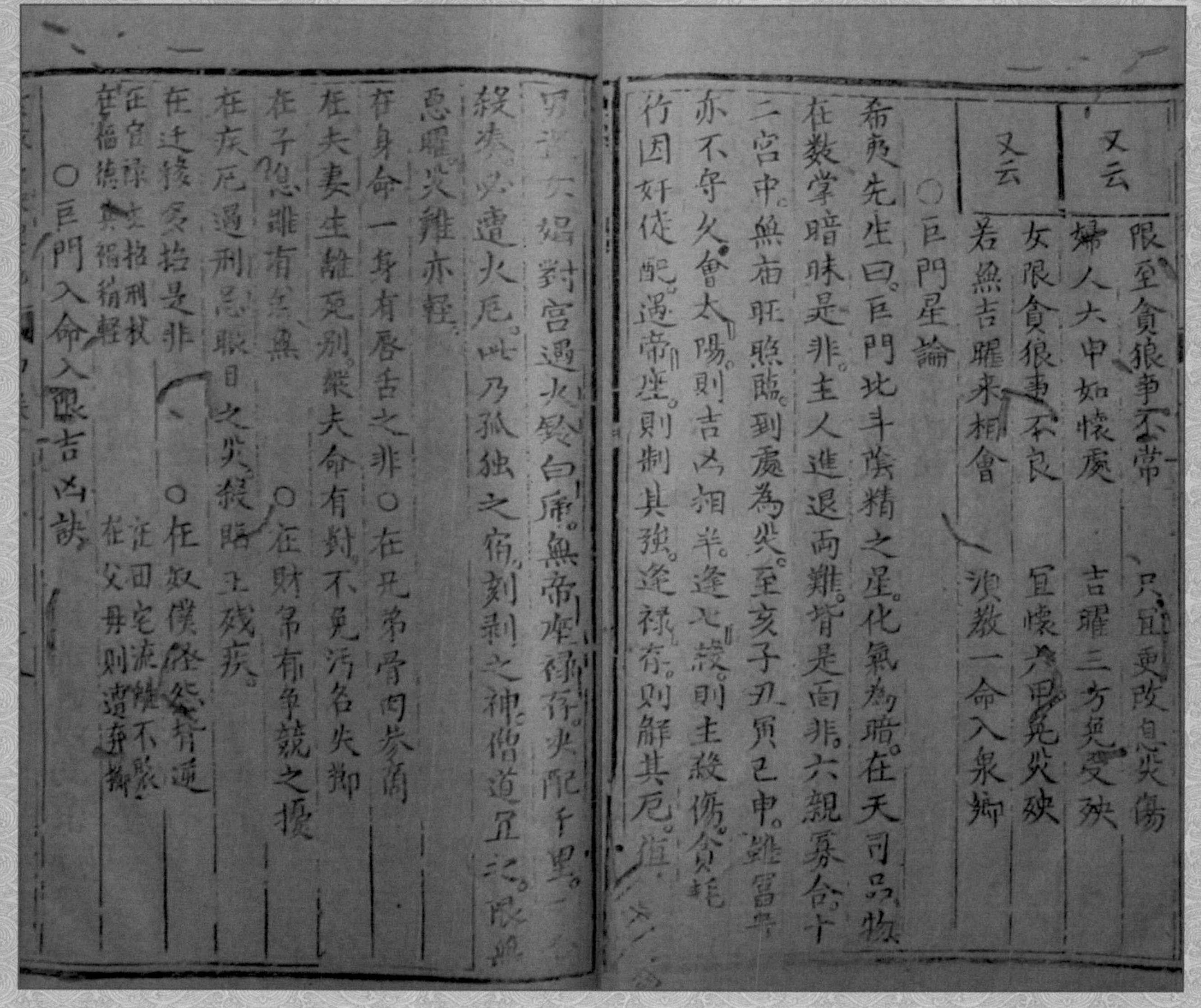

又云	限至貪狼事不常　只宜更改息災傷
	婦人大中如懷疾　吉曜三方與變殃
又云	女限貪狼事不良　宜懷六甲見災殃
	若無吉曜來相會　須教一命入泉鄉

○巨門星論

希夷先生曰。巨門北斗陰精之星。化氣為暗。在天司品物在數掌暗昧是非。主人進退兩難。背是面非。六親寡合。十二宮中。無有旺照臨。到處為災。至亥子丑寅巳申。雖富年亦不守久。會太陽。則吉凶相半。逢七殺。則主殺傷。貪耗佇因奸佞。配遇帝座。則制其強。逢祿存。則解其厄。值羊陀火焰對宮遇火鈴白虎。無帝座祿存。夾配千里。一殺湊。必遭火厄。此乃孤独之宿。刻剥之神。僧道宜之。限無惡曜災難亦輕。

在身命一身有唇舌之非　○在兄弟骨肉参商

在夫妻生離死別。縱夫命有對不免污名失鄉

在子息雖有亦無　○在財帛有争競之擾

在疾厄遇刑忌眼目之災。殺臨主殘疾。

在迁移多招是非　○在奴僕從怨背逆

在官祿主招刑杖　在福德其福稍輕　在田宅流離不聚　在父母則遺弃鄉

○巨門入命入限吉凶訣

訣云
巨門子午二宮逢　石中滑遇以為榮（富貴之爲）
三合化科權祿照　石中隱玉主盈豐

訣云
此星化暗不宜逢　更會凶星愈肆凶
啓齒有傷兼性猛　若然入廟自光榮

又云
巨門守命遇擎羊　鈴火逢之事不祥
為人性急多顛倒　百事茫〻亂主張

又云
巨門旺地多生吉　左右加臨壽更長
女人得此誠為貴　簾捲珍珠坐綉房

訣云
巨門主限化權星　最喜求謀百事成
雖有官災并口舌　凶為吉兆得安寧

又云
巨門入限動人愁　若遇喪門事不周
士庶逢之多悲訟　若官失職又丁憂

○天相星論

希夷先生曰天相南斗司祿之星化氣為印主人衣食豐足輔弼左右加會位至公卿臨地劫羊陀殺湊巧藝安身火鈴沖破殘疾女人主聰明端莊志過丈夫三方吉拱封贈論若昌曲中破衛妾在僧道則主清閑。

歌云

天相原屬水　化印主官祿　身命兩宮坐　定主多財
穠形體又肥　滿語言不輕　瀆出仕主飛　騰若家主財穀
二限若逢之　百事皆充足。

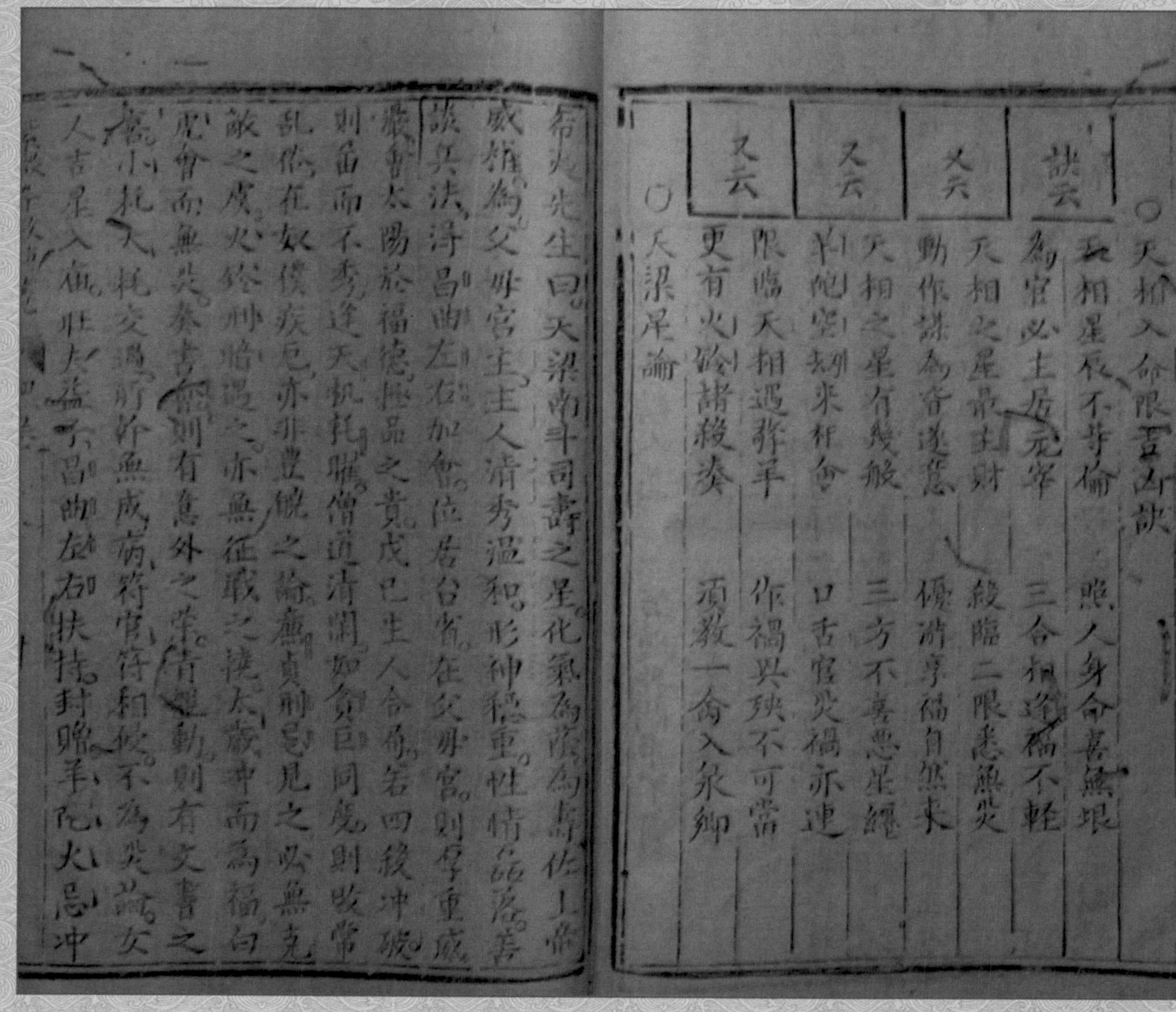

○天相入命限吉凶訣

訣云
天相星辰不等倫　照人身命喜無垠
為官必主居元宰　三合相逢福不輕

又云
天相之星最旺財　殺臨二限患無災
動作謀為皆遂意　優游享福自然來

又云
天相之星有幾般　三方不喜惡星纏
羊陀空劫來相會　口舌官災禍亦連

又云
限臨天相遇擎羊　作禍興殃不可當
更有火鈴諸殺湊　須教一命入泉鄉

○天梁星論

希夷先生曰。天梁南斗司壽之星。化氣為蔭為壽。佐上帝威權。為父母宮主。主人清秀溫和。形神穩重。性情磊落。善談兵法。得昌曲左右加會。位居台省。在父母宮。則得重蔭縻爵。會太陽於福德。極品之貴。戊巳生人合局。若四殺沖破。則苗而不秀。逢天機耗曜。僧道清閑。如會巨同廢。則敗常亂倫。在奴僕疾厄。亦非豊饒之論。廉貞刑忌見之。必無克敵之處。火鈴刑暗遇之。亦無征戰之捷。太歲沖而為福。白虎會而無災。奏書臨則有意外之榮。青龍動則有文書之喜。小耗大耗交遇。所作無成。病符官符相攻。不為災。蔭女人吉星入廟。壯大益子。昌曲左右扶持。封贈。羊陀火忌沖破刑尅報非不潔偏宜之。

訣云　天梁原屬土。南斗最吉星。化蔭名延壽。父母宮主星。田宅兄弟内。得之福自生。形神自持重。心性更和平。生來無災患。文章有声名。六親更和睦。仕宦居王庭。門右相會。勞碌歷艱辛。若逢天機照。僧道享山林。二星在辰戌。福壽不須論。

○天梁入命吉凶訣

訣云

天梁之曜數中強　形神穩重性溫良
左右曲昌来會合　官数富貴列朝綱

又

天梁遇火来相合　陀羅加之多不貴

云

孤刑帶疾少六親　只可辛勤為活計

又云

辰戌机梁非小補　破軍卯酉不為良
女人得此為孤獨　尅子刑夫守冷房

○天梁入限吉凶訣

訣云

天梁化蔭吉星和　二限逢之福必多
若是吉逢於庙地　貴居極品輔山河

又云

天梁守限壽延長　作事求謀更吉昌
若遇火鈴来守合　須防一厄與家亡

○七殺星論

希夷先生曰。七殺斗中上將。遇紫微則化權降福。遇火鈴則為殺長戚遇凶曜於空劫定居廟宮會昌曲於要地情性積蓄。凡殺逢凶於要地命殺逢凶於三方流移作小限必主陣亡。會巨門於帝旺。及空亡之地刑法不輕。爵祿淺散二限會身命殺三合對冲雖祿無力。秘云七殺居陷地沉吟福不生是也。二主值之定歷艱辛。二限逢之遭殃破敗遇帝祿而可解遇流殺而愈凶。守身命作事進退喜怒不常。左右昌曲天府入廟扶照。掌生殺之權富貴出衆若四殺忌星冲破巧藝平常陷地殘疾。女命旺地財權服衆志過丈夫。四殺冲破刑尅不潔。僧道任之若緇黃飄蕩流移還俗

○七殺入命吉凶訣

訣云　七殺寅申子午宮　四夷拱手服英雄
魁鉞左右文昌會　權祿名高食萬鍾

又云　殺居陷地不堪言　凶禍猶如抱虎眠
若是殺強無制伏　少年惡死到黃泉

又云　七殺金星刑　李星亦其名
孤孥多刑尅　只是道與僧

又云　女命態逢七殺星　平生作事不聰明
氣高志大無兒女　不免刑夫歷苦辛

又云　七殺孤星命宿逢　火陀羊合非為貴

云女人得此性溫良　又好偏房爲使婢

訣云

七殺入限吉凶訣

二限雖然逢七殺　從容和緩家道發
對宮天府正來朝　仕宦逢之名顯達

又云

七殺之星最啾唧　作事艱難失又失
更加惡殺在其中　二限逢之要端的

○破軍星論

希夷先生曰。破軍北斗天關之星。司夫妻子息奴僕之神。在天爲殺氣。在數爲耗星。故化氣爲耗。主人凶暴狡詐。其性剛寡合。視六親如寇仇。處骨肉無仁義。六癸六甲生人合格。主富貴。陷地加殺。沖破巧藝殘疾。不守祖業。僧道宜之。女人沖破。淫蕩無恥。此星居紫微。則失威權。逢天府。則作奸偽。會天機。則竊狗偷。與廉貞火鈴同度。則決起官方。與昌曲同度。則口舌門爭。與刑忌同度。則終身殘疾。與武曲入財。則東傾西敗。與天梁會。則一生貧士。遇吉少凶結聚。殺遇陷地。刑罰不輕。雖天祿可制其惡。天祿可解其凶。若逢流殺交併。災禍為害。與文曲入於水域。殘疾離鄉。與文昌入命。吉可貴。若女命逢之。無媒自嫁。凡坐人多不為子午。貪狼七殺相拱。則威震華夷。或與武曲同居乙辛宮。合府相合亦為白閣。但爲惡星。何如庚癸生人入

格到老亦不全美

在身命陷地棄祖離宗　○在兄弟骨肉參商

在夫妻不正主星婚姻　○在子息先損後成

在財帛如湯澆雪　○在疾厄致尫羸之疾

在迁移奔走無方　○在奴僕怨謗逆凶

在官祿清貧　○在田宅陷地破蕩

在福德多災　○在父母破相

訣云　○破軍入命吉凶訣

破軍七殺與貪狼　入廟英雄不可當

關羽命逢為上將　廢人富足置田庄

又云　破軍一曜最難當　化為權祿喜非常

若还陷地仍加殺　破祖離宗出遠鄉

又云　破軍入命要推詳　廟地方知福祿昌

更遇文昌魁鉞湊　晉教運至坐琴堂

又云　破軍子午為入廟　女命逢之大吉昌

性格有能偏出衆　旺夫益子姓名香

又云　破軍女命不宜逢　擎羊加陷便為凶

尅害良人非一次　須教悲哭度朝中

訣　○破軍入限吉凶訣

破軍入限要推詳　廟地無凶少損傷

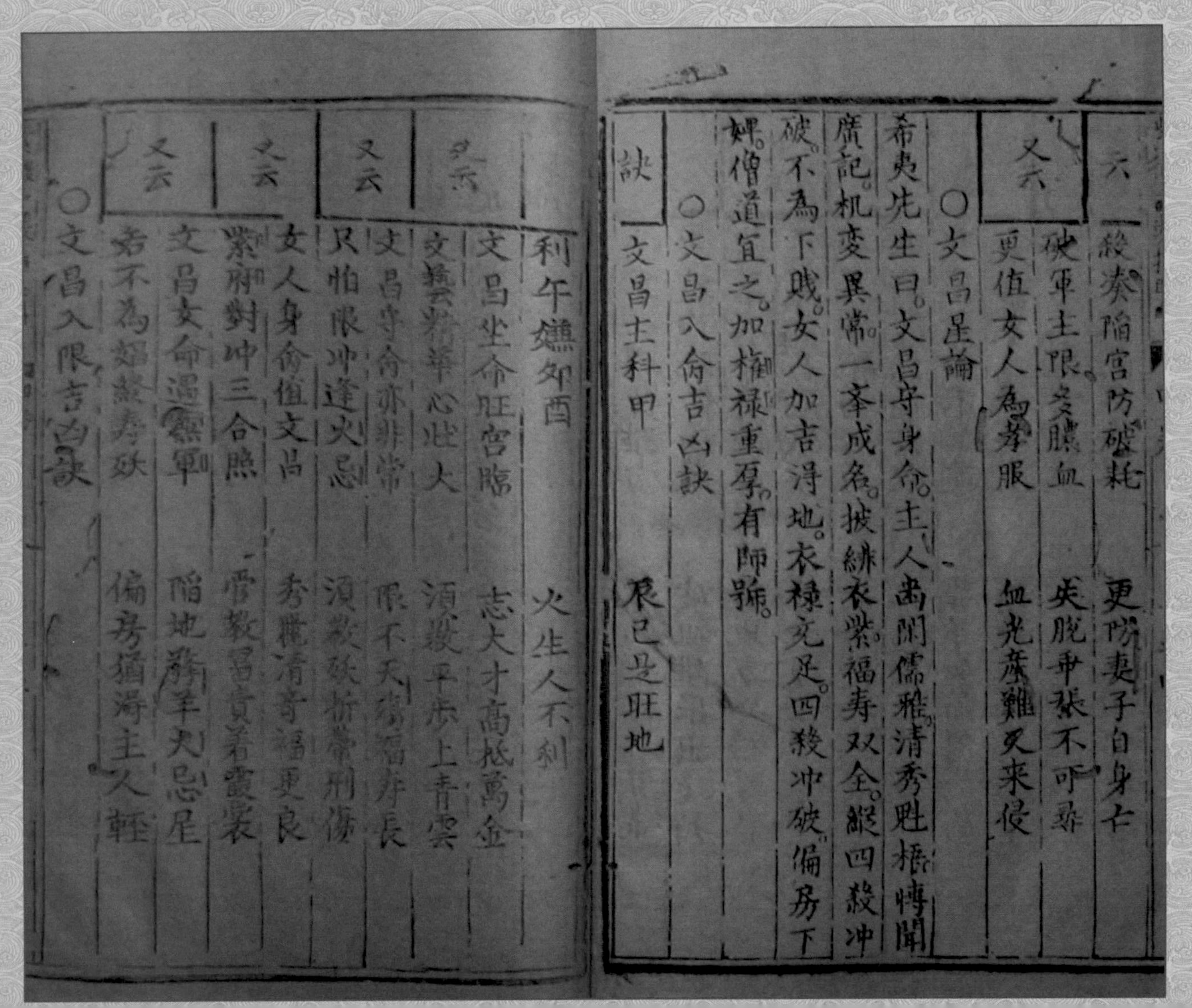

殺奏陷宮防破耗　更防妻子白身亡

破軍主限受膿血　疾脫爭張不可尋

又云

更值女人為孝服　血光產難又來侵

○文昌星論

希夷先生曰。文昌守身命。主人高聞儒雅。清秀魁梧博聞廣記。机變異常。一舉成名。披緋衣紫。福寿双全。縱四殺冲破。不為下賤。女人加吉得地。衣祿充足。四殺冲破。偏房下婢。僧道宜之。加權祿重厚。有師號。

○文昌入命吉凶訣

訣

文昌主科甲　辰巳是旺地

利午嫌卯酉　火生人不利

又云

文昌坐命旺宮臨　志大才高抵萬金

文藝若華心比大　須發平步上青雲

又云

文昌守命亦非常　限不夭折福寿長

只怕限冲逢火忌　須教夭折帶刑傷

又云

女人身命值文昌　秀麗清奇福更良

紫府對冲三合照　受封富貴著霞裳

又云

文昌女命遇擎羊　陷地擎羊大忌星

若不為娼殺寿夭　偏房猶得主人輕

○文昌入限吉凶訣

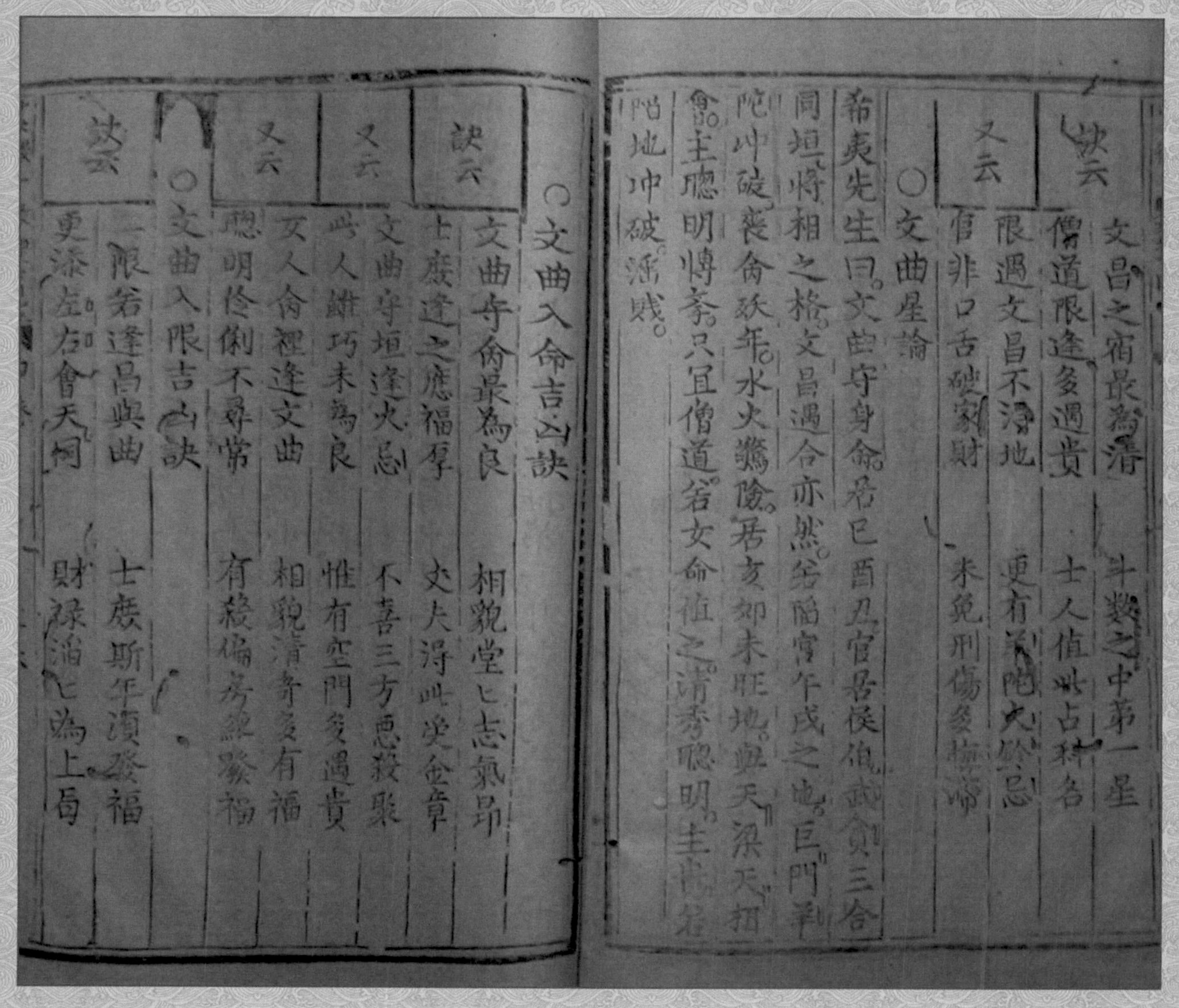

訣云　文昌之宿最爲清　斗數之中第一星
傍道限逢多遇貴　士人值此占科名

又云　限過文昌不淨地　更有羊陀火鈴忌
有非口舌破家財　未免刑傷多悔滯

○文曲星論

希夷先生曰。文曲守身命。居巳酉丑宫。居侯伯。武貪三合同垣。將相之格。文昌遇合亦然。若陷宫午戌之地。巨門羊陀冲破。喪命夭年。水火驚險。居亥卯未旺地。與天梁天相會。主聰明博學。只宜僧道。若女命值之。清秀聰明。主貴。若陷地冲破。淫賤。

○文曲入命吉凶訣

訣云　文曲守命最爲良　相貌堂堂志氣昂
士庶逢之應福厚　丈夫得此受金章

又云　文曲守垣逢火忌　不喜三方惡殺聚
此人雖巧未爲良　惟有空門多遇貴

又云　又人命裡逢文曲　相貌清奇多有福
聰明伶俐不尋常　有殺偏房緣發福

○文曲入限吉凶訣

訣云　一限若逢昌與曲　士庶斯年須發福
更添左右會天同　財祿滔滔爲上局

又云

文曲限遇廉陀羊、 陷地非災惹禍殃
更兼命裡星辰弱 須教自己入泉鄉

○流年科名科甲論

玉蟾先生曰。命逢流年昌曲。為科名科甲。大小二限逢之三合拱照。太陽文照流年祿。小限太歲逢魁鉞左右合座并日月科權祿馬三方拱照。必然高中無疑。然非必此數星俱全。方為大吉。但以流年科甲為主。如命限值之。其餘吉曜若得二三拱照。亦必高中。但二星在巳酉得地。不富即貴。只多不能長久。

歌云 南北昌曲星數中 推第一。身命最為佳。諸吉忌非

吉。得居人命上。桃花浪三汲。入仕更無虛泛客。憂喜[illegible]恐惡殺沖。火鈴羊陀激。若還逢陷地。苗而秀不實。不是公吏人。九流并藝術。無破宰職權。女人多淫泆。樂居亥子丑空亡宮無益。 又云 文曲原屬水。科甲文光星。文昌叶為吉。在數為最祥。若遇身命內。定之魁科場。帝相居官祿宰職而君王。

○左輔星論

希夷先生曰。左輔帝極主宰之星。守身命。諸宮降福。主人形貌敦厚。慨慷風流。紫府祿權會合。三合冲照。主文武大貴。火忌冲破。雖富貴不久。僧道清閒。女人溫厚賢良。旺地

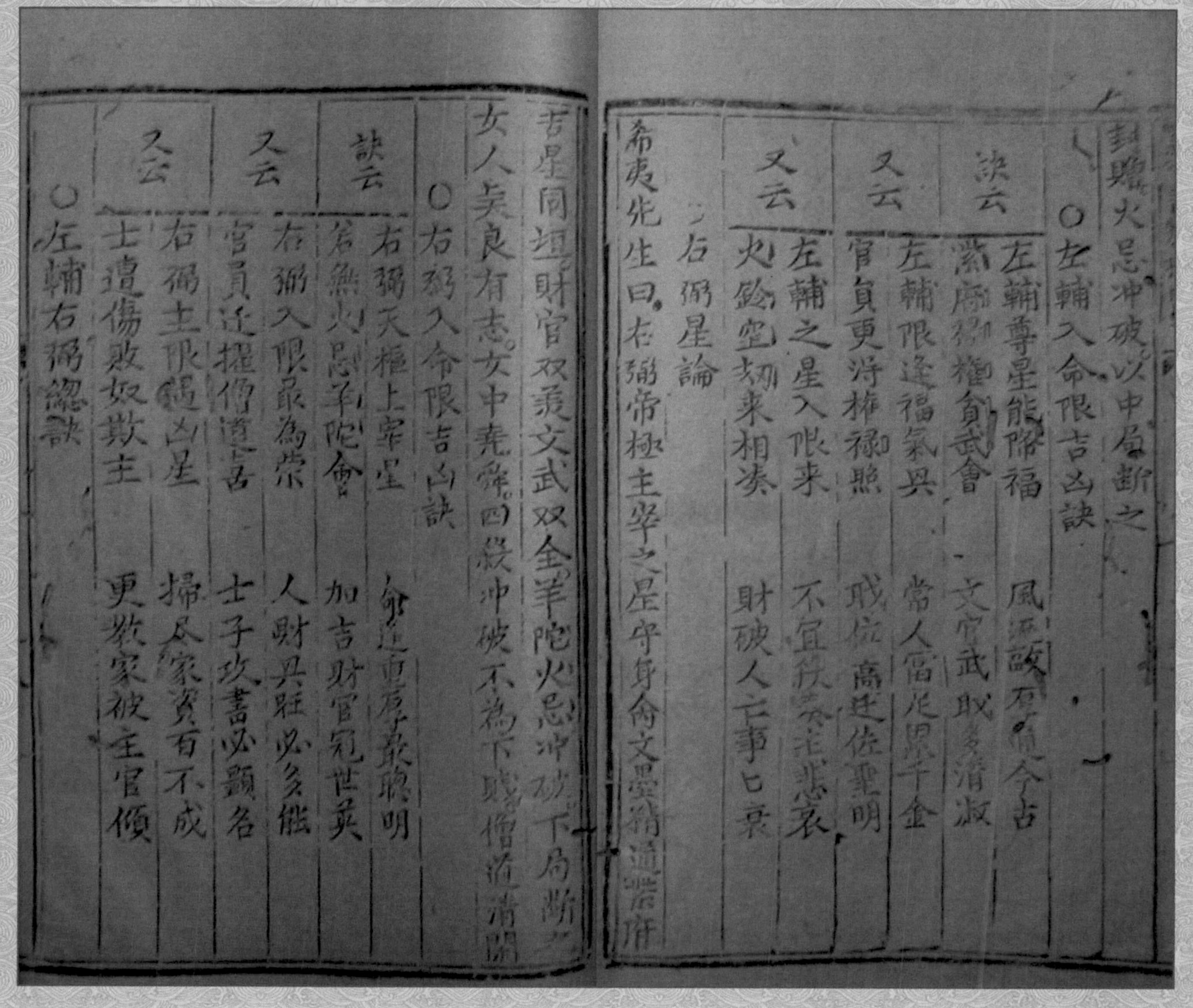

封贈火忌冲破以中局斷之

○左輔入命限吉凶訣

訣云　左輔尊星能降福　風流醞藉值今古
紫府科權會武會　文官武取多消淑

又云　左輔限逢福氣與　常人富足果千金
官員更得榜祿照　戎位高遷佐聖明

又云　左輔之星入限來　不宜伏空主悲哀
火鈴空劫來相湊　財破人亡事已衰

右弼星論

希夷先生曰。右弼帝極主宰之星守身命文墨精通崇府

吉星同垣。財官双美文武双全羊陀火忌冲破下局斷之
女人美良有志。女中堯舜。四殺冲破不為下賤僧道清閑

○右弼入命限吉凶訣

訣云　右弼天樞上宰星　命逢重厚最聰明
若無火忌羊陀會　加吉財官冠世英

又云　右弼入限最為榮　人財興旺必多能
官員遷擢僧道吉　士子攻書必顯名

又云　右弼主限遇凶星　掃盡家資百不成
士遭傷敗奴欺主　更教家破主官傾

○左輔右弼總訣

左輔原屬土。右弼水為根。失君為無用。三合宜見君。若
在紫微位。爵祿不須論。若在夫妻位。主人定二婚。若與
廉貞併。惡賊遭鍼兒。

○天魁天鉞星論

希夷先生曰。魁鉞斗中司科之星。人命坐貴向貴。或得左
右吉聚。無不富貴。況二星又為上界和合之神。若魁臨命。
鉞守身。更迭相守。更遇紫府日月昌曲左右權祿相湊。少
年必娶美妻。若遇大難。必得貴人扶助。小人不一。亦不為
凶。限步巡逢。必主女子添喜。生男則俊雅入享。功名有成。
在女則容貌端莊。出衆超群。若四十以後逢墓庫不衣此斷有凶

亦不為災。居官者賢能威武。聲名遠播。僧道享福。與人和
睦。不為下賤。女人吉炎。宰輔之妻。命婦之論。若加惡殺。亦
為富貴。但不免私情淫泆。

○魁鉞入命入限訣

訣云	天乙貴人衆所欽	命逢金帶福彌深
	飛騰名譽人争慕	博雅皆通古與今
	魁鉞二星限中強	人ヒ遇此廣錢糧
又云	官吏進之發財福	當年必定面君王
	三合對拱貴為奇	必定當年與紫衣
又云	少壯黑頭居翰府	高板丹柱有何遲

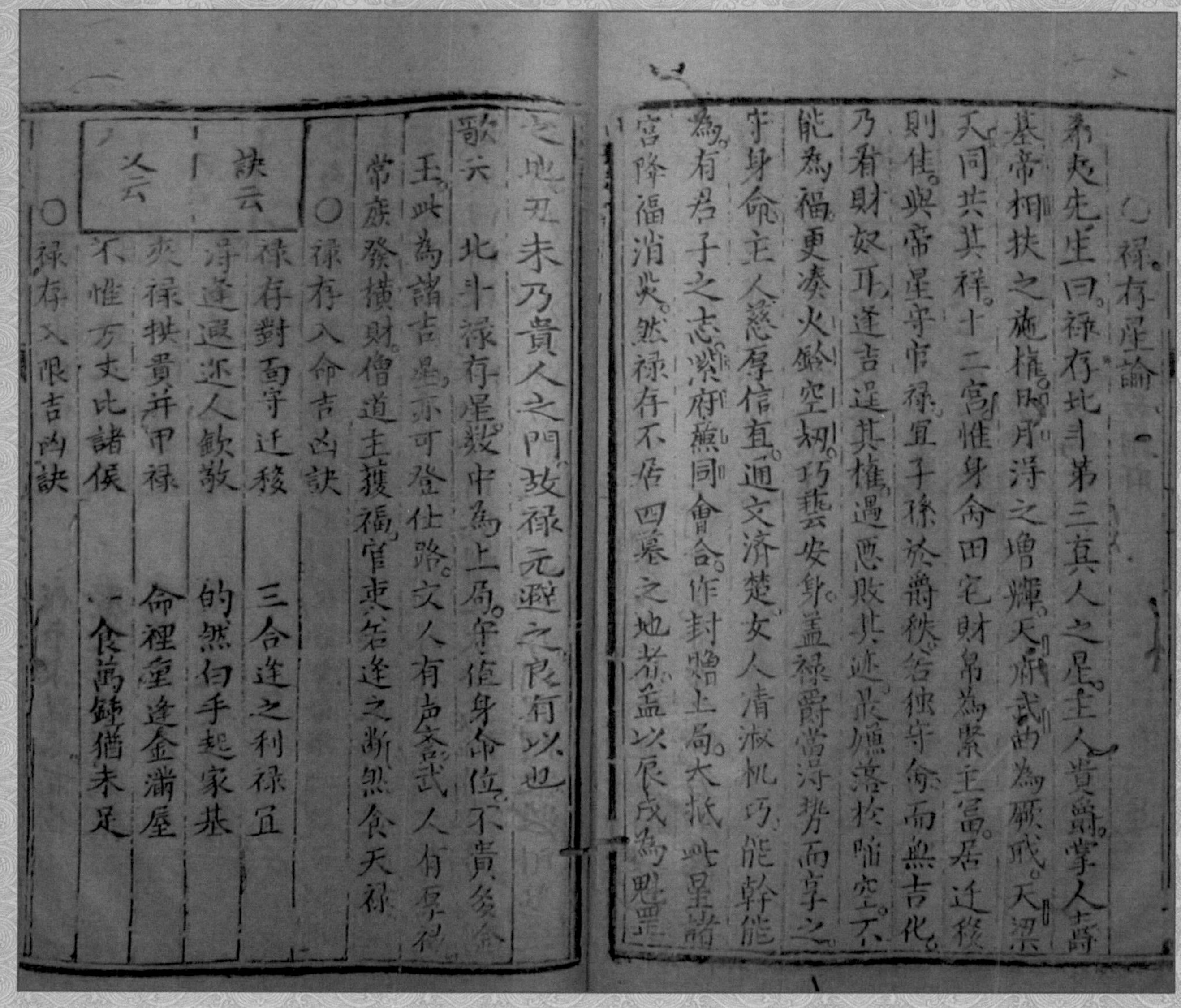

○祿存星論

希夷先生曰：祿存北斗第三真人之星，主人貴爵，掌人壽基，帝相扶之施權，明月得之增輝，天府武曲為廒戒，天梁天同共其祥。十二宮惟身命田宅財帛為緊，主富。居遷移則佳。與帝星守祿宜子孫於爵秩，若徐守命而無吉化，乃看財奴耳。逢吉逞其權，遇惡敗其迹，最嫌落於陷空，不能為福。更湊火鈴空劫，巧藝安身，蓋祿爵當得勢而享之。守身命主人慈厚信直，通文濟楚，女人清淑機巧，能幹能為，有君子之志。紫府同會，作封贈上局。大抵此星諸宮降福消災，然祿存不居四墓之地，若蓋以辰戌為魁罡之地，丑未乃貴人之門，故祿元避之，良有以也。

歌云

北斗祿存星，數中為上局。守值身命位，不貴多金玉。此為諸吉星，亦可登仕路。文人有聲名，武人有厚祿。常庶發橫財，僧道主獲福。官吏若逢之，斷然食天祿。

○祿存入命吉凶訣

訣云

祿存對面守遷移　三合逢之利祿宜
得逢遐邇人欽敬　的然白手起家基

又云

爽祿拱貴并甲祿　命裡逢逢金滿屋
不惟方丈比諸侯　一食萬鍾猶未足

○祿存入限吉凶訣

祿。作主限最為良　作事求謀盡吉昌

訣云

仕宦逢之應轉職　庶人得此發錢粮

又云

祿存主限有多般　不喜三方急殺纏

作事美中還未美　須防家破與家寒

○天馬星論

希夷先生曰。天馬諸宮各有制化。如身命臨之。謂之驛馬。喜祿存紫府昌曲守照為吉。如大小二限臨之。更遇祿存紫微流昌必利。此星有制化者。如祿存同宮。謂之祿馬交馳。又曰折鞭馬。與紫府同宮。謂之扶轝馬。羊刑陀同宮。謂之負尸馬。火星同宮。謂之戰馬。日月同宮。謂之雌

空亡謂之死亡馬。居絕地。謂之死馬。遇陀羅謂之折足。以上犯此數者。俱主災病。流年值之依此斷。

○天馬入限吉凶訣。

訣云

天馬臨限最為良　祿存此宿遇非常

官員逢之甚如意　士人此歲中科場

又云

天馬守限不得住　又怕劫空來相遇

更兼太歲坐宮中　限到其人尋死路

○化祿星論

希夷先生曰。祿為福德之神。守身命宮祿之位。科權相逢。必作大臣之職。小限逢之。主進財入仕之喜。六限十年吉

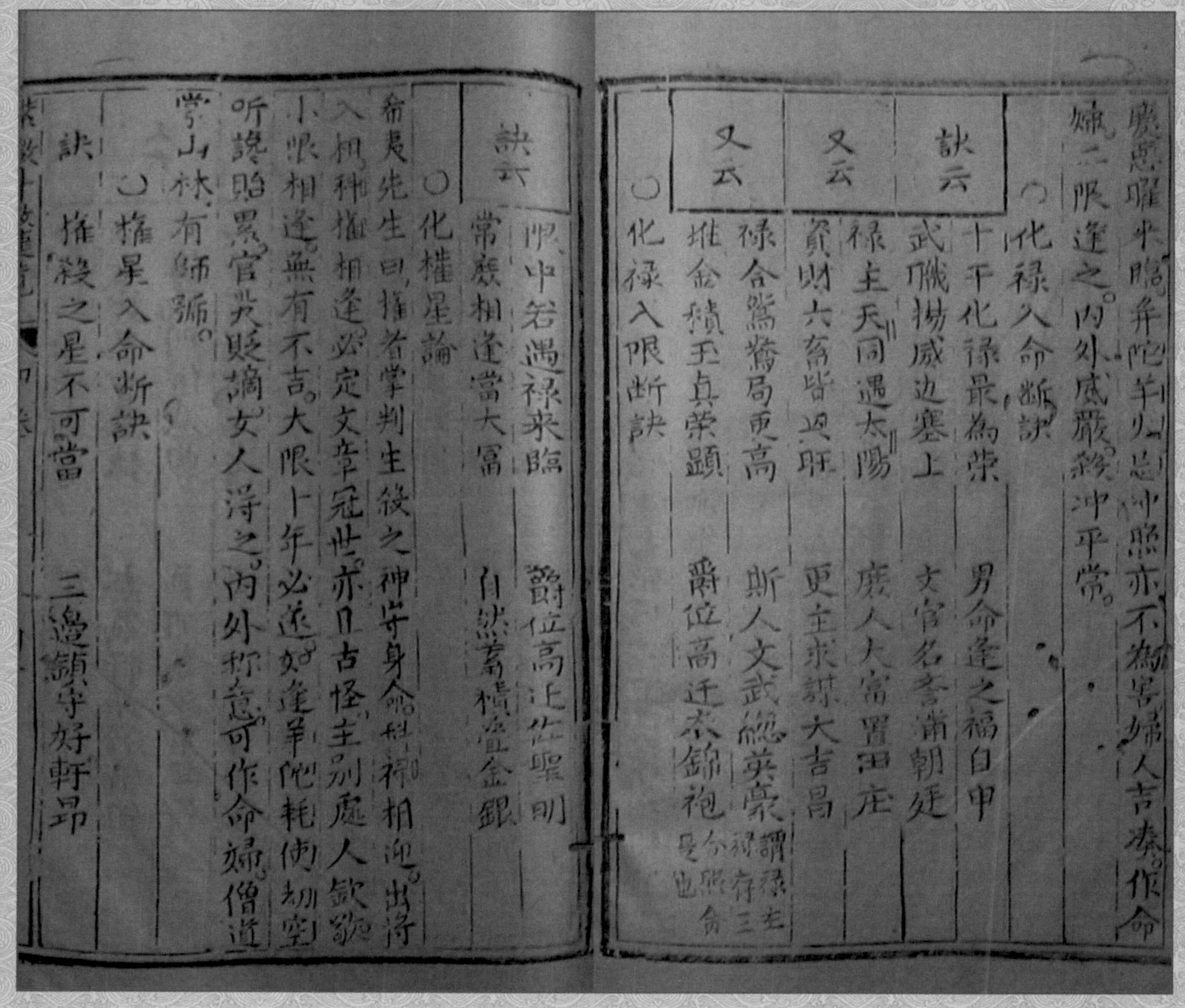

慶忌曜中臨。并陀羊火忌沖照亦不為害。婦人吉奏。作命婦二限逢之。內外威嚴。殺沖平常。

○化祿入命斷訣

訣云　十干化祿最為榮　男命逢之福自中
武職揚威边塞上　文官名譽滿朝廷

又云　祿主天同遇太陽　廣人大富置田庄
貧則六畜皆興旺　更主求謀大吉昌

又云　祿合鴛鴦局更高　斯人文武總英豪
堆金積玉真榮顯　爵位高迁衣錦袍　謂祿在祿存三合照會是也

○化祿入限斷訣

訣云　限中若遇祿來臨　爵位高迁佐聖明
常獲相逢當大富　自然蓄積盈金銀

○化權星論

希夷先生曰。權者掌判生殺之神。守身命。科祿相迎。出將入相。科權相逢。必定文章冠世。亦日古怪。主別處人欽敬。小限相逢。無有不吉。大限十年必遂。如逢羊陀耗使劫空。聽讒貽累。官非貶謫。女人得之。內外稱意。可作命婦。僧道掌山林。有師號。

○權星入命斷訣

訣　權殺之星不可當　三邊鎮守好軒昂

云　命身二限皆為吉　不落空亡壽更長

又云　權星最喜吉星扶　志氣軒昂勝氣粗
更值巨門併武曲　自然專政掌兵符

又云　化權吉曜女人逢　更喜加臨祿位豐
高貴双全人敬服　奪夫權柄福興隆

○權星入限斷訣

訣云　此星主限最非常　官位高陞佐帝王
財帛增添宜創業　從今家道保安康

又云　權星若遇武貪臨　作事求謀盡有成
君子增名添祿位　庶人家積宝金銀

○化科星論

希夷先生曰科者上界應試主掌文墨之星守身命相逢宰臣之貴加逢惡曜亦為文章秀士可作群英師範女命吉拱主貴婦封贈雖四殺沖破亦為富貴與科星拱沖同論

○科星入命斷訣

訣云　科星文宿最為良　包藏錦綉美文章
一躍禹門能變化　管教声名達朝堂

又云　科星入命並尋常　錦綉才華展廟廊
更遇曲星魁鉞宿　龍門一躍姓名揚

又云　化科又命是良星　兩德兼全性格清
更遇吉星權祿湊　夫榮子貴作夫人

訣云　科星主限遇文昌　士人一舉姓名揚入限新
僧道逢之多富貴　庶人富足置田庄

○化忌星論

希夷先生曰。忌為多管之神。守身命。一生不順。小限逢之。一年不是。大限十年悔吝。二限太歲交臨。斷然蹭蹬。文人不奈久。武人縱有官非口舌不妨。雖商賈藝人。在處不宜。如會紫微廟旺左右科權祿。與忌同宮。又兼四殺共處陷。係於不住財。祿上纏於弱地。苗而不秀。科星陷於凶地。如單逢四殺耗使劫空。主奔波帶疾。僧道流移還俗。人一生貧夭。或太陽在寅卯辰巳化忌。太陰在酉戌亥化忌。又為福論。其餘諸星化忌。各審五行不同。如廉貞在亥化忌。是為火入水鄉。又逢水命人。忌不為害。

○忌星入命斷訣

訣云　諸星化忌不宜逢　更會凶星愈肆凶
若得吉星來助救　縱然富貴不豐隆

又云　女人化忌本非奇　更遇羊陀是禍基
衣食艱辛貧賤甚　吉星湊合減災危

又　貪狼破軍居陷地　遇吉化忌終不利

云
男為奸淫女為娼　因殺照命無眠睡

○忌星入限吉凶訣

訣云
忌星入廟反為良　縱有官災亦不傷
一進一退名不遂　更無遇吉保安康

又云
二限宮中見忌星　致災非禍必家傾
為官退職遭贓濫　胥吏須防禁錮身

又云
忌星落陷在閑宮　惡殺加臨作禍凶
財散人離遭疾苦　傷官退職孝重重

○地劫星論

希夷先生曰。地劫乃劫殺之神。守身命作事疎狂。不行正路。逢之。會紫府左右魁鉞相助。亦防損失。若四殺空耗殃使巡逢。財散人亡。女人逢之。身懷六甲須防產厄

○地劫入命入限斷訣

訣云
地劫從來主發疾　命中相遇多啾唧
若逢羊火在其中　辛善持家防內室

又云
劫星二限若逢之　未免其年有禍危
太歲殺臨多疾厄　官符星遇有官非

○地空星論

希夷先生曰。地空乃空亡之神。守身命。作事進退成敗多端。若太歲及二限逢之。無吉曜守照。必悔多端。主出家。入

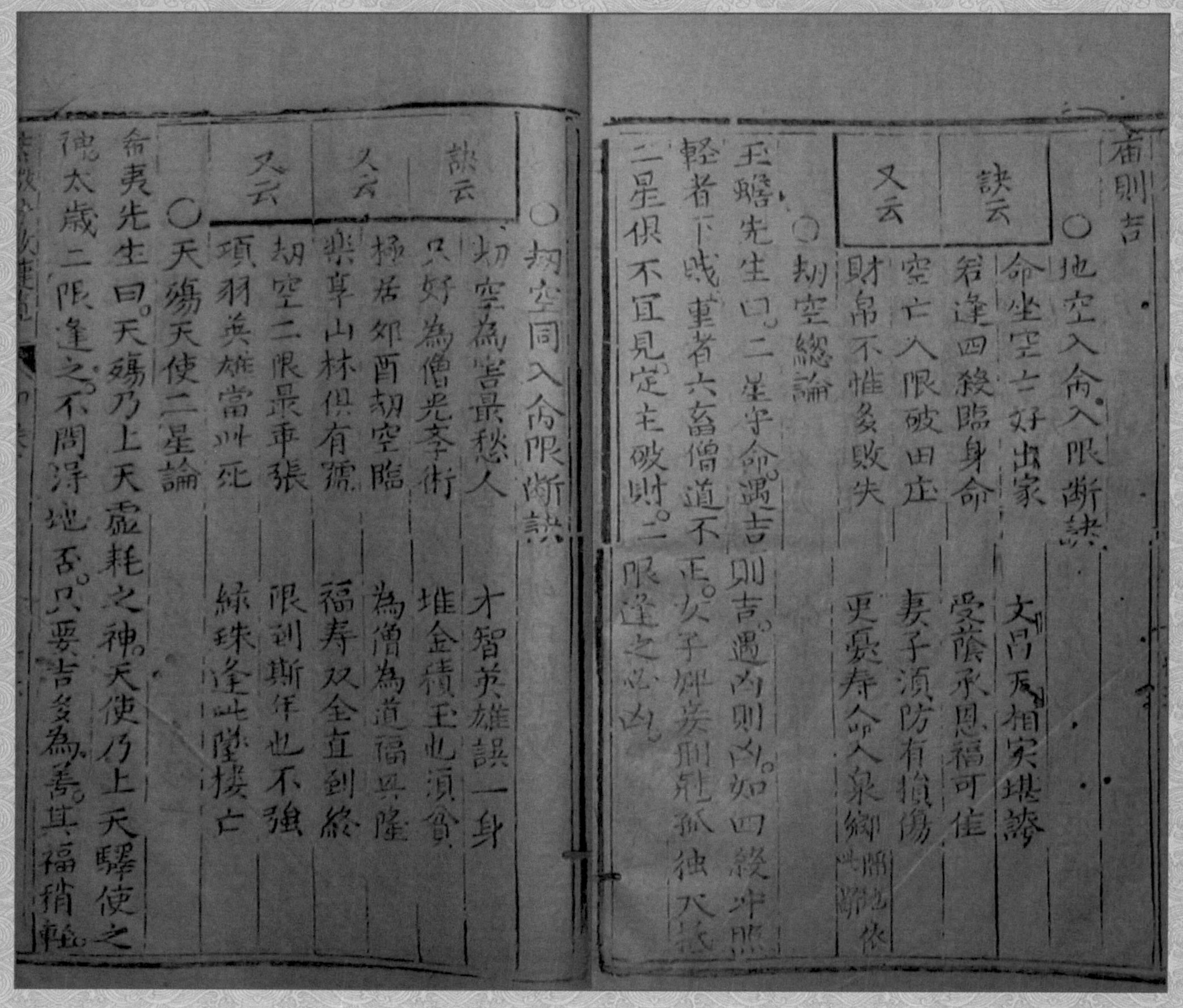

命則吉

○地空入命入限斷訣

訣云　命坐空亡好出家　文昌天相实堪誇
若逢四殺臨身命　受蔭承恩福可佳

又云　空亡入限破田庄　妻子須防有損傷
財帛不惟多敗失　更憂壽命入泉鄉（此斷勿依）

○刼空總論

玉蟾先生曰。二星守命。遇吉則吉。遇凶則凶。如四殺沖照。輕者下賤。重者六畜。僧道不正。父子妻妾刑剋孤獨夭殘。二星俱不宜見。定主破財。二限逢之必凶。

○刼空同入命限斷訣

訣云　刼空為害最愁人　才智英雄誤一身
只好為僧兼李術　堆金積玉也須貧

又云　棲居卯酉刼空臨　為僧為道福興隆
樂享山林俱有禱　福寿双全直到終

又云　刼空二限最乖張　限到斯年也不強
項羽英雄當此死　綠珠逢此墜樓亡

○天殤天使二星論

希夷先生曰。天殤乃上天虛耗之神。天使乃上天驛使之
神。太歲二限逢之。不問浮地否。只要吉多為善。其福稍輕。

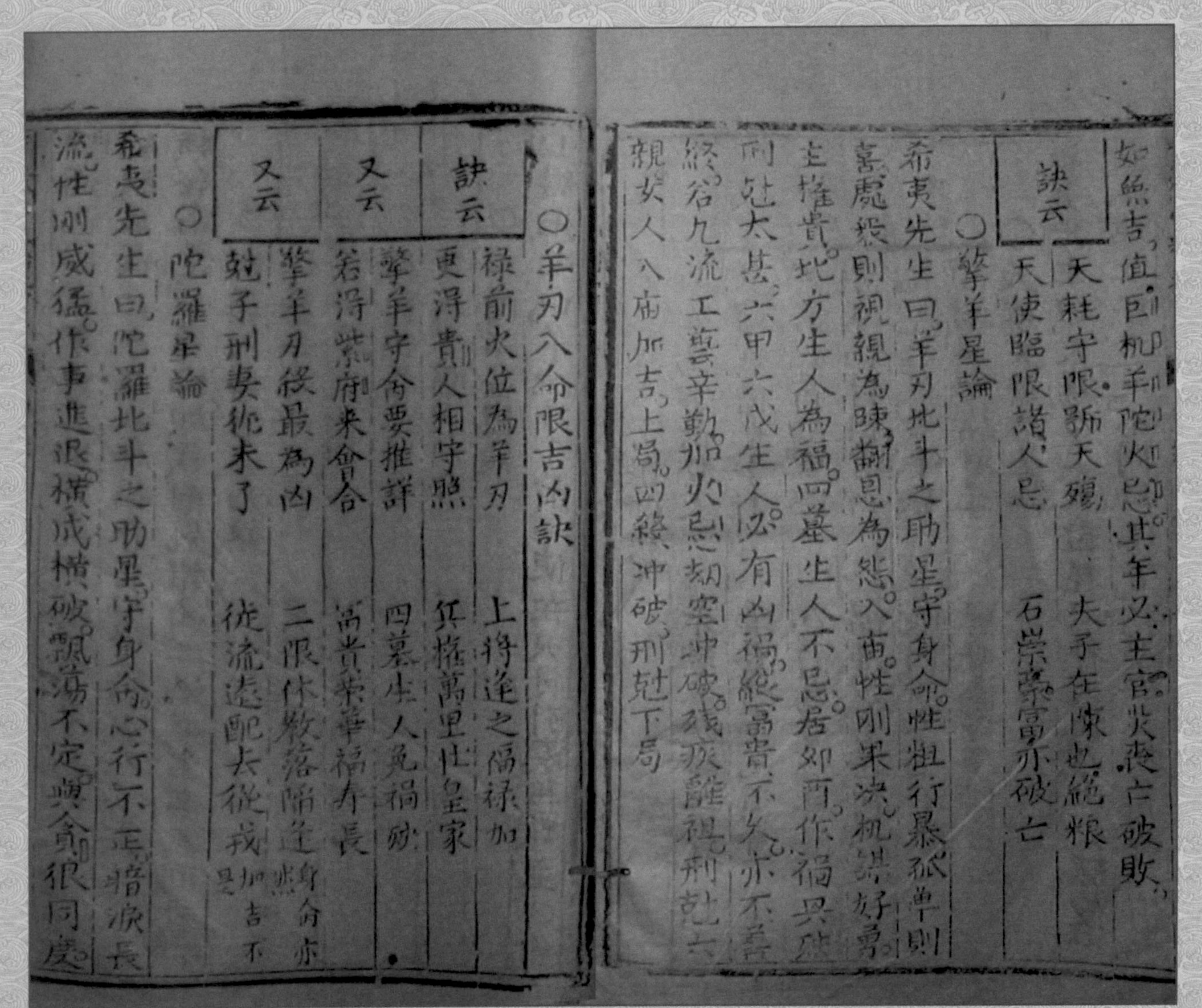

如無吉，值巨、机、羊、陀、火、忌，其年必主官非、喪亡、破敗。

訣云	天耗守限跡天殤	夫子在陳也絕粮
	天使臨限諸人忌	石崇豪富亦破亡

○擎羊星論

希夷先生曰：羊刃北斗之助星，守身命，性粗行暴，孤單則喜，處殺則視親為踈，翻恩為怨。入廟，性剛果決，机謀好勇，主權貴，北方生人為福。四墓生人不忌，居卯酉，作禍興殃，刑剋太甚。六甲六戊生人必有凶禍，縱富貴不久，亦不善終。若九流工藝辛勤，加火、忌、劫、空冲破，殘疾離祖，刑剋六親。女人入廟加吉，上局；四殺冲破，刑剋下局。

○羊刃入命限吉凶訣

訣云	祿前火位為羊刃	上將逢之福祿加
	更得貴人相守照	兵權萬里壯皇家
又云	擎羊守命要推詳	四墓生人免禍殃
	若得紫府來會合	富貴榮華福壽長
又云	擎羊刃殺最為凶	二限休教落陷逢（身命亦然，加吉不是）
	尅子刑妻終未了	徙流遠配去從戎

○陀羅星論

希夷先生曰：陀羅北斗之助星，守身命，心行不正，暗淚長流，性剛威猛，作事進退，橫成橫破，飄蕩不定，與貪狼同度

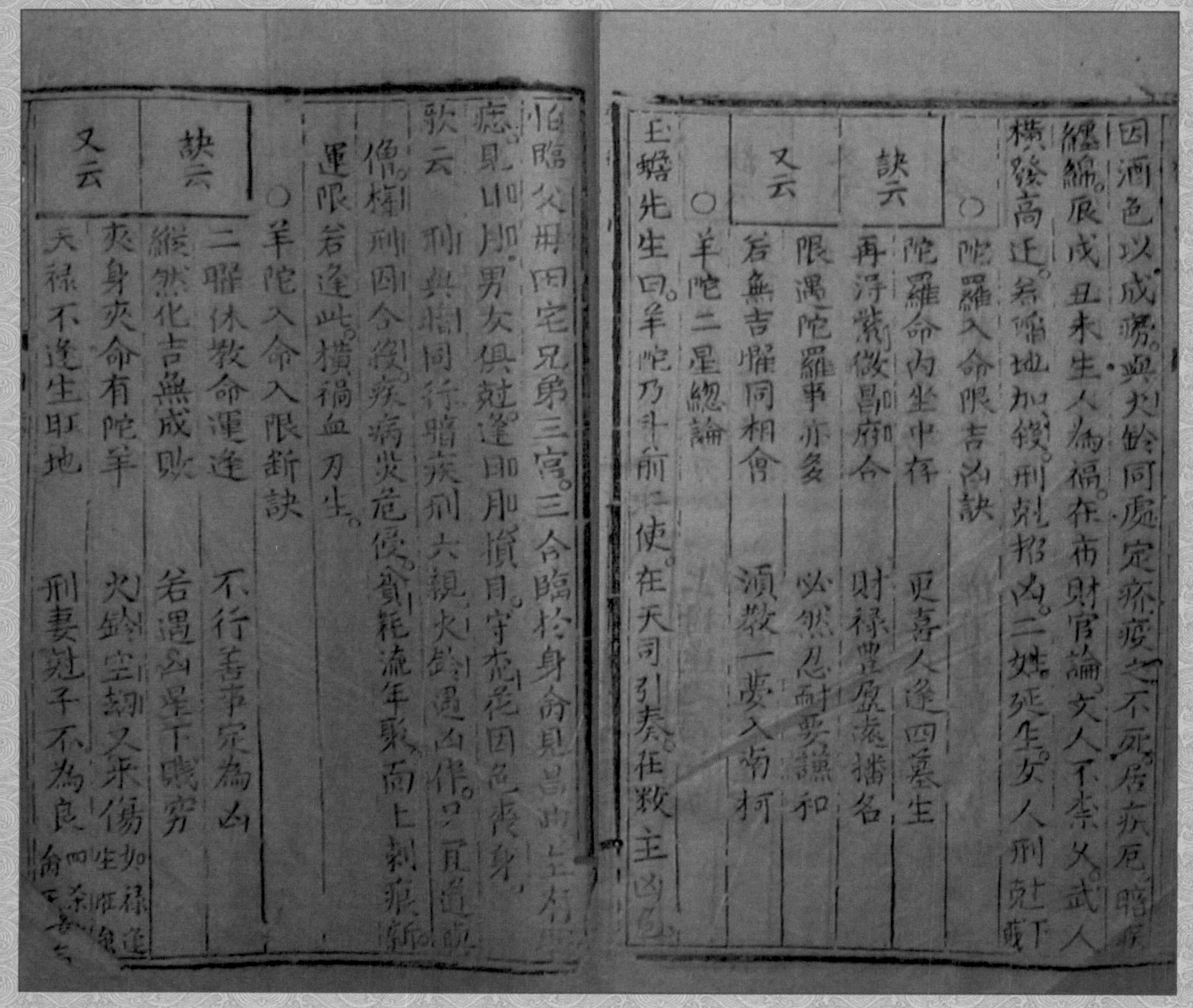

因酒色以成癆。與火鈴同處定病疫之不死，居疾厄，暗疾纏綿。辰戌丑未生人為福。在布財官論文人不柰久。武人橫發高遷。若陷地加殺。刑尅招凶。二姓。延生。女人刑尅下賤

○陀羅入命限吉凶訣

訣云	陀羅命內坐中存	更喜人逢四墓生
	再浮紫微昌府合	財祿豐盈遠播名
又云	限遇陀羅事亦多	必然忍耐要謙和
	若無吉曜同相會	須教一夢入南柯

○羊陀二星總論

玉蟾先生曰。羊陀乃斗前之使。在天司引奏，在數主凶危，怕臨父母田宅兄弟三宮。三合臨於身命見昌曲左右[illegible]庶。見卯酉卯。男女俱尅。逢卯申巳亥損目。守命花因色喪身，

歌云 刑與擎同行暗疾，刑六親火鈴遇凶作。口耳道僧。擎刑囚合殺疾病災危侵。貪耗流年聚而上刻叛衛。

運限若逢此。橫禍血刃生。

○羊陀入命入限斷訣

訣云	三曜休教命運逢	不行善事定為凶
	縱然化吉無成敗	若遇凶星下賤窮
又云	夾身夾命有陀羊	火鈴空劫又來傷
	天祿不逢生旺地	刑妻尅子不為良

如。祿逢生旺免四殺命下安之

訣云	天羅地網遇羊陀　二限逢之禍必多 若是命中星主弱　須將魂魄見閻羅
又云	羊陀迭併命難逃　七殺重逢禍必遭 二限俱逢於陷地　十生九死不堅牢

○火星論

希夷先生歌曰。火星大殺將。南斗號殺神。若坐身命位。諸宮不可臨。性氣亦沉毒。剛強出衆人。毛髮多異類。唇齒有傷痕。更同羊陀會。衲祿必災迍。過房出外養。二姓可延生。此星東南利。不利西北人。若得命限會。旺地貴無倫。封侯居上將。勳業著邊庭。三方無殺破。中年後始興。僧道多[illegible]

卯若臨之。哀亡哭。所逢同月親。日月午會巨門。木机同梁[illegible]

○紅鸞星論

希夷先生曰。紅鸞酉戌有机梁臨冲辰亥值貪貞巳無[illegible]貴夫如入廟。貞日月武貪机月巨日同梁寅。紫貪巨机梁 巨門丑

歌云　紅鸞卯机梁辰巳有貪貞冲亥地。如逢此格貴無疑

錦[illegible]文曲遇左右崢嶸主大貴。破軍子午輔弼臨文

更有流[illegible]

○[illegible]喜。武曲巳亥本為窮。丙戌生人福祿隆。紫

希夷[illegible]和逢火左右文曲定立功。巨在寅申位甲庚人

[illegible]子午遇癸巳定作公侯器。天喜紅鸞二限逢必主喜[illegible]

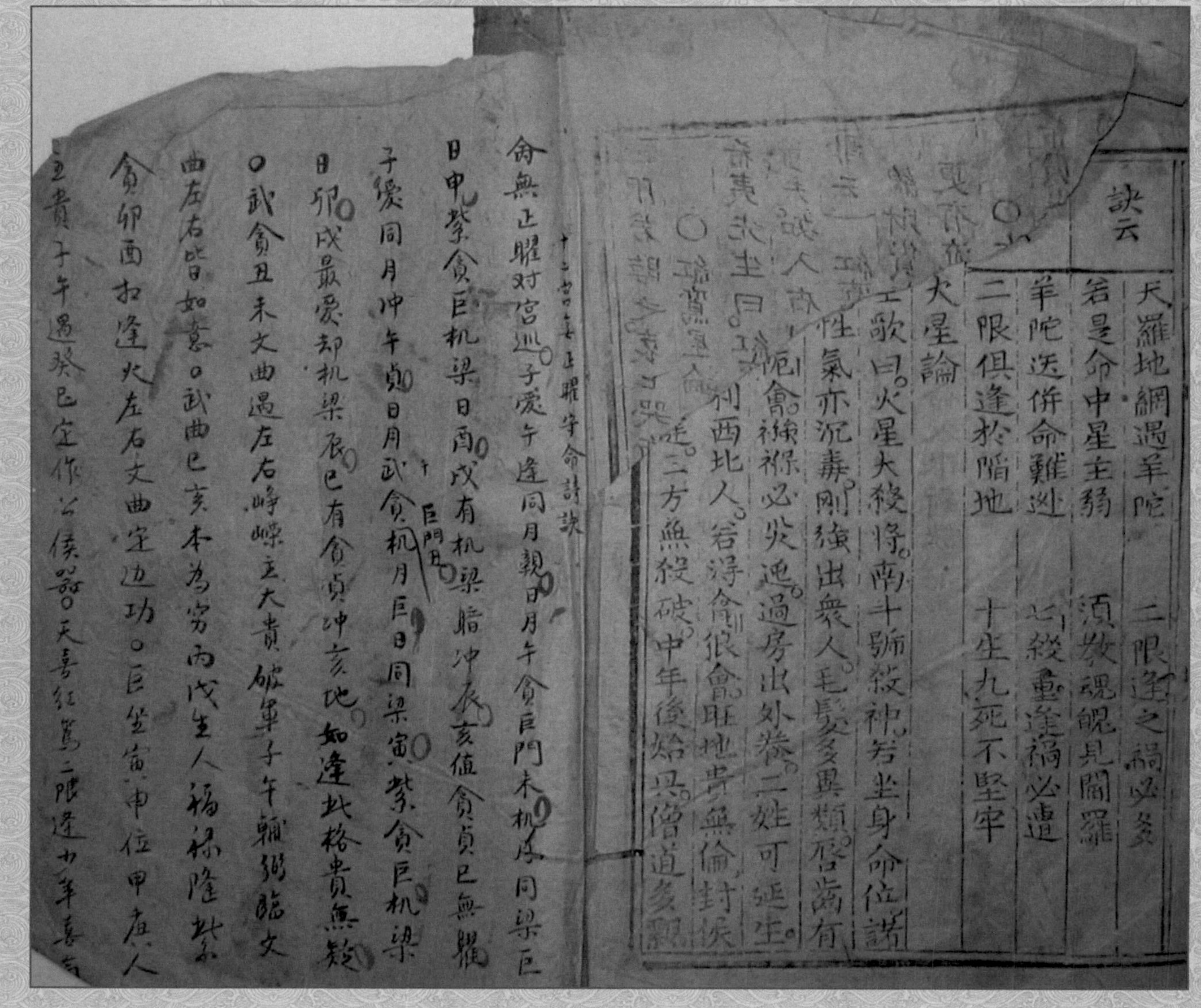

訣云

天羅地網遇羊陀　二限逢之禍必多
若是命中星主弱　須教䰟魄見閻羅
羊陀迭併命難逃　七殺重逢禍必遭
二限俱逢於陷地　十生九死不堅牢

火星論

歌曰。火星大殺將。南斗號殺神。若坐身命位。諸[illegible]性氣亦沉毒。剛強出衆人。毛髮多異類。唇齒有[illegible]會祿祿必災迍。過房出外養。二姓可延生。[illegible]利西北人。若得會合旺地。貴無倫。封侯[illegible]三方無殺破。中年後始興。僧道多覊[illegible]

十二宮無正曜守命詩訣

命無正曜対宮巡　子愛午逢同月親　日月午貪巨門未　机存同梁巨日申　紫貪巨机梁日酉　戌有机梁暗沖辰　亥值貪貞巳無耀　子愛同月冲午貞　日月武貪机月巨（巨門丑）　日同梁寅紫貪巨　机梁日卯戌最愛　却机梁辰巳有貪　貞沖亥地如逢此　格貴無疑

○武貪丑未文曲遇左右崢嶸主大貴　破軍子午輔弼臨文曲左右皆如意　○武曲巳亥本為勞丙戊生人福祿隆　紫貪卯酉扣逢火左右文曲定边功　○巨坐寅申位甲庚人主貴子午遇癸巳定作公侯器　○天喜紅鸞二限逢切年喜[illegible]